Operatoren alphabetisch

Operatoren	Beschreibung	AFB
analysieren	Materialien oder Sachverhalte systematisch untersuchen und auswerten	II
begründen	Aussagen (zum Beispiel eine Behauptung, eine Position) durch Argumente stützen, die durch Beispiele oder andere Belege untermauert werden	II
beschreiben	Sachverhalte schlüssig wiedergeben	I
beurteilen	Aussagen, Vorschläge oder Maßnahmen untersuchen, die dabei zugrunde gelegten Kriterien benennen und ein begründetes Sachurteil formulieren	III
bewerten	Aussagen, Vorschläge oder Maßnahmen beurteilen, ein begründetes Werturteil formulieren und die dabei zugrunde gelegten Wertmaßstäbe offenlegen	III
bezeichnen	Sachverhalte (insbesondere bei nichtlinearen Texten wie zum Beispiel Tabellen, Schaubildern, Diagrammen oder Karten) begrifflich präzise formulieren	I
charakterisieren	Sachverhalte mit ihren typischen Merkmalen und in ihren Grundzügen bestimmen	II
darstellen	Sachverhalte strukturiert und zusammenhängend verdeutlichen	II
ein-, zuordnen	Sachverhalte schlüssig in einen vorgegebenen Zusammenhang stellen	II
entwickeln	zu einer vorgegebenen oder selbst entworfenen Problemstellung einen begründeten Lösungsvorschlag entwerfen	III
erklären	Sachverhalte schlüssig aus Kenntnissen in einen Zusammenhang stellen (zum Beispiel Theorie, Modell, Gesetz, Regel, Funktions-, Entwicklungs- und/oder Kausalzusammenhang)	II
erläutern	Sachverhalte mit Beispielen oder Belegen veranschaulichen	II
erörtern	zu einer vorgegebenen These oder Problemstellung durch Abwägen von Pro- und Kontra-Argumenten ein begründetes Ergebnis formulieren	III
erstellen	Sachverhalte (insbesondere in grafischer Form) unter Verwendung fachsprachlicher Begriffe strukturiert aufzeigen	II
gestalten	zu einer vorgegebenen oder selbst entworfenen Problemstellung ein Produkt rollen- beziehungsweise adressatenorientiert herstellen	III
herausarbeiten	Sachverhalte unter bestimmten Gesichtspunkten aus vorgegebenem Material entnehmen, wiedergeben und/oder gegebenenfalls berechnen	II
nennen	Sachverhalte in knapper Form anführen	I
überprüfen	Aussagen, Vorschläge oder Maßnahmen an Sachverhalten auf ihre sachliche Richtigkeit hin untersuchen und ein begründetes Ergebnis formulieren	III
vergleichen	Vergleichskriterien festlegen, Gemeinsamkeiten und Unterschiede gewichtend einander gegenüberstellen sowie ein Ergebnis formulieren	II

Liebe Schülerin, lieber Schüler 6

Kapitel 1

Einstieg: Gemeinschaftskunde 8
Mein neues Fach Gemeinschaftskunde 10

Kapitel 2

Mitbestimmung in der Schule

Wer vertritt die Interessen unserer Klasse am besten? 14
Die Klassensprecherwahl – Wie macht man 's richtig? 16
Die SMV tagt! 18
Unser Recht auf Mitwirkung in der Schulkonferenz! 20
Methode: Rollenspiel – Was ist ein Rollenspiel? 22
Konflikte erkennen – Konflikte lösen 24
Wahlseite: In der Schule mitbestimmen! 26
Check-up: Mitbestimmung in der Schule 28

Kapitel 3

Zusammenleben in sozialen Gruppen

Schüler, Sohn, Sportler ... – alles auf einmal? 32
„Ich kann mich nicht zerreißen!?" 34
„Schlechte Noten sind cool!?" – Was tun gegen Gruppenzwang? 36
Wahlseite: Unsere Klasse – frei von Gruppenzwang und Mobbing? 38
Methode: Karikaturen analysieren 40
Check-up: Zusammenleben in sozialen Gruppen 42

Kapitel 4

Kinderrechte

Hab ich Rechte? 46
Brauchen Kinder besondere Rechte? 48
Die Klassenfahrt ist nicht drin 50
Hauptsache weg! 52
Schokolade – ein bitteres Kapitel der Kinderrechte 54
Methode: Die Wandzeitung 56
Malala – die Geschichte eines mutigen Mädchens 58
Wahlseite: Kinderrechte schützen! 60
Check-up: Kinderrechte 62

Ⓔ Inhalte des Bildungsplans für das E-Niveau.

Kapitel 5

Leben in der Medienwelt

Methode: Umfrage Mediennutzung 66
Schöne neue Medienwelt? Jugendliche und Internet 68
Wahlseite: Stars im Kinderzimmer 70
Meine Daten gehören mir! 72
Wie beeinflussen Medien mich? 74
Ein Ereignis – viele Darstellungen? 76
Wie entsteht eine Nachricht? 78
Check-up: Leben in der Medienwelt 80

Kapitel 6

Rechtliche Stellung des Jugendlichen und Rechtsordnung

Jugendkriminalität: Werden Jugendliche immer krimineller? 84
Warum werden Jugendliche kriminell? 86
Erfüllen Strafen ihren Sinn? 88
Warum werden Kinder und Jugendliche anders behandelt als Erwachsene? 90
Kann man Straftaten wiedergutmachen? 92
Teen-Courts – Wenn Jugendliche über Straftäter urteilen 94
Schützt der Staat Kinder und Jugendliche in der Öffentlichkeit? 96
Wie mächtig ist ein Rechtsstaat? 98
Alles, was Recht ist – was alles ist Recht? 100
Was wird bei Gericht verhandelt? (1) Der Strafprozess 102
Was wird bei Gericht verhandelt? (2) Der Zivilprozess 104
Methode: Wir besuchen eine Gerichtsverhandlung 106
Brauchen wir Recht und Gesetz? (E) 108
Wahlseite: An den Grenzen des Rechts 110
Check-up: Rechtliche Stellung des Jugendlichen und Rechtsordnung 112

Kapitel 7

Familie und Gesellschaft

Familie – früher und heute 116
Was ist denn alles Familie? 118
Methode: Schaubildanalyse 120
Warum mir meine Familie wichtig ist! 122
Papa kocht und Mama parkt ein! – Rollenklischees in der Familie 124
Erziehung ist kein Kinderspiel! 126
Konflikte in der Familie lösen – aber wie? 128
Wie hilft der Staat? 130
Wahlseite: So verschieden kann Familie sein 132
Check-up: Familie und Gesellschaft 134

Kapitel 8

Politik in der Gemeinde

Politik in der Gemeinde – Was geht mich das an? ... 138
Ein Jugendzentrum im Wohngebiet – Wie kann der Bürger mitreden? ... 140
Gemeinderat und Bürgermeister – Wer hat die Macht? ... 142
Methode: Politik ganz nah – Was macht eigentlich unser/-e Bürgermeister/-in? – eine Expertenbefragung ... 144
Männlich, älter, wohlhabend? – Wer sitzt im Gemeinderat? ... 146
Kumulieren & Panaschieren – Wie wird der Gemeinderat gewählt? ... 148
Wählen ab 16? ... 150
Bloß keine Windräder!? – Sollen die Bürger selbst entscheiden? ... 152
Der Jugendgemeinderat – nur mitreden oder auch mitentscheiden? ... 154
Wahlseite: Jugendliche in der Gemeinde – mitmischen, mitgestalten, mitbestimmen ... 156
Check-up: Politik in der Gemeinde ... 158

Kapitel 9

Zuwanderung nach Deutschland

Auf der Suche nach einer Zukunft – Zuwanderer erzählen ... 162
Warum sind Menschen auf der Flucht? – Ursachen von Migration ... 164
Asylbewerber – Flüchtling. Welchen Status haben Migranten? ... 166
Bunte Republik? Zusammensetzung der Bevölkerung ... 168
Wahlseite: Vom Gastarbeiter zum Mitbürger ... 170
Zuwanderung – ein Gewinn für die Gesellschaft? ... 172
Integration – aber wie? ... 174
Methode: Wir fällen ein politisches Werturteil ... 176
Wie wird man eigentlich Deutscher? Das Staatsbürgerschaftsrecht ... 178
Wie soll Zuwanderung in Zukunft gestaltet werden? Ⓔ ... 180
Check-up: Zuwanderung nach Deutschland ... 182

Kapitel 10

Grundrechte

Wie Grundrechte uns schützen ... 186
Grundrechte und Grundgesetz Ⓔ ... 188
Methode: Internetrecherche ... 190
Entstehung der Menschen- und Bürgerrechte ... 192
Sinti und Roma – wie Grundrechte Minderheiten schützen ... 194
Darf ich sagen, was ich denke? ... 196
Ist (unerlaubtes) Sampling Diebstahl? ... 198
Check-up: Grundrechte ... 200

Arbeitstechniken ... 202
TIPP-Lösungshilfen ... 207
Lexikon ... 219
Register ... 222

Liebe Schülerin, lieber Schüler

diese Doppelseite soll dir einen Einstieg zur Arbeit mit dem Buch geben.

Auftakt

Die Auftaktseiten markieren jeweils den Beginn eines Kapitels. Auf diesen Seiten findest du erste Anregungen, dich mit einem Thema zu beschäftigen.
Auf der rechten Seite findest du einen Überblick über die Kompetenzen, die du auf den Folgeseiten erwerben kannst.

Methode

Hier geht es um die Methoden des Faches Gemeinschaftskunde. Anhand eines Beispiels lernst du kennen, wie du das Wissen für dieses Fach erarbeiten kannst. Außerdem bekommst du Hilfestellungen, sodass du die Methoden auch praktisch anwenden kannst. Die Methoden des Faches Gemeinschaftskunde sind z. B. Umfragen, Exkursionen oder Auswerten von Daten.

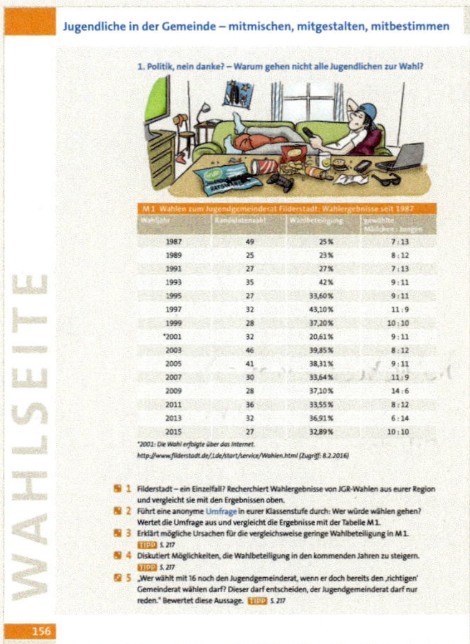

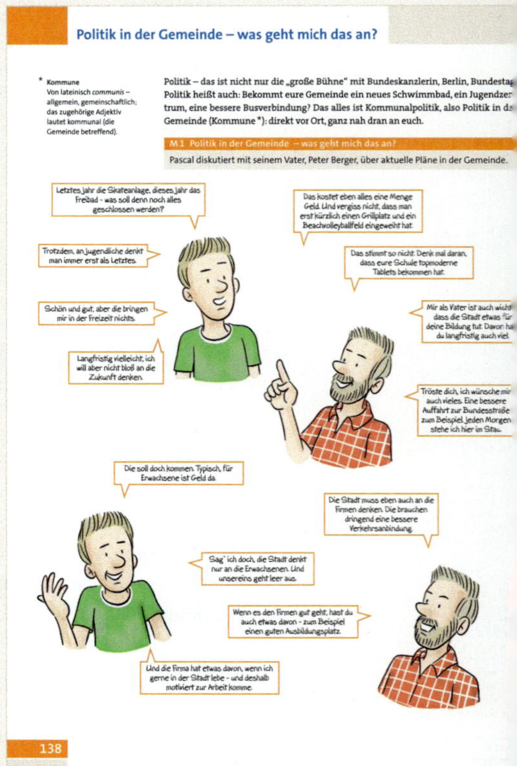

Wahlseite

Wahlseiten – hier darfst du entscheiden, welches von zwei angebotenen Themen du bearbeiten willst. Am Ende tauschst du dich mit deinen Mitschülerinnen und Mitschülern über eure Ergebnisse aus.

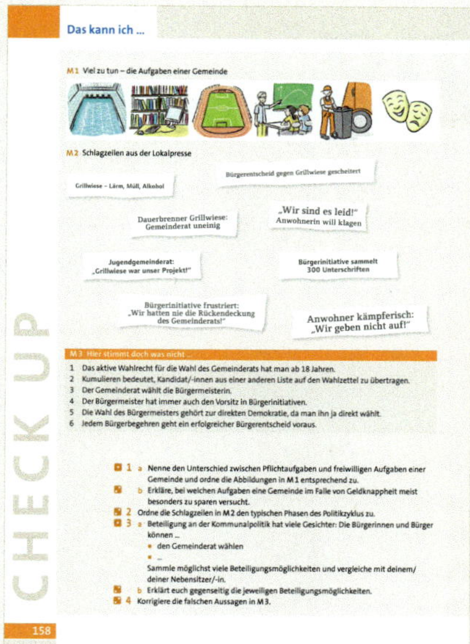

CHECK-UP

Am Ende jedes Kapitels kannst du deine neu erworbenen Kompetenzen überprüfen und trainieren.

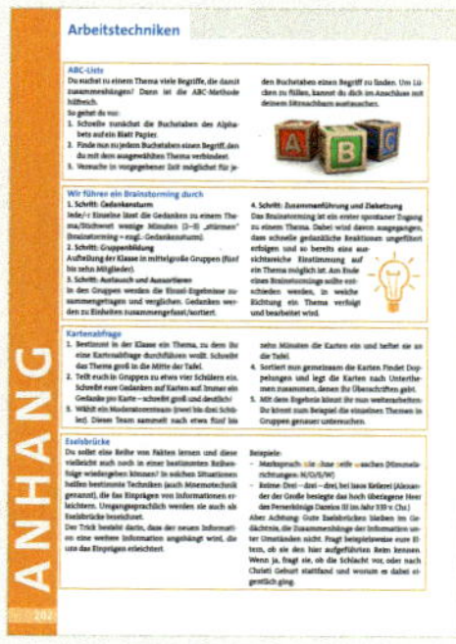

Anhang

Im Anhang des Buches findest du Arbeitstechniken sowie ein Lexikon. Hier kannst du alle verwendeten Fachbegriffe noch einmal nachschlagen. Auf den TIPP-Seiten findest du Lösungshinweise zum Bearbeiten zahlreicher Aufgaben des Buches.

Themenseite

Die Themenseiten beleuchten jeweils einen zentralen Aspekt innerhalb des Kapitels.

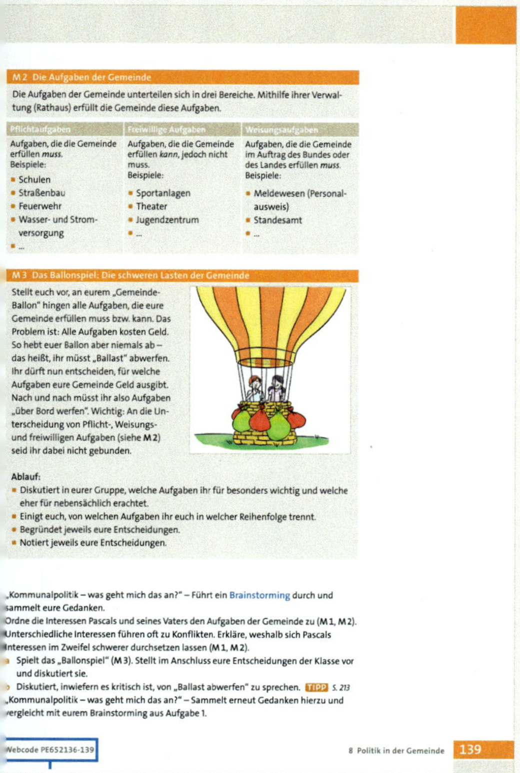

M2 Die Aufgaben der Gemeinde

Die Aufgaben der Gemeinde unterteilen sich in drei Bereiche. Mithilfe ihrer Verwaltung (Rathaus) erfüllt die Gemeinde diese Aufgaben.

Pflichtaufgaben	Freiwillige Aufgaben	Weisungsaufgaben
Aufgaben, die die Gemeinde erfüllen *muss*. Beispiele: Schulen, Straßenbau, Feuerwehr, Wasser- und Stromversorgung, ...	Aufgaben, die die Gemeinde erfüllen *kann*, jedoch nicht muss. Beispiele: Sportanlagen, Theater, Jugendzentrum, ...	Aufgaben, die die Gemeinde im Auftrag des Bundes oder des Landes erfüllen *muss*. Beispiele: Meldewesen (Personalausweis), Standesamt, ...

M3 Das Ballonspiel: Die schweren Lasten der Gemeinde

Stellt euch vor, an eurem „Gemeinde-Ballon" hingen alle Aufgaben, die eure Gemeinde erfüllen muss bzw. kann. Das Problem ist: Alle Aufgaben kosten Geld. So hebt euer Ballon aber niemals ab – das heißt, ihr müsst „Ballast" abwerfen. Ihr dürft nun entscheiden, für welche Aufgaben eure Gemeinde Geld ausgibt. Nach und nach müsst ihr also Aufgaben „über Bord werfen". Wichtig: An die Unterscheidung von Pflicht-, Weisungs- und freiwilligen Aufgaben (siehe M2) seid ihr dabei nicht gebunden.

Ablauf:
- Diskutiert in eurer Gruppe, welche Aufgaben ihr für besonders wichtig und welche eher für nebensächlich erachtet.
- Einigt euch, von welchen Aufgaben ihr euch in welcher Reihenfolge trennt.
- Begründet jeweils eure Entscheidungen.
- Notiert jeweils eure Entscheidungen.

„Kommunalpolitik – was geht mich das an?" – Führt ein Brainstorming durch und sammelt eure Gedanken.
Ordne die Interessen Pascals und seines Vaters den Aufgaben der Gemeinde zu (M1, M2).
Unterschiedliche Interessen führen oft zu Konflikten. Erkläre, weshalb sich Pascals Interessen im Zweifel schwerer durchsetzen lassen (M1, M2).
a Spielt das „Ballonspiel" (M3). Stellt im Anschluss eure Entscheidungen der Klasse vor und diskutiert sie.
b Diskutiert, inwiefern es kritisch ist, von „Ballast abwerfen" zu sprechen. TIPP S. 213
„Kommunalpolitik – was geht mich das an?" – Sammelt erneut Gedanken hierzu und vergleicht mit eurem Brainstorming aus Aufgabe 1.

Webcode PE652136-139 8 Politik in der Gemeinde 139

Einleitungstexte geben dir eine kurze Einführung in das Thema. Anschließend kannst du alleine oder in Gruppen das Thema mithilfe der Materialien und Arbeitsaufträge selbstständig erschließen. Würfelsymbole vor den Arbeitsaufträgen zeigen an, welchen Schwierigkeitsgrad die Aufgabe aufweist.

- einfacher Schwierigkeitsgrad
- mittlerer Schwierigkeitsgrad
- höherer Schwierigkeitsgrad

Blau markierte Arbeitstechniken werden im Anhang erläutert.

Die Webcodes weisen dich auf Internetseiten hin, auf denen du aktuelle und weitere interessante Informationen findest. Gib den Webcode auf der Internetseite www.cornelsen.de im Fenster oben rechts ein und klicke auf den Pfeil rechts.

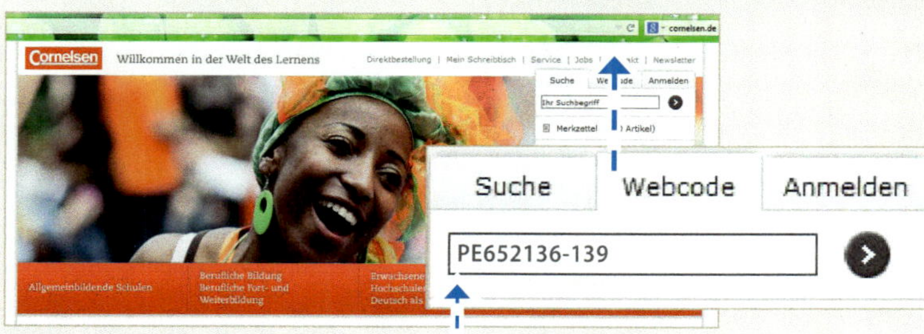

Regeln

Willensbildung

Jugendkriminalität

Medien

Meinung

Regierung

Politik

Schu

Gese

Analysekompetenz

Kompromiss

Gewalt

Handlungskompetenz

Prozesskompetenz

Konflikt

Rechtsstaat

Gesellschaft

Handlungskompetenz

Macht

Gemeinde

Menschenrechte

EINSTIEG

Interessen

Parteien

Wirtschaft

Verbraucher

Erziehung

Politikzyklus

Akteure

Methodenkompetenz

Zuwanderung

Entscheidung

Rechtsprechung

e

Mitbestimmung

ze

Urteilskompetenz

Grundrechte

Kinderrechte

Rechte

Gemeinwohl

Integration

Mündigkeit

Streit

Familie

M 1 Was ist Gemeinschaftskunde? Schülerinnen und Schüler diskutieren

Unser Zusammenleben und unser politisches System in Deutschland mit seinen demokratischen Prinzipien kann nur dann funktionieren, wenn es von politisch mündigen* Bürgerinnen und Bürgern getragen wird. Daher ist es wichtig, dass Schüler demokratisch denken und handeln können. Aber was bedeutet das für mich?

Es geht hier also nicht einfach nur darum, Dinge zu lernen, sondern zu verstehen, wie man zu einem begründeten Urteil oder einer Entscheidung kommt. In der Schule kann man zum Beispiel den Klassensprecher wählen, mit spätestens 18 Jahren darf man Politikerinnen und Politiker wählen. Dazu sollte man wissen, wie die Wahl funktioniert, warum man was wählt und was alles dazugehört.
Was heißt nun mündiger Bürger? Mündig bedeutet: Man ist zu einem eigenen Urteil fähig. Urteilen ist auch das Grundprinzip unserer Demokratie. Nur wer sich auskennt, ist fähig zu urteilen. Gemeinschaftskunde beinhaltet viele Bereiche: z. B. Politik, Wirtschaft und Recht. Aber es geht auch um das Zusammenleben. Ohne Regeln gäbe es nur Chaos.
Keiner möchte in einer Welt leben, in der Chaos herrscht. Dazu gehören Höflichkeitsregeln, aber auch solche Begriffe wie z. B. Respekt. Aus Regeln werden oft Gesetze. Hier muss jedem klar sein, dass es Folgen haben kann, wenn man gegen Gesetze verstößt. Warum ist es dann nicht einfach so, dass Regeln und Gesetze gemacht werden und auch so bleiben? Auch das ist Gemeinschaftskunde. Unser Zusammenleben ändert sich immer wieder. Regeln werden überdacht, neue Gesetze werden entwickelt und ständig führt man Diskussionen. Immer wieder zu diskutieren, Dinge neu zu überdenken und neu zu beschließen sind ebenfalls Inhalte des Gemeinschaftskundeunterrichts.

* **mündig**
Mündig bedeutet, dass man sich selbst ein Urteil bilden kann und selbstständige Entscheidungen treffen kann.

M 2 Wo und wie kann ich mich über Politik informieren?

Sieh doch mal abends mit deinen Eltern die Nachrichten an und informiere dich damit über aktuelle Geschehnisse aus Deutschland und der ganzen Welt.

Auch im Rathaus und in Ämtern kannst du dich informieren.

Das Internet ist eine gute Plattform, sich unabhängig von Ort und Zeit Informationen zu beschaffen. Achte dabei auf die Seriosität* der Webseiten.

Lies Zeitungen! Sie informieren dich über Neuigkeiten aus deinem Ort, deiner Region und aus der ganzen Welt. Erkundige dich, ob es eine Lokalzeitung in deiner Gemeinde gibt.

* **Seriosität**
Gerade bei Internetquellen sollte man überprüfen, wer die Informationen schreibt, da einige Informationen nicht objektiv sind. Welchen Hintergrund besitzt die Quelle? Ist der Autor Fachmann auf dem Gebiet? Wer für eine Webseite verantwortlich ist, steht im Impressum. Ist der Urheber schwierig zu finden, ist Vorsicht geboten.

M 3 Was ist Gemeinschaftskunde?

Begriff	bedeutet	bedeutet vermutlich	unbekannt
Akteure		Personen, die etwas unternehmen	
Medien	Zeitungen, Fernsehen, Internet, ...		
Politikzyklus			?
....			

1 Ist nun Gemeinschaftskunde einfach Politik? Gemeinschaftskunde ist viel mehr. Auf der Einstiegsseite stehen viele verschiedene Begriffe zum Fach Gemeinschaftskunde:

a Suche dir zunächst die Begriffe heraus, die du kennst, und beschreibe diese (M 3).

b Schreibe die Begriffe heraus, bei denen du nicht genau weißt, was damit gemeint ist.

c Schreibe die Begriffe heraus, bei denen du gar nicht weißt, was damit gemeint ist. Möglichkeiten hier: Frage deinen Nachbarn, schlage den Begriff im Lexikon nach oder im Inhaltsverzeichnis.

d Versuche nun die Begriffe zu ordnen: Welche könnten zusammengehören?

KAPITEL 2

Mitbestimmung in der Schule

Nenne verschiedene Aufgaben eines Klassensprechers.

In diesem Kapitel lernst du,

- *welche Möglichkeiten es gibt, die eigenen Interessen in der Schule einzubringen;*
- *wie in der Schule Entscheidungen getroffen werden;*
- *welche rechtlichen Bestimmungen das Zusammenleben in der Schule regeln;*
- *wie einzelne Institutionen in der Schule zusammenwirken;*
- *welche Möglichkeiten es gibt, Konflikte in der Schule zu lösen.*

Wer vertritt die Interessen unserer Klasse am besten?

Hannah und David kommen nach den ersten beiden Wochen nach Hause. In der kommenden Woche soll der Klassensprecher gewählt werden.
Hannah würde gerne ihre Freundin wählen. Sie ist ihr einfach sympathisch. „So ein Quatsch", sagt David. „Außer, dass sie ganz nett ist, hat sie doch gar keine Voraussetzungen für eine Klassensprecherin!" „Wen würdest du denn wählen?", fragt Lisa. „Na, ist doch klar. Ich würde Max wählen, der sagt wenigstens, was Sache ist!", meint David. „Der hat doch nur eine große Klappe", gibt Hannah ihm zur Antwort. „Du hast doch keine Ahnung. Weißt du überhaupt, was ein Klassensprecher machen muss und welche Eigenschaften er haben sollte?"

Klassensprecher

Ihr könnt sicherlich die Diskussion von Hannah und David verstehen. Jeder möchte die Person zum Klassensprecher wählen, die ihm sympathisch ist oder von der man glaubt, dass sie diesen Job gut macht. Dazu sollte man jedoch verschiedene Dinge wissen:

- Wie wird ein Klassensprecher gewählt?
- Welche Eigenschaften sollte ein Klassensprecher haben?
- Was muss ein Klassensprecher machen?

* §
Dieses Zeichen wird Paragraf ausgesprochen. In Kombination mit einer Zahl dient es der Unterteilung von Gesetzestexten und Verträgen.

M2 Aus dem Schulgesetz

§ * 65 Klassensprecher
(1) Von Klasse 5 an wählen die Schüler jeder Klasse aus ihrer Mitte zu Beginn des Schuljahres einen Klassensprecher und seinen Stellvertreter.
(2) Der Klassensprecher vertritt die Interessen der Schüler der Klasse und unterrichtet die Klassenschülerversammlung über alle Angelegenheiten, die für sie von allgemeiner Bedeutung sind.
Schulgesetz (SchG BW 1983/2012)

M1 Klassensprechertypen

M3 Welche Voraussetzungen soll ein Klassensprecher haben?

mutig | gut aussehend | zuverlässig | empfindlich | freundlich | durchsetzungsfähig | laute Stimme | ehrlich | hilfsbereit | zurückhaltend | cool | wortgewandt | groß und stark | begeisterungsfähig | vermittelnd | gute Noten! | lustig | rechthaberisch

Die Klasse hätte gerne einen Getränkeautomaten.

Der Mathelehrer möchte, dass die zu lauten Schüler aufgeschrieben werden.

Sarah regt sich über die schlechte BK-Note auf.

M 4 Ist der Klassensprecher zuständig oder nicht?

Die Schüler der 5. Klassen beschweren sich über die zu schweren Schulranzen.

Die Klasse möchte in der Pause im Klassenzimmer bleiben.

Die Klasse möchte einen Wintersporttag durchführen.

Erwin und Mike prügeln sich in der Pause.

Die Tafel wurde in der letzten Woche nicht gewischt und das Klassenzimmer war verdreckt.

Wieder Ärger in der Klasse 7b

In der Klasse 7b herrscht wieder Chaos. Die Mathelehrerin, Frau Müller, musste nochmals ins Lehrerzimmer, um etwas zu kopieren. Bevor sie geht, sagt sie noch dem Klassensprecher Max, er solle für Ruhe sorgen. Frau Müller ist nach 10 Minuten immer noch nicht zurück. Es bricht Chaos in der Klasse aus. Nachdem Max mehrmals den Mitschülern gesagt hat, dass sie endlich leise sein sollen, geht er an die Tafel und schreibt die Namen der Störenfriede auf. Lea ist stinksauer, nachdem sie ihren Namen entdeckt. „Mich hat doch der Paul geärgert und ich habe mich nur gewehrt." Simon schreit Max an, er solle doch als Klassensprecher die Schüler vertreten und nicht den Lehrer. Max hat sich das ganz anders vorgestellt, Klassensprecher zu sein.

1 Du siehst im Bild **M 1** verschiedene Klassensprechertypen. Beschreibe die verschiedenen Charaktereigenschaften (**M 1**, **M 3**).

2 Nenne die Aufgaben des Klassensprechers, die im Schulgesetz stehen. (**M 2**)

3 In dem folgenden Text haben sich ein paar Fehler eingeschlichen. Übernimm nur die passenden Eigenschaften des Klassensprechers in dein Heft.
Die Klassensprecher sollten frei sprechen und gut argumentieren können – der Streber der Klasse sein – einen netten Umgangston haben – der verlängerte Arm des Klassenlehrers sein – Probleme erkennen und formulieren können – Kontakt zu allen Mitschülern haben – der Aufpasser in der Pause sein – bereit sein, sich für die Klasse und im Schülerrat zu engagieren – unparteiisch sein – Interesse an der Klassengemeinschaft haben – derjenige sein, der alle Dummheiten der Klasse mitmacht – Rechte und Pflichten der Schüler kennen – kompromissbereit sein – mutig sein.

4 Ist der Klassensprecher zuständig oder nicht? (**M 4**) Diskutiert in der Klasse die verschiedenen Aussagen.

5 „Wieder Ärger in der Klasse 7b". Aber wer hat hier eigentlich etwas falsch gemacht? Max, seine Mitschüler – oder sogar die Lehrerin? Diskutiert! TIPP S. 207

Die Klassensprecherwahl – Wie macht man 's richtig?

M1 Till und Sophie

Till und Sophie stehen nun als Klassensprecher und Stellvertreterin fest.

Die Klasse 7a im Wahlkampffieber!

Es herrscht große Aufregung in der Klasse 7a, denn die Kandidaten stehen nun endlich fest. Cem, Till, Ben und Sophie möchten Klassensprecher oder Klassensprecherin werden. Eigentlich hatte man in den letzten Jahren auch schon irgendwie Klassensprecher gewählt. Im letzten Jahr wurde Anna gewählt. Jeder durfte mit Handzeichen für die einzelnen Kandidatinnen und Kandidaten stimmen. Da in der Klasse genauso viele Mädchen wie Jungs waren, hatte man sich darauf geeinigt, dass der Stellvertreter der Junge mit dem höchsten Stimmenanteil wurde. Zwei Schüler kamen neu in die Klasse. Da sie niemanden kannten, sollten sie nicht an der Wahl teilnehmen.

★ **Wahlurne**
Eine Wahlurne ist ein geschlossener Behälter mit Schlitz zum Einwurf von Wahl- oder Stimmzetteln.

★ **Demokratische Wahl**
Wahlen in Deutschland verlaufen nach vorgeschriebenen Regeln. Diese sind im Grundgesetz Artikel 28 und Artikel 38 festgelegt und gelten für alle in Deutschland abgehaltenen Wahlen. Die Regeln sind in fünf Wahlgrundsätzen zusammengefasst:
- allgemein,
- gleich,
- geheim,
- frei,
- unmittelbar.

M2 Aus der SMV-Verordnung Baden-Württemberg

§ 5 Wahlverfahren, Abwahl

(1) Die Wahl ist geheim. Die Aufstellung und Wahl der Kandidaten bedürfen keiner Bestätigung. Im Übrigen muss die Wahl aller Schülervertreter den Grundsätzen entsprechen, die für demokratische Wahlen gelten, insbesondere also allgemein, frei, gleich und unmittelbar sein.

(2) Gewählt ist, wer die meisten gültigen Stimmen erhält. Bei Stimmengleichheit ist ein weiterer Wahlgang erforderlich.

SMV-Verordnung BW (1976/Dez. 2015)

M3 Ablauf einer Klassensprecherwahl (und dessen Stellvertreter)

1. Kandidaten erklären ihre Bereitschaft, sich wählen zu lassen.
2. Eine Kandidatenliste wird aufgestellt.
3. Die Kandidaten überlegen sich eine Vorstellung (Steckbrief, Plakat, kurze Präsentation).
4. Die Wahl findet geheim statt: Jeder Schüler schreibt einen Namen auf den Wahlzettel, ohne diesen zu zeigen.
5. Die Zettel werden in eine Wahlurne★ geworfen.
6. Die Wahlurne wird unter Aufsicht „geöffnet" und die Namen werden vorgelesen.
7. An der Tafel wird hinter den Namen des jeweiligen Kandidaten die Anzahl der gültigen Stimmen notiert.
8. Der Kandidat, welcher die meisten Stimmen erhält, ist gewählt.
9. Bei Stimmengleichheit wird die Wahl wiederholt.
10. Stellvertreter ist der Kandidat mit den zweitmeisten Stimmen, wenn es die SMV-Satzung der Schule so vorsieht.

M 4 Was bedeuten die Wahlgrundsätze für die Klassensprecherwahl?

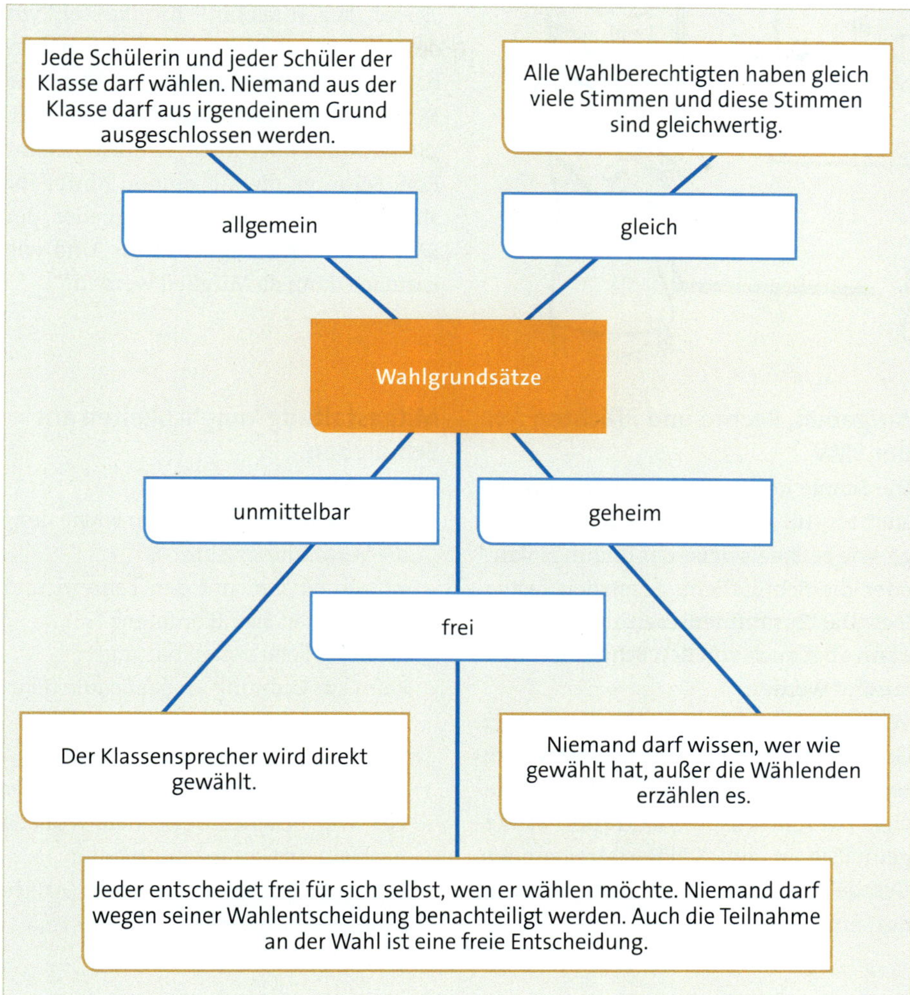

1 Die Klassensprecherwahl soll mithilfe einer Urne* stattfinden. Was steckt hier für ein Sinn dahinter? (M 3)

2 Zu den Regeln einer demokratischen Wahl* gehören die sogenannten Wahlgrundsätze*. Wie kannst du dir die fünf Wahlgrundsätze merken? Erfinde eine Eselsbrücke. (M 4)

3 Weshalb wurden genau diese fünf Punkte als Wahlgrundsätze beschlossen? Welche Folgen könnte es haben, wenn ein Wahlgrundsatz bei einer Wahl nicht berücksichtigt wird?

4 Überprüfe mithilfe der Wahlgrundsätze und der SMV-Verordnung, ob die Wahl im letzten Schuljahr korrekt abgelaufen ist?

5 a Erstelle mithilfe von **M 2** bis **M 4** eine Checkliste zur Vorbereitung der Klassensprecherwahl.
So könntest du vorgehen: ☐ Kandidaten suchen ☐ Kandidatenliste erstellen ☐ ...

b Einigt euch im Anschluss (z. B. mit einem Placemat) auf eine gemeinsame Checkliste.

c Führt nun die Klassensprecherwahl durch. Diskutiert auf der Grundlage der Checkliste, ob alles beachtet wurde und die Klassensprecherwahl korrekt ablief.

„Super, da geh' ich hin!" Annika steht vor dem Schwarzen Brett und freut sich lauthals, dass sie am Dienstag nicht in die Mathestunde muss, denn die SMV* tagt. „So geht das aber nicht, Annika", meint Frau Schröter, die auf einmal hinter ihr steht. „Das ist nur für Mitglieder der SMV." Grinsend fragt Annika: „Und wie kann ich dann da Mitglied werden?"

Aufgaben, Rechte und Pflichten der SMV

Die Schule heute ist ganz anders organisiert als früher. Natürlich sind viele Dinge, wie beispielsweise der Bildungsplan* oder die Schulpflicht, gesetzlich festgelegt. Das Zusammenleben in der Schule kann aber auch von den Schülern mitbestimmt werden.
Wie in einer modernen demokratischen Gesellschaft wählen Schüler ihre Vertreter. Dies sind zunächst die Klassensprecher. Die Klassensprecher treffen sich regelmäßig in den Schülerratssitzungen. Gerade am Anfang des Schuljahres ist dort einiges zu tun.

Mitgestaltungsmöglichkeiten am Schulleben

Die SMV:
- wählt den Schülersprecher sowie den/die Verbindungslehrer*;
- ist gemeinsam mit den Lehrern und Eltern in der Schulkonferenz*;
- gestaltet Schulveranstaltungen;
- kann zur Ordnung an der Schule (Pausenaufsicht) beitragen;
- vertritt die Interessen der Schüler und trägt diese der Rektorin oder dem Rektor vor, wie beispielsweise den Wunsch nach einem Getränkeautomaten.
- hat in bestimmten Bereichen Anhörungs-, Beschwerde- und Informationsrechte.

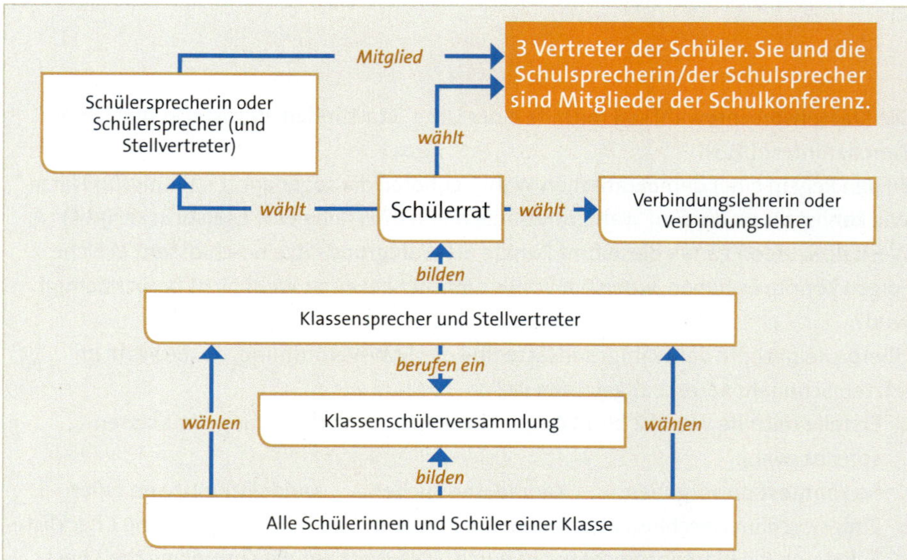

M1 Die Schülermitverantwortung

* **SMV**
SMV bedeutet Schülermitverantwortung.
Schülerinnen und Schüler können ihre Interessen durch die SMV an der Schule vertreten und das Schulleben mitgestalten.
Elemente der SMV sind die Klassensprecher, Schülerrat und Schülersprecher.

* **Bildungsplan**
Ein Bildungsplan enthält die Vorgaben, welche grundlegenden und unverzichtbaren Haltungen, Werte, Kompetenzen und Wissensinhalte die Schule vermitteln soll. Diese Vorgaben werden von den jeweiligen Kultusministerien der Bundesländer festgelegt.

* **Verbindungslehrer**
Die Verbindungslehrer werden vom Schülerrat gewählt, beraten die SMV und unterstützen sie bei der Erfüllung ihrer Aufgaben.

* **Schulkonferenz**
In der Schulkonferenz wirken Schulleitung, Lehrer, Eltern und Schüler in einem gemeinsamen Organ der Schule zusammen.

* **Akteure**
Akteure sind die Beteiligten und Mitwirkenden in einem politischen Prozess.

M 2 So könnte die Jahresplanung einer SMV aussehen

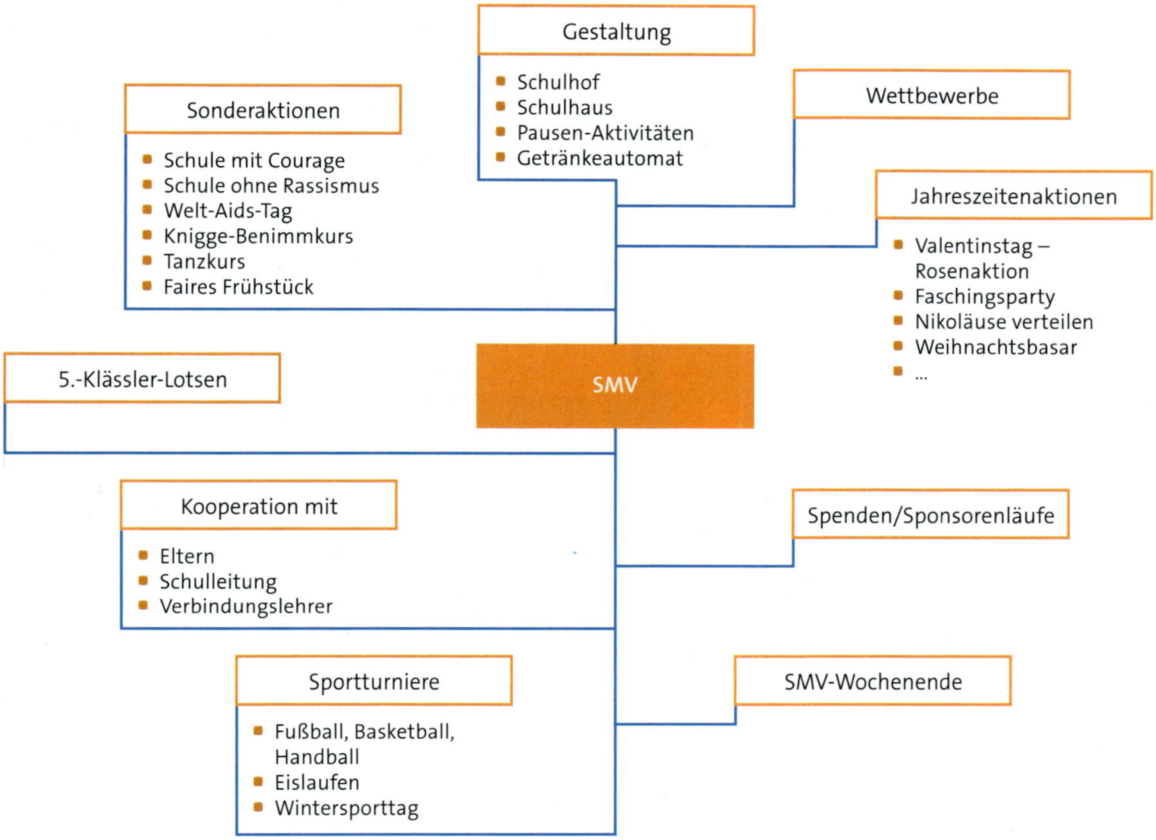

1 Schreibe Annika einen kurzen Brief mit der Erklärung, wie sie Mitglied in der SMV werden kann. (**M 1**)

2 Dimitris Bruder ist Schülersprecher. Eines Tages möchte auch er einer werden und erkundigt sich, wie man Schülersprecher werden kann. Erkläre anhand der Grafik. (**M 1**)

3 Was ist an deiner Schule los? Erkundige dich, welche Aktionen die SMV dieses Schuljahr plant, und erstelle eine eigene Mindmap, ähnlich wie in **M 2**.

4 Welches Thema brennt dir auf den Nägeln?

- **a** Ergänze deine Wünsche in einer anderen Farbe im Jahresplan deiner SMV.
- **b** Sammelt nun in der Gruppe, welche Wünsche ihr habt. Wägt ab, welche realisierbar sind, und überlegt euch eine Strategie, die Wünsche umzusetzen.
- **c** Erstellt im Anschluss eine kurze Präsentation über eure Aktion, den Ablauf und die einbezogenen Akteure*.

5 Recherchiert:

- **a** Wer war im letzten Schuljahr Klassensprecher, Schülersprecher, Verbindungslehrer?
- **b** Nennt ein Anliegen der SMV, das genehmigt wurde.
- **c** Nennt ein Anliegen der SMV, das abgelehnt wurde.
- **d** Überlegt, warum das eine Anliegen der SMV erfolgreich war und das andere nicht. Bewertet daraufhin eure Mitwirkungsrechte in der Schule.

Unser Recht auf Mitwirkung in der Schulkonferenz!

M1 Till und Mina informieren sich bei einer Händlerin über die Bedingungen für die Aufstellung eines Getränkeautomaten.

Die Klasse 7a möchte einen Getränkeautomaten in der Schule aufstellen lassen. Die Idee wurde in der Klassenschülerversammlung mit viel Engagement diskutiert. Till hat den Wunsch in der SMV-Versammlung mitgeteilt. Viele Mitschüler sind begeistert. Jedoch glauben die meisten nicht, dass die Schulleiterin der Albert-Einstein-Schule das Aufstellen erlaubt. Till hat ein Gespräch mit Frau Hansen. Diese ist sehr skeptisch und stellt viele Fragen, wie z. B. „Wer stellt den Automaten auf?", „Was kostet es und wie ist das mit den Pfandflaschen gelöst?" Till erklärt ihr, dass die SMV das alles in den nächsten Wochen abklären wird. Darauf schlägt Frau Hansen vor, dass die SMV dies doch in der Schulkonferenz vorstellen könnte. Dort soll abgestimmt werden, ob der Automat aufgestellt wird – oder nicht.

M2 Die Schulkonferenz

Aufgaben der Schulkonferenz:

Schulgesetz § 47

Schulkonferenz

1) Die Schulkonferenz ist das gemeinsame Organ der Schule. Sie hat die Aufgabe, das Zusammenwirken von Schulleitung, Lehrern, Eltern, Schülern [...] zu fördern, bei Meinungsverschiedenheiten zu vermitteln sowie über Angelegenheiten, die für die Schule von wesentlicher Bedeutung sind, zu beraten und [...] zu beschließen.

Zusammensetzung der Schulkonferenz:

Der Schulkonferenz gehören bei Schulen mit mindestens 14 Lehrern folgende Personen an:

1. die Schulleiterin als Vorsitzende;
2. die/der Elternbeiratsvorsitzende als stellvertretende/-r Vorsitzende/-r;
3. der Schülersprecher;
4. zusätzlich jeweils drei Vertreter der Lehrer, der Eltern und der Schüler.

Die Schulkonferenz darf bei allen wichtigen Entscheidungen mitreden wie z. B.: Unterrichtsbeginn, neue Rektoren, Finanzen, Schul- und Hausordnung, Schulausschluss, Schulname oder Schultyp.

Besprechungsinhalte und das Zustandekommen eines Beschlusses der Schulkonferenz dürfen nicht veröffentlicht werden, nur das Endergebnis. Dies nennt man Verschwiegenheitspflicht.

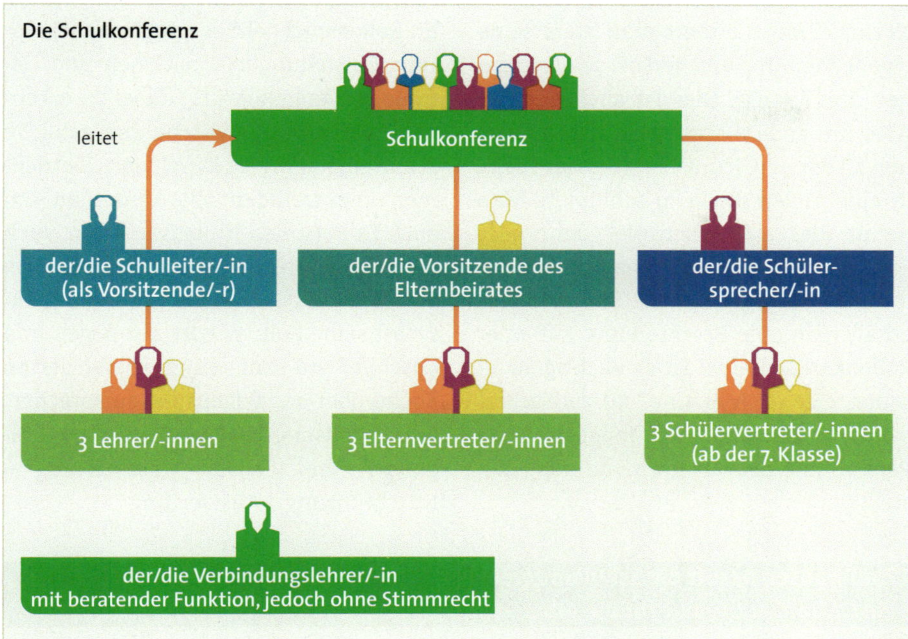

M 3 Zusammensetzung der Schulkonferenz

Die Drittelparität

Seit dem 1. August 2014 besteht in Baden-Württemberg die Drittelparität. Was bedeutet das? Von besonderer Bedeutung in einem Entscheidungsorgan mit mehreren Interessengruppen (hier Lehrer, Schüler und Eltern) ist die Gewichtung der Stimmenanteile – also die Anzahl der Stimmen jeder Interessengruppe. Vor 2014 waren in der Schulkonferenz sechs Lehrer, drei Schüler, drei Eltern und der Schulleiter. Dies bedeutet, die Lehrer hatten gemeinsam mit dem Schulleiter immer die Stimmenmehrheit. Heute hat jede Interessengruppe in der Schulkonferenz ein Drittel der Stimmen, also gleiche Stimmenanteile. Man spricht von einer Drittelparität (Parität [lateinisch] = gleiche Stellung). Man hat somit den Stimmenanteil der Schüler und Eltern sehr stark erhöht.

1 Erkläre Sinn und Zweck der Verschwiegenheitspflicht (**M 2**).

2 Bis zum 1. August 2014 bestand die Schulkonferenz aus sechs Lehrern, drei Schülern und drei Eltern und dem Schulleiter. Wie haben sich durch die neue Zusammensetzung die Mehrheitsverhältnisse geändert? Was hältst du davon? Überlege mögliche Gründe für diese Änderung.

3 Beschreibt den Weg, wie jeweils die Personen bzw. die Personengruppen in die Schulkonferenz gewählt werden (vgl. **M 1**, S. 18).

4 Überlegt, wie vorgegangen werden muss, wenn Schüler einer Klasse sich wünschen, dass in der Schule ein Getränkeautomat aufgestellt werden soll (vgl. **M 1**, S. 18).

5 Findet Gründe, die für und gegen eine „Drittelparität" sprechen. TIPP *S. 207*

Rollenspiel – Was ist ein Rollenspiel?

Normalerweise äußert man stets seine eigene Meinung und vertritt seinen eigenen Standpunkt. Dies ist auch wichtig. Aber um andere Positionen nachvollziehen zu können, kann es interessant sein, in eine andere Rolle zu schlüpfen. Man nennt dies ein Rollenspiel, denn hier schlüpft man in eine vorgegebene Rolle in einer vorgegebenen Situation. Dafür erhält man eine Beschreibung auf einer Rollenkarte. Hierbei ist es wichtig, nicht seine eigene Meinung auszudrücken, sondern sich so gut wie möglich in die Person hineinzuversetzen, die man darstellt.

Im Rollenspiel geht es hauptsächlich darum, Einstellungen, Positionen und Gefühle zu verstehen und dabei zu erkennen, wie wichtig zwischenmenschliche Kommunikation ist. Durch das Übernehmen einer fremden Rolle kann man sich auch in Personen hineinversetzen, auch wenn man ihre Meinung nicht teilt. Zum Schluss des Rollenspiels ist es wichtig, bewusst seine Rolle wieder abzulegen und anschließend auf einer distanzierten Ebene über das Rollenspiel zu sprechen. Ein Rollenspiel besteht immer aus folgenden drei Phasen: Vorbereitung – Durchführung – Auswertung.

Frau Hansen beruft die Schulkonferenz ein: Ein Getränkeautomat für die Albert-Einstein-Schule?!

Vorbereitungsphase:

1. Ihr seht auf der nächsten Seite eine Einladung für ein Rollenspiel. Zwölf Personen nehmen an diesem Rollenspiel aktiv teil. Der Rest der Klasse erhält eine Beobachtungsaufgabe.
2. Der Lehrer teilt den zwölf Schülern eine Rolle zu.
3. Lies dir die Einladung und deine Rollenkarte durch. Gruppen, wie die Eltern, Schüler und Lehrer, treffen sich und besprechen gemeinsam ihre Position.
4. Die Rolle des Schulleiters ist eine besondere. Er gibt die Einladung heraus und leitet die Schulkonferenz. Er muss darauf achten, dass alle Regeln eingehalten werden.
5. Bereitet das Rollenspiel mit den Rollenkarten vor, während die anderen Schüler die Sitzordnung planen und die Namensschilder erstellen.

Durchführung:

1. Spielt das Rollenspiel nach den Vorgaben der Tagesordnung. Hierbei soll jeder zu Wort kommen. Am Schluss muss die Schulkonferenz grundsätzlich eine Entscheidung treffen. Eventuell kann die Entscheidung an Bedingungen geknüpft werden.
2. Während die Schüler spielen, beobachten die übrigen Schüler das Spiel und notieren sich stichwortartig ihre Eindrücke.

Auswertungsphase:

1. Die Spieler/-innen bekommen die Gelegenheit, sich über die Aufführung, ihre Rolle und ihre Empfindungen zu äußern. Die Beobachter äußern sich zum Spielverlauf. Die ganze Klasse diskutiert über die einzelnen Wahlentscheidungen und die jeweiligen Begründungen.

Einladung

Die Schulleitung lädt die Mitglieder zur Schulkonferenz am 12. Mai um 18:00 Uhr im Lehrerzimmer ein.

Tagesordnungspunkte:

TOP 0 Begrüßung/Regularien
TOP 1 Beratung über den Vorschlag, einen Getränkeautomaten aufzustellen
TOP 2 Diskussion
TOP 3 Abstimmung

Schulleitung

Deine Aufgaben:
Du leitest die Schulkonferenz. Nach der Begrüßung der Anwesenden klärst du alle über die Regularien einer Schulkonferenz auf: Du erklärst rechtliche Aspekte (Rechte, Verschwiegenheit etc.) und die Zusammensetzung der Schulkonferenz:

- drei Lehrer, drei Schüler, drei Eltern, Schulleiter: Vorsitzender, Elternbeiratsvorsitzender: Stellvertreter, Schülersprecher

Danach werden die Schüler aufgerufen, ihren Wunsch nach einem Getränkeautomaten vorzubringen. Du lässt die einzelnen Parteien zu Wort kommen, formulierst am Ende einen Antrag zur Abstimmung, führst diese durch, gibst das Ergebnis bekannt und beendest die Schulkonferenz.

Deine Meinung:
Du bist dir unschlüssig über das Aufstellen eines Getränkeautomaten. Unter bestimmten Bedingungen könntest du es dir vorstellen.

Schülervertreter und Schülersprecher

Ihr seid für das Aufstellen eines Getränkeautomaten. Ein regionaler Getränkehändler hat ein Angebot für einen Automaten erstellt. Er würde den Automaten bestücken.

- Formuliert Argumente, den Automaten aufstellen zu lassen, und sucht nach entsprechenden Begründungen.
- Versucht in der anschließenden Diskussion die anderen von eurem Vorschlag zu überzeugen.

Elternvertreter und Elternbeiratsvorsitzender

Ihr seid euch nicht sicher, ob ihr für oder gegen das Aufstellen eines Automaten seid. Euch ist vor allem wichtig, was in den Automaten kommt und was die Getränke kosten.

- Formuliert Argumente dafür und dagegen und sucht nach entsprechenden Begründungen.
- Versucht in der anschließenden Diskussion den anderen eure Bedenken zu vermitteln.

Lehrervertretung

Ihr seid gegen das Aufstellen eines Getränkeautomaten. Ihr befürchtet, dass überall Flaschen herumliegen, und außerdem sind viele vorgeschlagene Getränke ungesund.

- Formuliert Argumente, den Automaten nicht aufstellen zu lassen, und sucht nach entsprechenden Begründungen.
- Versucht in der anschließenden Diskussion die anderen von eurem Vorschlag zu überzeugen.

Nicht alle Schüler haben die gleichen Wünsche und Bedürfnisse. So können schnell Streitigkeiten und Probleme entstehen. Auch wenn zwei verschiedene Meinungen aufeinandertreffen, kann es zu Konflikten kommen. Meist geht es darum, dass eine Seite ihren Willen durchsetzen will oder Recht behalten möchte. Konflikte können aber auch aufgrund von Vorurteilen entstehen.
An vielen Schulen gibt es Hilfen beim Umgang mit Konflikten.

M 1 Ärger beim Getränkeautomaten

In der Schule gibt es nach dem Beschluss der Schulkonferenz einen Getränkeautomaten. Es ist gegen Ende einer großen Pause. Zahlreiche Schülerinnen und Schüler stehen noch Schlange vor dem Getränkeautomaten. Celine hat großen Durst. Kurz bevor sie an der Reihe ist, stürmt ihre Klassenkameradin Caroline von der Seite heran, wirft ein Geldstück in den Automaten und zieht eine Flasche Apfelsaftschorle. Celine ist sauer. Sie schubst Caroline zur Seite und schimpft auf sie ein. Caroline lässt sich das nicht gefallen. Sie stürzt auf Celine los, gibt ihr eine Ohrfeige, und nach kurzer Zeit liegen beide auf dem Boden und raufen sich. Dabei fällt Carolines Flasche um und zerbricht. In diesem Augenblick kommt der Mathelehrer Herr Herrmann hinzu. Er bemerkt die Schlägerei, kommt herbeigelaufen und trennt die beiden „Streithähne“. Er veranlasst, dass beide die Scherben beseitigen. Herr Herrmann merkt aber dann, dass die Angelegenheit für die beiden Mädchen noch lange nicht behoben ist. Er schlägt ihnen vor, zu den Streitschlichtern* zu gehen oder im Klassenrat* das Problem zu klären. Celine und Caroline stimmen zu. In diesem Augenblick kommt die Klassenlehrerin Frau Kary dazu. Sie reagiert stinksauer, da beide Schülerinnen schon wieder zu spät in ihren Unterricht kommen. Sie teilt den beiden Schülerinnen mit, dass sie dafür sorgen wird, dass der Getränkeautomat wieder entfernt wird.

* **Streitschlichter**
Unter Streitschlichtung versteht man ein seit Jahren bekanntes und angewandtes Verfahren zur Konfliktlösung, bei dem unparteiische Dritte helfen, unter den Konfliktparteien zu vermitteln. Ziel von Streitschlichtung ist es nicht, Konflikte grundsätzlich zu verhindern, sondern den konstruktiven Umgang mit diesen zu fördern.

* **Klassenrat**
Versammlung aller Schülerinnen und Schüler einer Klasse, die sich mit Themen der Klasse oder einzelner Schüler auseinandersetzt

M 2 Tipps zur Entschärfung von Konflikten

Dem anderen ganz genau zuhören ...	... und Beleidigungen vermeiden.
Den anderen ...	... aber nicht so, dass der andere sich zwangsläufig bedrängt fühlt.
Man darf auch sagen, ...	... in Ruhe ausreden lassen.
Den eigenen Standpunkt nachdrücklich vertreten, ...	... und Unwahres behaupten.
Nicht sofort beleidigt sein ...	... um Missverständnisse zu vermeiden.
Wirklich an einer Lösung interessiert sein und ...	... dass man enttäuscht ist.
Dem Gegenüber nichts unterstellen ...	... einen fairen Kompromiss anstreben.

M3 Politikzyklus*: ein Konflikt in der Schule

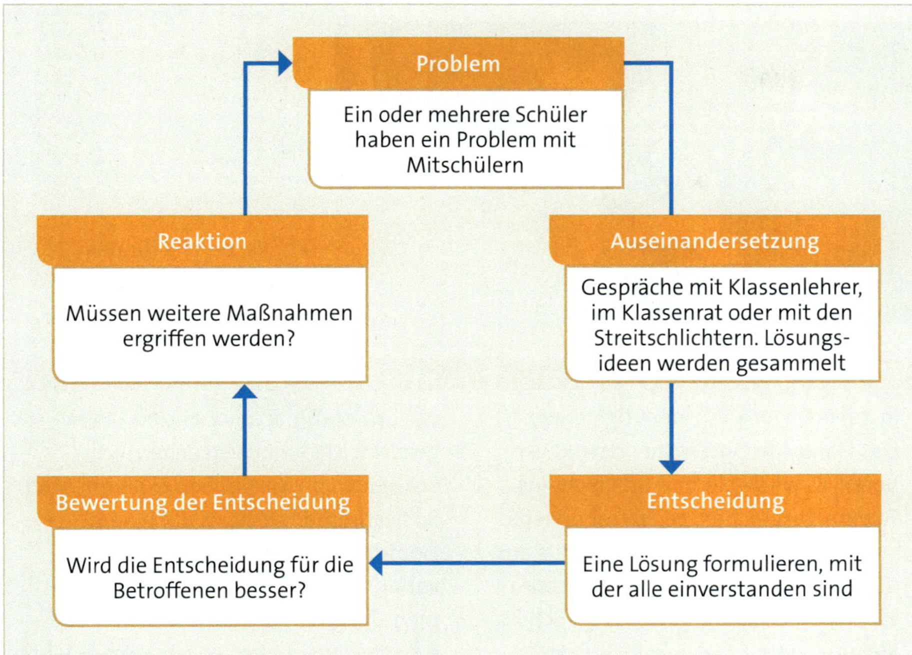

* **Politikzyklus**
Das Modell des Politikzyklus beschreibt die Politik als einen Prozess der Problemlösung. Dieser verläuft oft in ganz bestimmten Phasen.

M4 Die fünf Phasen eines Streitschlichtergespräches

1. Einleitung:
Die Streitschlichterinnen und Streitschlichter stellen sich vor und informieren über
- den Ablauf des Gespräches,
- ihre Rolle,
- die Gesprächsregeln.

2. Sichtweisen klären:
Jede Konfliktpartei schildert nacheinander ihre Sichtweise des Konfliktes.

3. Konfliktklärung:
Die Streitschlichterinnen und Streitschlichter fragen die Streitenden nach der persönlichen Bedeutung des Konflikts.

4. Lösungsideen sammeln:
In einem Brainstorming werden alle Lösungsideen aufgeschrieben.

5. Einigung und Abschluss:
Eine Lösung formulieren, mit der alle einverstanden sind.

1 Analysiere den Konflikt der beiden Schülerinnen vor dem Getränkeautomaten (M 1) mithilfe des Politikzyklus (M 3).

2 Wie könnte ein Gespräch der beiden Mädchen bei den Streitschlichtern ablaufen? Ordne deine Überlegungen mithilfe der Tipps zur Entschärfung von Konflikten (M 2) und den fünf Phasen eines Streitschlichtergespräches (M 4).

3 Bewerte die erarbeiteten Lösungsansätze deines Nachbarn.

4 Überlegt euch zwei Konfliktsituationen, bei denen es geeigneter erscheint, den Klassenrat anstelle der Streitschlichter einzuberufen.

5 Entwickelt Lösungsansätze, wie der Getränkeautomat genutzt werden kann, ohne dass dadurch der Unterricht gestört wird oder es zu Konflikten kommt.

6 Bewertet die vorgeschlagenen und selbst entwickelten Lösungsansätze und berücksichtigt hierbei folgende Punkte: Durchführbarkeit, Vorteile für Schüler/Lehrer, Kosten.

1. Handy in der Schule!? – Warum eigentlich nicht!

M 1 Recherche für den Unterricht oder chatten mit Freunden?

M 2 Smartphone verboten?

In der Schule ist es eindeutig geregelt: Das Handy im Unterricht ist strikt verboten. Es wird gelernt – und nicht ins Telefon gesprochen, gechattet oder gesurft. Die Realität sieht aber anders aus, denn das Handy ist Jugendlichen zum ständigen Begleiter geworden, auch im Klassenzimmer. Das Friedrich-Gymnasium in Freiburg geht daher neue Wege: Das Smartphone wird Teil des Unterrichts. Wissenschaftler schauen, ob das Projekt funktioniert. Es hat bundesweit Pilotcharakter* – und [...] in Berlin einen „Deutschen Lehrerpreis 2016“ für innovativen* Unterricht erhalten. „Es ist der Versuch, den Unterricht auf der Höhe der Zeit und näher an die Lebenswirklichkeit der Schüler zu bringen“, sagt Patrick Bronner. Der 38-Jährige ist Physiklehrer an dem humanistischen Gymnasium in Freiburg. Gemeinsam mit Kollegen hat er das Projekt entwickelt mit dem Titel „Smartphones und Tablets im Unterricht?“. Der Physikunterricht hat sich seither radikal gewandelt: „Hefte raus“ hieß es früher. Heute werden auf Geheiß des Lehrers Smartphones und Tablets gezückt. Mit ihnen versuchen sich Schüler an physikalischen Experimenten. So bestimmen sie etwa auf einem Hometrainer über verschiedene Messverfahren mit dem Smartphone den menschlichen Puls. „Die Schüler erforschen eigenständig, welche Experimente mit dem Smartphone möglich sind“, sagt Bronner. Vorteil: Die Schüler seien motiviert, weil sie sich mit dem Smartphone auskennen. Davon profitiere die Schule. „Ich habe die Erfahrung gemacht, die vermutlich alle Lehrer machen.“ Während des Unterrichts greifen Schüler zum Handy: Ein Facebook-Check unter der Bank, schnell noch eine SMS und in der WhatsApp wird während der Klassenarbeit über die richtige Lösung diskutiert. Auf die Pausen, so wie es sein sollte, blieb das Handy nicht beschränkt. „Wir wollten deshalb schauen, ob das Smartphone auch sinnvoll verwendet werden kann.“

Jürgen Ruf, Badische Zeitung, 28.10.2016

* **Pilotcharakter**
Man probiert etwas Neues aus, untersucht den Ablauf mit dem Ergebnis und nutzt dies zum Beispiel für weitere Schulen.

* **Innovation**
eine Neuerung, die es in dieser Form noch nicht gab

1 Welche Probleme siehst du, wenn das Smartphone in der Schule erlaubt wird?

2 Was steht in deiner Schulordnung über die Nutzung des Smartphones?

3 Erörtert in der Gruppe, bei welchen Unterrichtsinhalten eine sinnvolle Nutzung im Unterricht möglich wäre.

4 Wählt zwischen den folgenden Aufgaben: Gestaltet ...

a eine Rede (Adressat: die Schulkonferenz), in der ihr die Erlaubnis fordert, Handys im Unterricht nutzen zu dürfen.

b ein Plakat, mit dem ihr die Einführung von Smartphones im Unterricht fordert.

2. Schulpartnerschaften

REALSCHULE RHEINMÜNSTER

Partnerschaftsurkunde

Das **Colegio Fe y Alegría 37**

AA. HH. Enrique Montenegro Sector 5, San Juan de Lurigancho, Peru und

die **Realschule Rheinmünster**

Bahnhofstraße 7c, 77836 Rheinmünster, Germany

gehen mit dem heutigen Tag eine Schulpartnerschaft ein.

Durch diese Partnerschaft soll das globale Lernen und damit interkulturelle Kompetenzen gefördert werden. Wir verstehen uns als Lerngemeinschaft, die sich im Rahmen der Partnerschaft zwischen der Katholischen Kirche Peru und dem Erzbistum Freiburg bewegt. Die Schulpartnerschaft wird im jeweiligen schulischen Leben und im Schulumfeld verankert und strebt eine langfristige Zusammenarbeit an. Wir wollen unsere Verbundenheit durch eine lebendige Ausgestaltung der Partnerschaft ausdrücken.

Realschulrektor Rolf Schemel
Schulleiter Realschule Rheinmünster
Rheinmünster, den 28.10.2016

Hna. Gloria Liz Selma Veramendi Espinoza
Schulleiterin der Fe y Alegría-Schule 37
Rheinmünster, den 28.10.2016

Schulamtsdirektor Anton Meier
Staatliches Schulamt Rastatt
Rheinmünster, den 28.10.2016

Exzellenz Pedro Ricardo Barreto Jimeno SJ
Erzbischof von Huancayo
Rheinmünster, den 28.10.2016

Tobias Wald
Mitglied des Landtages Baden-Württemberg
Rheinmünster, den 28.10.2016

Schülersprecher
Rheinmünster, den 28.10.2016

M1 Partnerschaftsurkunde der Realschule Rheinmünster

M2 Die Kooperation soll gelebt werden

[...] „Es sind nicht nur zwei Schulen, die miteinander kooperieren. Es sind zwei verschiedene Länder, welche miteinander verbunden werden, und dahinter stehen Menschen, welche sich kennenlernen wollen", erklärte Rolf Schemel, Schulleiter der Realschule Rheinmünster. Die Schulpartnerschaft soll keinen Austausch von nur Geben und Nehmen darstellen, vielmehr soll die Kooperation zwischen beiden Schulen gelebt werden. „Ich würde mich freuen, wenn es zu einem regen Schüleraustausch käme", so Schemel. „Es ist für uns ein Segen, dass wir deutschen Boden betreten dürfen, eine Verbindung schmieden und einen Pakt der Freundschaft schließen dürfen", sagte Gloria Liz Selma Veramendi Espinoza, Schulleiterin des Colegio Fe y Alegria No 37.

Anne-Rose Gangl, Acher- und Bühler Bote, Ausgabe Nr. 252, S. 31

1 Bis zu einer solchen Partnerschaftsurkunde muss einiges schon geschehen sein. Überlegt, was an Vorarbeit geleistet werden muss.

2 Wie war die SMV vermutlich an diesem Projekt beteiligt?

3 Was haben die beiden Schulen von einer solchen Kooperation? Diskutiert diese Frage.

4 Welche Partnerschaften und welche Kooperationen habt ihr an der Schule?

M1 Schülertypen

M2 Wahlgrundsätze

frei	Wahlkabine
gleich	Wahlmänner
geheim	Frauenwahlrecht
unmittelbar	Bürgerwahlrecht
allgemein	Wahlpflicht

- Schülersprecherin oder Schülersprecher (und Stellvertreter)
- Klassensprecher und Stellvertreter
- Klassenschülerversammlung
- Verbindungslehrer
- Schülerrat
- Alle Schülerinnen und Schüler einer Klasse
- 3 Vertreter der Schüler und Schülersprecherin/Schülersprecher sind Teil der Schulkonferenz

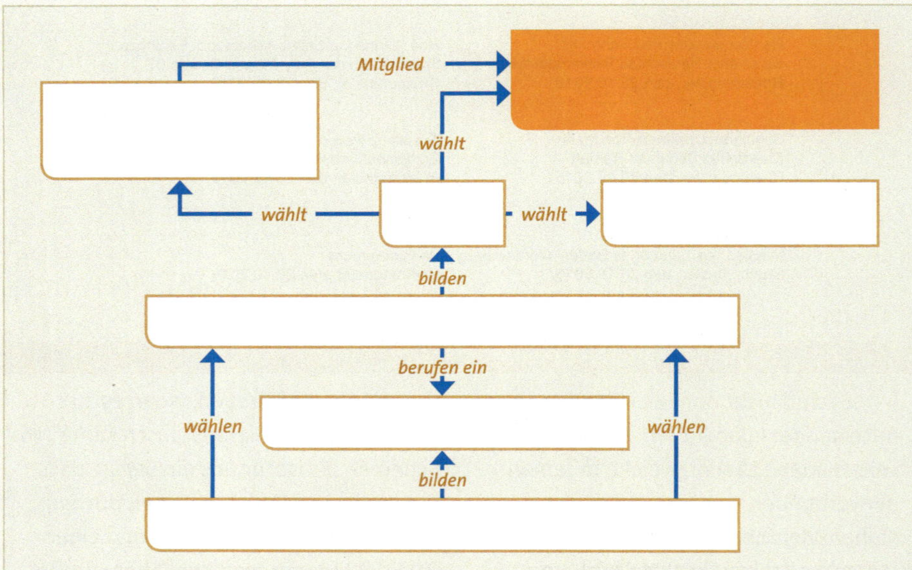

M3 Die Schülermitverantwortung

CHECK UP

1 a Finde weitere vier Schülertypen (M1).
b Nenne die Aufgaben des Klassensprechers.
c Beschreibe die Eigenschaften eines perfekten Klassensprechers und begründe.

2 a Ordne die Kennzeichen demokratischer Wahlen den Begriffen zu. (M2)
b Erläutere die Wahlgrundsätze. (M2)

3 a Übertrage M3 in dein Heft. Beschrifte die Grafik mit den Begriffen neben der Grafik.
b Erläutere jeweils in einem Satz, wie man Schülersprecher, Verbindungslehrer oder Schulkonferenzmitglied wird.
c Beschreibe ihre Mitwirkungsrechte.

M 1 Rassismus? Bei uns doch nicht!

Auszeichnung „Schule ohne Rassismus – Schule mit Courage" der Realschule Rheinmünster am 24.03.2014

Die Realschule Rheinmünster ist der Initiative „Schule ohne Rassismus – Schule mit Courage" 2014 beigetreten. Was bedeutet das? War diese Schule rassistisch? Rassismus bedeutet auch, wenn in der Schule, in der Nachbarschaft oder im Stadtteil Menschen angepöbelt werden, weil sie sich durch ihre Kleidung, Sprache oder Hautfarbe von anderen unterscheiden. Mehr als 85 % der Schüler hatten unterschrieben. „Wir wollen eine Schule ohne Rassismus und Diskriminierung jedweder Art. Stattdessen setzen wir uns ein für ein gewaltfreies und respektvolles Miteinander." Mit dieser Erhebung auf Initiative der Schülermitverantwortung waren die Voraussetzungen erfüllt für die Überreichung der Urkunde durch Michael Kneschke von der bundesweiten Initiative „Schule ohne Rassismus – Schule mit Courage". Als 99. Schule in Baden-Württemberg erhielt die Realschule Rheinmünster diese Auszeichnung. Alle Schülerinnen und Schüler feierten gemeinsam mit der Schulleitung, den Lehrern und Angestellten, Bürgermeister Helmut Pautler und Nikolaus Krippl als Paten diesen wichtigen Schritt der Schulentwicklung. Gleichzeitig verpflichtet sich die Schule damit, jährlich ein Projekt zum Thema Diskriminierung und Rassismus an der Schule zu entwickeln und durchzuführen.

A. Nock, realschule-rheinmuenster.de (Zugriff: 21.11.16)

Ich kann Informationen gewinnen und aufbereiten.

1 Lies **M 1** durch und verschaffe dir einen Überblick über die Initiative „Schule ohne Rassismus – Schule mit Courage". (siehe Webcode)
- Was ist *Schule ohne Rassismus – Schule mit Courage*?
- Wie wird man eine *Schule ohne Rassismus – Schule mit Courage*?

Ich kann Probleme und Konflikte analysieren.

2 Analysiere das Projekt „Schule ohne Rassismus – Schule mit Courage", indem du klärst:
- Wozu verpflichtet sich eine Schule?
- Was bedeutet der Titel genau? Warum sollte deine Schule diesen Titel anstreben?
- Gibt es an deiner Schule Konflikte, welche dafür sprechen, an diesem Projekt teilzunehmen? Beschreibe ausführlich.

Ich kann mir ein begründetes Urteil bilden.

3 Nenne Gründe, die dafür und die dagegen sprechen, an dem Projekt „Schule ohne Rassismus – Schule mit Courage" teilzunehmen.

Ich kann mitreden und aktiv werden.

4 **a** Beschreibe mithilfe der Grafik S. 18, **M 1**, wie die Schülermitverwaltung deiner Schule zur „Schule ohne Rassismus – Schule mit Courage" werden könnte.

b Schreibe für den Schülerrat eine Rede, warum du der Meinung bist, dass ihr eine „Schule ohne Rassismus – Schule mit Courage" werden solltet. (Wenn ihr schon an diesem Projekt teilnehmt, schreibe einen begründeten Vorschlag für ein Jahresprojekt zum Thema Diskriminierung.)

KAPITEL 3

Zusammenleben in sozialen Gruppen

Muss es in jeder Gruppe einen Außenseiter geben?

In diesem Kapitel lernst du,
- *dass du in verschiedenen sozialen Gruppen unterschiedliche Rollen hast;*
- *welche unterschiedlichen Erwartungen mit diesen Rollen verbunden sind;*
- *welche Rollenkonflikte sich hierbei ergeben können;*
- *wie Konflikte in sozialen Gruppen gelöst werden können.*

Schüler, Sohn, Sportler ... – alles auf einmal?

Stellt euch folgende Situation vor: Ihr betretet am Montagmorgen zur ersten Stunde das Klassenzimmer und euer Lehrer steht im Schlafanzug am Fenster, trägt Hausschuhe und es läuft laute Musik. Weshalb wärt ihr darüber sicher sehr verwundert? Ganz einfach: Die Erwartungen, die ihr an einen Lehrer habt, stimmen hier nicht mit seinem Verhalten überein – man könnte sagen, er erfüllt seine Rolle als Lehrer nicht. Doch was ist überhaupt eine Rolle? Wie viele Rollen „spiele" ich? Und kann ich alle Rollen gleichzeitig „spielen"?

M 1 Was wollt ihr denn alle von mir?

M 2 Rolle – Rollenerwartung – Rollenkonflikt

Den Begriff der Rolle kennt man ursprünglich aus dem Theater- und Filmbereich. Ein Darsteller in einem Krimi spielt zum Beispiel die Rolle des Ermittlers. Diese ist mit bestimmten Vorstellungen der Zuschauer, so genannten Rollenerwartungen, verbunden, die sie an die Rolle richten. Verhält sich der Darsteller nun (genau) so, wie es die Zuschauer erwarten, erfüllt er seine Rolle – und spielt sie damit gut.
Der Begriff Rolle meint jedoch auch das Verhalten eines Menschen in sozialen Gruppen*. Wir alle sind Mitglied in verschiedenen sozialen Gruppen und haben somit auch verschiedene Rollen. Das bedeutet, dass wir unterschiedliche Erwartungen erfüllen müssen, also unterschiedliche Rollen „spielen". Stehen die Rollenerwartungen, die andere an uns richten, zueinander in Widerspruch, spricht man von einem Rollenkonflikt. Jeder kennt solche Rollenkonflikte, die teilweise auch sehr belastend wirken können.

* **Soziale Gruppen**
Gruppen, deren Mitglieder regelmäßig in Kontakt stehen, gemeinsame Ziele haben und ein Zusammengehörigkeitsgefühl entwickeln. Innerhalb einer Gruppe gelten bestimmte Regeln und es entsteht eine Rollenverteilung. Jeder Mensch gehört in der Regel verschiedenen sozialen Gruppen an.

M 3 Meine Rollen: Was will ich? Und was wollen die anderen?			
Rolle als ...	... in der sozialen Gruppe ...	So stelle ich mir meine Rolle vor ...	Das erwarten andere von meiner Rolle ...
Schüler/-in	Klasse	Ich will gute Noten / Ich will etwas lernen / Ich will Spaß haben / Ich will Freunde treffen / ...	Die Lehrer erwarten Pünktlichkeit / Disziplin / Fleiß / Ruhe / gute Noten / Die Mitschüler erwarten ...
Sohn / Tochter			
Vereinsmitglied			
Freund/-in			
...			

M 4 Bin ich nur eine Marionette?

1 a Überlegt, von wem die Sprechblasen stammen könnten. (M 1)
b Beschreibt, wie sich der Jugendliche fühlen könnte. (M 1)

2 a Beschreibt eure Vorstellungen von euren Rollen sowie die Erwartungen, die andere Personen an eure Rollen haben. Legt hierzu eine Tabelle an. (M 3)
b Vergleicht eure Vorstellungen mit den Erwartungen, die andere an eure Rollen stellen. (M 3)

3 Erläutert die Aussage der Karikatur M 4.

4 Erörtert, ob und wie ihr einen Rollenkonflikt lösen könnt. (M 2, M 3) TIPP S. 207

„Ich kann mich nicht zerreißen!“ – Habt ihr manchmal auch dieses Gefühl? Dann erscheint es fast unmöglich, allen Rollenerwartungen gleichzeitig gerecht zu werden. Zu sehr gehen die Erwartungen auseinander, ein typischer Rollenkonflikt* – und wo bleibe ich dabei? Solche Dilemma-Situationen* sind für jeden eine Belastung. Auch wenn es nicht leicht fällt, muss man trotzdem oftmals eine Entscheidung treffen.

* **Rollenkonflikt**
Rollenkonflikte entstehen, wenn die unterschiedlichen Rollenerwartungen, die man erfüllen soll, zueinander im Widerspruch stehen.

* **Dilemma**
Situation, die zwei Möglichkeiten der Entscheidung bietet, die aber beide zu einem unerwünschten Ergebnis führen.

M 1 Wie würdet ihr euch entscheiden? Das Entscheidungsspiel

Kurzanleitung (Anm.: Eine ausführliche Anleitung, was ihr bei einem Rollenspiel beachten müsst, findet ihr auf S. 22 – Methode: Rollenspiel.)

Wählt eine der folgenden Dilemma-Situationen und verteilt die Rollen in eurer Gruppe.

1. Vorbereitung: Jedes Gruppenmitglied versetzt sich in seine Rolle und sammelt weitere Argumente, die zur Rolle passen. (Hinweis: Überlegt euch auch bereits, wie die anderen argumentieren werden und wie ihr darauf reagieren wollt.)
2. Durchführung: Spielt das Rollenspiel vor der Klasse. Am Ende begründet die Person, die im Dilemma steckt, wie sie sich entscheiden würde.
3. Auswertung: Wertet das Rollenspiel aus: Welche Argumente waren überzeugend, welche weniger? Wurden die Rollen angemessen gespielt? Und vor allem: Wie hättet ihr euch entschieden?

1. Oma hat Geburtstag – Melina aber auch!

Oma
Ich würde mich sehr freuen, wenn du kommst. Ich freue mich immer, meine Enkel zu sehen. Das bedeutet mir viel. Es wird auch ein kleines Quiz geben, in dem auch alle Enkel vorkommen ...

Mutter
Immerhin ist es Omas 80. Geburtstag. Und 80 wird man schließlich nicht alle Tage. Melina siehst du beinahe jeden Tag, dann feiert ihr eben zu zweit nach. Ihren 14. Geburtstag kannst du doch nicht mit Omas 80. vergleichen! ...

Lea
Ich weiß nicht, was ich tun soll. Oma wäre sicher sehr enttäuscht, wenn ich nicht komme. Schließlich hat sie mich jetzt auch schon seit fast einem Jahr nicht mehr gesehen. Aber Melina ist ja meine beste Freundin, und die Party wird sicher genial ...

Melina
Du bist meine beste Freundin. Da erwarte ich, dass du persönlich da bist. Per Nachricht gratulieren mir vielleicht Klassenkameraden. Außerdem kommt doch unsere ganze Clique, das wird sicher eine super Party ...

Caroline
Wenn du bei Melinas Geburtstag nicht dabei bist, verpasst du definitiv die Party des Jahres! Fabian und Jannik kommen auch – noch Fragen? Was glaubst du, wie enttäuscht Melina ist, wenn du absagst. Kannst du bei deiner Oma nicht früher gehen? ...

2. Hausaufgaben oder Chatten?

Mathelehrer

Diese Hausaufgaben sind absolut wichtig. Damit kannst du genau die Aufgaben üben, die wir in den letzten Stunden gerechnet haben. Und genau dieses Thema kommt auch in der nächsten Klassenarbeit dran ...

Boran

Chatten kannst du ja auch, während du die Hausaufgaben machst. Sind wir dir wichtig oder Mathe? Wir sind deine Freunde! Die Lehrer sagen zwar immer, wie wichtig die Hausaufgaben seien – voll der Quatsch, ich mache nie welche und bin jetzt auch nicht schlecht ...

Felix

Ich will vor meinen Freunden nicht als Streber dastehen. Aber mein Vater macht seit Wochen Druck wegen Mathe, das ist halt mein schwächstes Fach. Und was bekomme ich mündlich, wenn ich die Hausaufgaben nicht habe? Andererseits schaffen es Boran und Noah ja auch ohne Hausaufgaben, die sollen es mir vor der Arbeit kurz erklären ...

Vater

Deine Mathe-Leistungen sind ja nicht berauschend. In der letzten Arbeit hattest du auch nur eine Vier, oder? Es steht überhaupt nicht zur Diskussion, dass du dich hinsetzt und die Hausaufgaben machst. Dein sinnloses Chatten geht mir eh auf die Nerven ...

Noah

Die Hausaufgaben kannst du doch von Maximilian abschreiben, der hat ja immer alles richtig. Komm, wir senden ihm gleich eine Nachricht, der soll uns die Lösungen schicken. Dann setzen wir uns morgen zusammen und rechnen es nach, als Freunde machen wir das gemeinsam ...

3. Kino oder Volleyball-Training?

Trainerin

Wenn jeder immer nur kommt, wenn es ihm gerade passt, können wir das Training gleich abhaken. Außerdem ist am Samstag das Spiel gegen unseren wichtigsten Konkurrenten. Du hast außerdem nach deiner Verletzung noch ziemlich Trainingsrückstand ...

Sarah

Ich höre nur noch Volleyball! Und was ist mit mir? Ich bin deine beste Freundin, und auf den Film haben wir uns doch beide schon so lange gefreut. Der Film läuft außerdem nur noch diese Woche. Wenn du einmal beim Training fehlst, geht die Welt nicht unter ...

Julia

Klar, Volleyball ist mein Hobby. Eigentlich schon mehr als ein Hobby, meine größte Leidenschaft. Aber ich habe Sarah schon so lange versprochen, dass wir in den Film gehen, da will ich sie jetzt nicht enttäuschen. Einmal Training aussetzen reißt es jetzt auch nicht raus, zumal wir ja eh dreimal pro Woche trainieren ...

Aylin

Wir brauchen dich, Julia! Du warst lange verletzt, jetzt müssen wir uns wieder einspielen. Das nächste Spiel ist extrem wichtig für uns, das weißt du doch. Und Kino ist ja wohl eine schlechte Ausrede, oder? ...

Mutter

Ich finde, dass der Sport eindeutig vorgeht. Der Kinofilm läuft nicht davon. Du weißt selbst, dass man regelmäßig trainieren muss, wenn man Erfolg haben will. Außerdem zahle ich deinen Mitgliedsbeitrag, das ist auch nicht wenig. Da erwarte ich dann auch, dass du nicht einfach nach Lust und Laune zum Training gehst ...

1 „Ich kann mich nicht zerreißen!" – Beschreibt Situationen, in denen ihr dieses Gefühl kennt.

2 Spielt das Entscheidungsspiel. (M 1)

3 „Die beste Lösung wäre für mich ..." – Begründe, wie du dich entscheiden würdest. (M 1)

„Schlechte Noten sind cool!?" – Was tun gegen Gruppenzwang?

* **Clique**
Bezeichnet eine soziale Gruppe, meist meint man damit den (engeren) Freundeskreis. Wie in allen Gruppen teilen die Mitglieder bestimmte Werte, fühlen sich zusammengehörig und geben sich – meist ungeschriebene – Regeln. Im Englischen nennt man die Clique Peergroup.

Die Clique* wird in eurem Alter immer wichtiger. Habt ihr euch als Kind meist recht stark an den Eltern orientiert, so zählen jetzt stärker Anerkennung und Wertschätzung durch die Clique. Das ist völlig normal und Teil des Ablösungsprozesses vom Elternhaus, der in der Pubertät erfolgt. Doch manchmal widerstreben einem die Werte, Regeln und Erwartungen der Clique, oder sie stehen im Widerspruch zu Erwartungen anderer – beispielsweise der Eltern. Dann kann es zu Konflikten kommen.

M1 Jugendliche im Unterricht

M2 Rollenverteilung und Gruppenzwang

In sozialen Gruppen bildet sich meist eine Rollenverteilung heraus. Typische Rollen* sind:
- der Anführer der Gruppe, er leitet die Gruppe, auch nach außen;
- der sogenannte Experte, der den Anführer berät;
- das einfache Gruppenmitglied, das sich mit dem Anführer identifiziert;
- der Gegenpol zum Anführer, ein Querdenker, der ihm auch Widerstand leistet.

Eine stark ausgeprägte Rangordnung (Hierarchie) begünstigt meist die Entstehung von Gruppenzwang. Dieser Gruppendruck bewirkt, dass Mitglieder das Gefühl haben, sich an die Werte und Regeln der Gruppe anpassen zu müssen. Dies kann als sehr belastend empfunden werden, wenn die Erwartungen der Gruppe beispielsweise im Widerspruch stehen zu Werten und Vorstellungen, die man durch die Eltern vermittelt bekommt.

* Diese **typischen Rollen** werden nicht überall einheitlich benannt. Das einfache Gruppenmitglied wird beispielsweise auch als Mitläufer bezeichnet.

M3 Typische Rollen in einer Gruppe: Anführer, Experte, Mitläufer, Querdenker

M4 „Eine gute Note in Englisch? Wie uncool!“ – Ein Fallbeispiel

Luis, Sebastian, Daniel und Phil sind eine eingeschworene Clique. In letzter Zeit häufen sich aber die Meinungsverschiedenheiten:

Sebastian: Du bist uns ja ganz schön in den Rücken gefallen in Englisch!

Luis: Was meinst du damit?

Daniel: Was er damit meint? Na, was wohl, wir hatten doch vereinbart, dass wir den unangekündigten Test boykottieren.

Sebastian: Und was machst du? Schreibst ihn brav mit wie die Streber-Mädels, du Feigling!

Luis: Wenn ich die Vokabeln eben weiß?

Sebastian: Dann musst du sie davor ja auch gelernt haben. Wir hatten uns aber geschworen, den Unterricht beim Hoffmann zu verweigern.

Luis: Tut mir leid, aber ich will eine gute Note in Englisch. Das baut ja alles aufeinander auf, da will ich den Anschluss nicht verlieren.

Sebastian: Oh, ich will eine gute Note in Englisch! Wie uncool!

Luis: Mir ist die Schule eben auch wichtig.

Sebastian: Und was ist mit uns? Sind wir dir unwichtig? Wir haben nun mal unsere Regeln.

Luis: Ihr seid mir auch wichtig, ihr seid ja meine besten Freunde.

Phil: Nur weil für uns Schule Nebensache ist, kann Luis ja trotzdem lernen.

Sebastian: Dann gehört er aber nicht mehr zu uns dazu. Ich entscheide, wie die Regeln lauten, nicht Luis.

Luis: Meine Mutter macht Stress, wenn ich schlechte Noten nach Hause bringe. Und wenn der Hoffmann daheim anrufen würde …

Sebastian: … und was dann? Was bist du für ein Feigling? Angst vor Mama und dem Lehrer, schaut euch den Depp mal an!

1 Beschreibt das Bild M1. Zählt mögliche Gründe auf, die Anlass für die Szene sein könnten.

2 Nennt Situationen, in denen ihr selbst Gruppendruck ausgesetzt seid oder wart.

3 Analysiert den Konflikt in M4 mithilfe der folgenden Leitfragen: TIPP S. 207
- Problem/Konflikt: Worum geht es?
- Akteure: Wer ist, direkt oder indirekt, am Konflikt beteiligt? Welche Rollen haben die Gruppenmitglieder? (M2)
- Interessen: Wer hat welche Interessen? Welche Interessen erscheinen berechtigt?

4 Beschreibt mögliche Lösungsansätze für den Konflikt. (M4) TIPP S. 208

5 Erörtert die gefundenen Lösungsansätze. (M4) TIPP S. 208

1. Gruppenzwang in unserer Klasse(?)*

* Die Schulklasse ist eine typische **Zwangsgruppe**. In aller Regel kann man sich nicht aussuchen, in welche Klasse man kommt, sondern wird ihr zugeteilt.

M1 Wie hoch ist der Gruppenzwang in unserer Klasse?

1. Um ein hohes Ansehen in der Klasse zu genießen, passen sich die meisten den anderen an.
   - ☐ Trifft zu
   - ☐ Trifft teilweise zu
   - ☐ Trifft nicht zu

2. Die meisten werden stark von der Meinung ihrer Mitschüler/-innen beeinflusst.
   - ☐ Trifft zu
   - ☐ Trifft teilweise zu
   - ☐ Trifft nicht zu

3. Im Zweifel ist den meisten ein gutes Gewissen wichtiger als die Meinung der Mitschüler/-innen.
   - ☐ Trifft zu
   - ☐ Trifft teilweise zu
   - ☐ Trifft nicht zu

4. Die meisten haben Angst, wenn sie etwas gegen die Mehrheit in unserer Klasse sagen.
   - ☐ Trifft zu
   - ☐ Trifft teilweise zu
   - ☐ Trifft nicht zu

5. Die meisten haben Angst, wenn sie etwas gegen die Meinungsführer in unserer Klasse sagen.
   - ☐ Trifft zu
   - ☐ Trifft teilweise zu
   - ☐ Trifft nicht zu

6. Wenn ein Mitschüler von anderen gemobbt wird, halten die meisten den Mund.
   - ☐ Trifft zu
   - ☐ Trifft teilweise zu
   - ☐ Trifft nicht zu

7. In der Wahl ihrer Kleidung lassen sich die meisten stark von ihren Mitschülerinnen und Mitschülern beeinflussen.
   - ☐ Trifft zu
   - ☐ Trifft teilweise zu
   - ☐ Trifft nicht zu

8. …
   - ☐ Trifft zu
   - ☐ Trifft teilweise zu
   - ☐ Trifft nicht zu

Den Fragebogen könnt ihr für eine anonyme Umfrage in der Klasse verwenden. Hinweise zur Methode **Umfrage** findet ihr auf S. 66/67.

1 Entscheidet spontan, wie hoch ihr den Gruppenzwang in eurer Klasse einschätzt: sehr hoch – hoch – mittel – gering – sehr gering. Notiert das Ergebnis.

2 **a** Führt die Umfrage **M1** in eurer Klasse durch. Überlegt euch für den Umfragebogen mindestens eine weitere, thematisch passende Frage.

b Wertet die Umfrage aus. (**M1**)

3 **a** Vergleicht die Ergebnisse eurer Auswertung mit eurer spontanen Einschätzung in Aufgabe 1.

b Begründet, ob euch die Ergebnisse der Umfrage eher überraschen oder nicht.

4 Gruppenzwang wird zu Recht in aller Regel negativ bewertet. Erörtert, ob ein gewisser Gruppendruck für die Klassengemeinschaft auch positive Seiten hat. TIPP S. 208

WAHLSEITE

2. Mobbing* – in unserer Klasse kein Thema!?

M 1 Drei Mythen* über Mobbing in der Schule

1. An unserer Schule gibt es kein Mobbing.
2. Mag sein, dass Mobbing an unserer Schule vorkommt, aber es ist harmlos.
3. Man kann ohnehin nichts unternehmen gegen Mobbing.

Nach: http://arbeitsblaetter.stangl-taller.at/KOMMUNIKATION/MobbingSchule.shtml (Zugriff: 2.10.2016)

M 2 Infotext: Mobbing

Nicht alles, was man umgangssprachlich als Mobbing bezeichnet – „das ist ja voll Mobbing" –, erfüllt auch die Merkmale von Mobbing.

Mobbing – was ist das eigentlich?
Mobbing bezeichnet eine Art Psychoterror. Eine Person wird von einer oder mehreren anderen Personen systematisch ausgegrenzt und schwerwiegend erniedrigt. Mit unterschiedlichen Mitteln wird sie gezielt „fertiggemacht", und zwar anhaltend über einen längeren Zeitraum.

Wie wird gemobbt?
Die Mittel reichen von stummer psychischer Gewalt (z. B. gezieltes Nichtbeachten, Ignorieren, seelische Verletzungen) über verbale Gewalt (z. B. Beleidigungen, Drohungen) bis hin zu physischer Gewalt (z. B. Verprügeln, Sachbeschädigung).

Was treibt den Täter an?
Der Täter strebt in aggressiver Weise nach Dominanz (Vorherrschaft), er will also Macht ausüben. Seine Überlegenheit setzt der Täter ein, um andere Gruppenmitglieder gezielt zu beeinflussen.

Gibt es typische Opfer?
Als besonders gefährdet gelten Personen, die sich durch ein oder mehrere Merkmale von der Gruppe abheben, z. B. die Herkunft, das Aussehen oder das Verhalten. Das Opfer ist aber nicht selbst schuld daran, dass es gemobbt wird.

Was tun gegen Mobbing?
Das ist natürlich die schwierigste Frage. Grundsätzlich unterscheidet man zwischen: Was kann man zur Vorbeugung (Prävention) tun und was, um Mobbingopfern zu helfen?

Nach: http://arbeitsblaetter.stangl-taller.at/KOMMUNIKATION/MobbingSchule.shtml (Zugriff: 3.10.2016)

* **Mobbing** stammt von englisch „mob" (Meute, randalierender Haufen) bzw. „to mob" (pöbeln)

* **Mythos** (Plural: Mythen) bezeichnet hier eine (unlogische) Vorstellung, der man keinen Glauben schenkt

1 Entscheidet spontan: Gibt es in eurer Klasse Mobbing?

2 a Erklärt, was in **M 1** mit „Mythen über Mobbing" gemeint ist.
b Nehmt Stellung zu den „Mythen" Nr. 2 und 3. (**M 1**)

3 M 2 bietet nur sehr knappe, allgemeine Informationen über „Mobbing". Recherchiert im Internet und bereitet ein Kurzreferat zum Thema „Mobbing in der Schule" vor. (Webcode) TIPP S. 208

4 a Sammelt Maßnahmen gegen Mobbing. TIPP S. 208
b Erörtert die verschiedenen Maßnahmen gegen Mobbing. TIPP S. 209

5 „Das Internet – ein Paradies für Mobber, die Hölle für Mobbingopfer." – Erläutert diese Aussage.

6 „Wenn 25 bis 30 Schüler/-innen jeden Tag mindestens sechs Stunden aufeinandersitzen, lässt sich Mobbing nie ganz vermeiden." – Nehmt Stellung zu dieser Auffassung. TIPP S. 209

* **Karikatur**, von italienisch caricare (überladen, übertreiben), ist eine komische, übertriebene Darstellung, meist mit politischem Hintergrund. Den Zeichner einer Karikatur nennt man Karikaturist.

Karikaturen* begegnen dir in Zeitungen, Magazinen und im Internet. Manchmal sind sie lustig, manchmal auch eher bissig und böse, wieder andere stimmen vor allem nachdenklich. Wie ein Kommentar dienen sie der Meinungsäußerung, das heißt, der Karikaturist will mit der Karikatur auf ein – oftmals politisches – Problem aufmerksam machen und bewertet dieses mit seiner Darstellung. Um dich mit einer Karikatur auseinandersetzen zu können, ist es wichtig, dass du sie zunächst auswertest. Wie das geht, erfährst du im Folgenden.

Wie gehst du vor?

Beachte, dass du in drei getrennten Schritten vorgehen musst: Auf die (1) **Beschreibung** der Karikatur folgt ihre (2) **Deutung**, im Anschluss deine (3) **eigene Meinung**. Erst wenn du beschrieben hast, was dargestellt ist, kannst du auch die Aussage der Karikatur deuten. Dies ist vor allem deshalb wichtig, weil manche Karikaturen in ihrer Darstellung nicht ganz eindeutig sind. Du musst also zunächst klären, was du auf der Karikatur erkennst – nur so kann ein anderer im Zweifel nachvollziehen, warum und wie du zu einer bestimmten Deutung gelangst. Und erst danach beziehst du selbst Stellung zur Aussage der Karikatur.

Schritt 1: Die Karikatur beschreiben – was ist dargestellt?

- Wie lautet der Titel der Karikatur?
- Quelle der Karikatur: Wann, wo und von wem wurde sie veröffentlicht?
- Was wird dargestellt?
- Wie ist die Karikatur aufgebaut (z. B. Personenanordnung)?
- Was fällt dir (insgesamt) besonders auf?
- Welche Details sind besonders auffällig (z. B. Mimik und Gestik der Personen, Aussehen, ...)?
- Gibt es eine Überschrift oder weitere Textelemente (z. B. Gedanken- oder Sprechblasen)?

Hinweis: Achte auf Details, verliere dich aber nicht in unwichtigen Einzelheiten.

Schritt 2: Die Karikatur deuten – welche Aussage hat sie?

- Auf welches Problem will die Karikatur aufmerksam machen?
- Welche Wirkung entsteht durch die Gestaltung der Karikatur?
- Was ist ihre (wichtigste) Botschaft?
- Was sind ihre zentralen Aussagen?

Hinweis: Achte darauf, dass du auch wirklich deutest und die Aussage der Karikatur herausstellst.

Schritt 3: Die Karikatur bewerten – wie stehst du zu ihrer Aussage?

- Stimmst du mit der Meinung des Karikaturisten überein? Ja, nein, zum Teil? Du musst deine Auffassung begründen!
- Erscheinen dir die Darstellung und Gestaltung übertrieben oder gerechtfertigt?
- Hat der Karikaturist vielleicht wichtige Gesichtspunkte des Problems außer Acht gelassen?

Hinweis: Hier ist deine *eigene* Meinung gefragt, die du auch – mit Bezug auf die Karikatur – zum Ausdruck bringen musst.

M1 Karikatur „Cybermobbing“ von Thomas Plaßmann

M2 Ich werde Karikaturist!

Eine Karikatur zu zeichnen ist nicht einfach. Ohne etwas künstlerisches Talent und eine Portion Kreativität wird es dir kaum gelingen, eine ansprechende Karikatur zu zeichnen. Zudem soll die Karikatur ja auf ein bestimmtes Problem hinweisen und deine Meinung zu diesem Problem vermitteln. Probiere es einfach mal aus, vielleicht entdeckst du auch ein dir bisher unbekanntes Talent! Themen aus dem Bereich „Zusammenleben in sozialen Gruppen“, die sich für eine Karikatur eignen, könnten beispielsweise sein:

- Der Klassenkasper
- Die Mitläufer
- Ein Rollenkonflikt
- Immer diese Eltern!
- Was wollt ihr denn alle von mir?
- Ich bin ich!
- Me, myself and I
- Ich, ich, ich – und wir?
- ...

1 Analysiere die Karikatur. (M1) TIPP S. 209

2 **a** Zeichnet selbst Karikaturen, die ein zu diesem Kapitel passendes Thema bzw. Problem aufgreifen. (M2)

b Stellt eure Karikaturen im Klassenzimmer aus und schaut sie euch im Rahmen eines Gallery Walk näher an.

c Analysiert eine ausgewählte Karikatur eurer Mitschüler/-innen.

M 1 Wie bringe ich das alles unter einen Hut?

Nadines Chat mit ihrer Mama

Nadines Chat mit ihrer Freundin Leonie

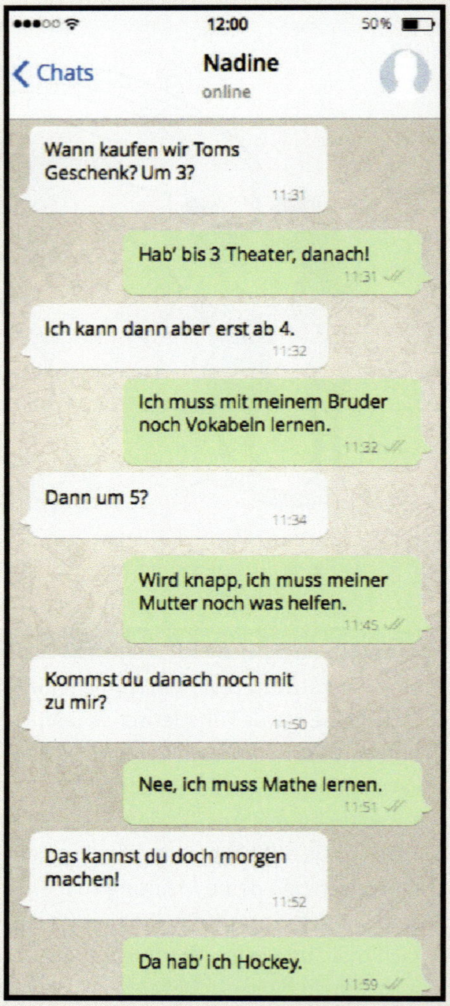

M 2 „Me, Myself and I" (G-Eazy, 2015)

Oh, in meiner Welt gibt es nur mich,
im Alleingang, bis ich sterbe,
weil ich immer auf mich zählen kann. (yeah)
Oh, ich brauche keine Hand, die ich halten kann,
auch wenn die Nacht kalt ist ...

www.songtexte.com/uebersetzung/g-eazy/me-myself-and-i-deutsch-53d6333d.html (Zugriff: 19.10.2016)

Aufgaben

1 a Nenne alle Rollen, die Nadine hat. (M 1)

b Erkläre mögliche Rollenkonflikte, in denen Nadine steckt. (M 1)

2 a Beschreibe, wie der Sprecher in M 2 sich selbst sieht.

b Erläutere mögliche Probleme, die sich aus der Haltung des Sprechers ergeben könnten. (M 2)

CHECK UP

M 1 Nur ein Spiel unter Freunden?

Marcel (13) kam erst zum Schuljahresbeginn in die neue Klasse, da seine Eltern aus dem Schwarzwald nach Konstanz gezogen sind. Der Anfang war schwer: Seine Freunde lebten ja alle 100 Kilometer entfernt, er fühlte sich allein. Das änderte sich, als er Freundschaft mit Timo (14) und Konstantin (14) schloss, die beide in die Parallelklasse gehen und die er im Fußballtraining näher kennen gelernt hat. Er bewundert die beiden: immer neue Klamotten, cooles Auftreten, beliebt bei den Mädchen. Umso mehr freut er sich, dass ihn Timo und Konstantin immer häufiger einladen, etwas mit ihnen zu unternehmen; sogar auf Konstantins 14. Geburtstag war Marcel eingeladen – der Konstantin, der von allen bewundert wird, ganz besonders von Timo. Natürlich freuen sich auch Marcels Eltern, dass er in der neuen Stadt Anschluss gefunden hat.

Am Mittwoch vor den Osterferien gehen die drei in die Stadt. Die Stimmung ist ausgelassen, Konstantin klopft coole Sprüche und alle freuen sich auf die kommenden Ferien. Sie gehen in ein Kaufhaus und schauen sich die neuesten Turnschuhe und Klamotten an. Doch dann entdeckt Marcel, dass Konstantin ein Marken-T-Shirt in seinen Rucksack steckt. Marcel wird es ganz anders, er hat noch nie etwas gestohlen, und seine Eltern wären entsetzt, wenn er von der Polizei heimgebracht würde. Keine Verkäuferin entdeckt den Diebstahl. Als sie wieder in der Fußgängerzone sind, spricht Marcel Konstantin an: „Du kannst doch nicht einfach das T-Shirt klauen!“ „Ich habe es nur mitgehen lassen“, entgegnet Konstantin lässig, „ist doch nichts dabei. Das Zeug ist eh versichert! Glaubst du etwa, ich zahle dafür 60 € an der Kasse?“ Timo ergänzt: „Das ist doch nur ein Spiel, er könnte sich das Zeug auch schenken lassen.“ Danach betreten die drei Jungen einen Supermarkt, um sich etwas zu trinken zu kaufen – das dachte zumindest Marcel. In der Getränkeabteilung schiebt ihm Konstantin eine 0,5-Liter-Flasche Cola in die Jackentasche: „Wir wollen mal klein anfangen“, grinst Konstantin ...

Ich kann Informationen gewinnen und aufbereiten.

1 Beschreibe die Rollen, die Marcel, Timo und Konstantin in ihrer Clique haben. (M 1)

2 Recherchiere Informationen zum Thema „Ladendiebstahl als Mutprobe“. (Webcode)

Ich kann Probleme und Konflikte analysieren.

3 Analysiere den Konflikt, in dem Marcel steckt. (M 1)
- Worin besteht der Konflikt?
- Welche Akteure sind, direkt oder indirekt, am Konflikt beteiligt?
- Wer hat welche Interessen? Welche Interessen erscheinen berechtigt?

Ich kann mir ein begründetes Urteil bilden.

4 Erörtere mögliche Ansätze, wie Marcel den Konflikt lösen könnte. (M 1)

Ich kann mitreden und aktiv werden.

5 Gestalte eine kurze Rede zum Thema: „Gruppenzwang – ab wann hört der Spaß auf?“.

KAPITEL 4

Kinderrechte

„Was brauchen Kinder, um groß zu werden?"

In diesem Kapitel lernst du,

- *welche Rechte es zum Schutz der Kinder gibt;*
- *was die UN-Kinderrechtskonvention ist und welche Kinderrechte dort eingefordert werden;*
- *wie es in Deutschland um die Einhaltung der Kinderrechte bestellt ist;*
- *mit welchen Problemen sich Kinder aus anderen Teilen der Erde auseinandersetzen müssen.*

M1 Was brauchen Kinder, um groß zu werden?

Kinderrechte auf der Welt

Auf der ganzen Welt leben heute etwa zwei Milliarden Kinder in unterschiedlichen Ländern und unter unterschiedlichen Lebensbedingungen. Alle Kinder wollen in Freiheit und Sicherheit aufwachsen, sie wollen lernen und spielen. Doch anders als hier in Deutschland haben Kinder in vielen Regionen der Erde große Schwierigkeiten, gesund aufzuwachsen, weil es am Nötigsten fehlt. Armut, Mangelernährung, unzureichende medizinische Versorgung und kein Zugang zu sauberem Trinkwasser sind Probleme, mit denen Kindern in Teilen von Asien, Lateinamerika und Afrika zu kämpfen haben.

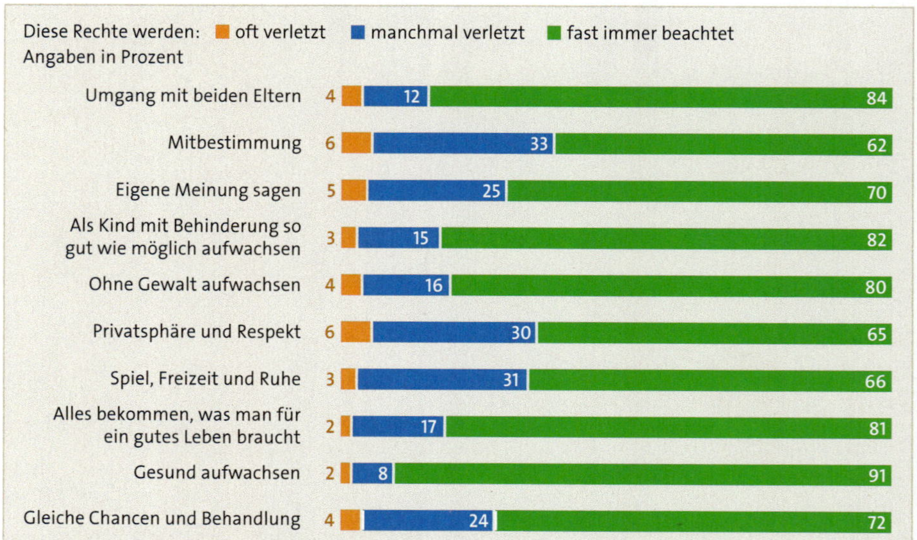

Quelle: Erster Kinder- und Jugendreport, Arbeitsgemeinschaft für Kinder- und Jugendhilfe, 2010, S. 15

M2 Achtung der Kinderrechte in der Familie (Deutschland, 2010)

Kinderrechte in der Familie

Im Vergleich dazu geht es den meisten Kindern in Deutschland sehr gut. Sie haben gute Lebensbedingungen und viele Rechte. Sie wachsen ohne große Armut, Krieg und Verfolgung auf, dürfen jeden Tag in die Schule gehen und haben genug Zeit zum Spielen und Toben. Oder stimmt das doch nicht so ganz?

Einige Kinder und Jugendliche fühlen sich innerhalb der Familie in ihren Rechten verletzt und sehen in vielen Punkten Verbesserungsbedarf. Noch immer erfährt jeder fünfte Jugendliche in Deutschland körperliche Gewalt innerhalb der Familie.

Wenn ich nach zwei Stunden Training nach Hause komme, meine Ruhe haben möchte und einfach nur Musik hören möchte, kommt meine Mutter in mein Zimmer und drängt mich dazu, Hausaufgaben zu machen oder Vokabeln zu lernen.

Meine Eltern haben meine Schule ausgesucht, da durfte ich nicht mitentscheiden.

Meine Tür muss immer offen stehen, damit meine Mutter sieht, was ich gerade mache!

Mein Vater redet schlecht über meine Mutter und meine Mutter schlecht über meinen Vater. Und ich steh dazwischen und sag nichts.

Wenn ich für Mathe lange brauche, brüllt mich meine Mama an.

Ich bekomme oft Ärger, wenn ich nicht gut in der Schule bin oder zu spät komme. Ich werde auch schon oft gehauen.

M 3 Verletzung deiner Rechte? Entscheide selbst!

Kinderrechte in der Schule

Auch in der Schule besitzen Schülerinnen und Schüler heute Rechte, die für Schulkinder vor 50 Jahren noch undenkbar gewesen wären. Damals zählten z. B. Ohrfeigen, Kopfnüsse und Tatzen (= Schläge mit dem Rohrstock auf die Handflächen der Schüler) zu verbreiteten körperlichen Strafen der Lehrer.

M 4 Was darf man in der Schule?

1 Ergänze allein oder mit deinem Partner die Sprechblasen aus **M 1** zu vollständigen Sätzen. Sammelt eure Ergebnisse an der Tafel.

2 Ordnet nun eure Antworten nach Wichtigkeit und begründet eure Reihenfolge. Beginnt mit dem für euch wichtigsten Kinderrecht.

3 Beschreibe die Grafik **M 2**. Welche Werte fallen dir auf oder überraschen dich?

4 Bewerte die Aussagen der Kinder in **M 3** und entscheide, ob für dich eine Verletzung von Kinderrechten vorliegt.

5 Stellt euch vor, ihr seid Schülerin oder Schüler an einer Schule, an der es keine Rechte für euch gibt. Erstellt für diese „rechtlose Schule“ eine Art Schulordnung und präsentiert eure Ergebnisse anschließend vor der Klasse. TIPP *S. 210*

„Es ist gewiss, dass wir in unserer modernen Welt besser für unsere Kinder sorgen können, als wir es jetzt tun. Es gibt keine Entschuldigung dafür, den Kindern eine gute Kindheit vorzuenthalten, in der sie ihre Fähigkeiten voll entfalten können."
Nelson Mandela, früherer südafrikanischer Präsident und Friedensnobelpreisträger

M1 Kinderrechte überall auf der Welt

Almir lebt in einem Flüchtlingsheim in Deutschland. Er floh aus seiner Heimat Syrien vor Krieg und Gewalt.

Sarah ist fünf Jahre alt. Ihre Mutter kann sich nicht um sie kümmern. Sie wächst deshalb in einer Pflegefamilie auf.

Tina möchte gerne mal beim Boxtraining im Verein schnuppern, der Trainer rät ab – Boxen ist doch ein Sport für Jungs!

Der zehnjährige Paolo aus Bolivien muss Geld verdienen und putzt deshalb den ganzen Tag die Schuhe anderer Menschen.

Die UN-Kinderrechtskonvention*

Alle Kinder auf der Erde benötigen besonderen Schutz, Förderung und Fürsorge. Dabei darf es keine Rolle spielen, in welchem Land der Erde das Kind aufwächst. Deshalb wurden am 20. November 1989 von den Vereinten Nationen (UN) Kinderrechte festgelegt und in der UN-Kinderrechtskonvention verabschiedet. 195 Staaten haben diese Konvention bereits unterschrieben. Durch ihre Unterschrift verpflichten sich die Unterzeichnerstaaten, die Kinderrechte in ihrem Land verbindlich zu verankern, das nennt man Ratifizierung. Die Regierungen müssen also entsprechende Verordnungen und Gesetze erlassen, um die Rechte der Kinder zu stärken und zu schützen.

* **UN**
Abkürzung für United Nations (= Vereinte Nationen); Zusammenschluss beinahe aller Länder der Erde mit dem gemeinsamen Ziel, den Weltfrieden zu sichern und auf Schutz und Einhaltung der Menschenrechte zu achten

* **Konvention**
Abmachung oder Vertrag zwischen zwei oder mehr Beteiligten

M2 Vier Grundannahmen prägen die UN-Kinderrechtskonvention

(1) Recht auf Gleichbehandlung: Alle Artikel der Konvention gelten für jedes Kind der Welt. Kein Kind – in reichen wie in armen Ländern – darf benachteiligt werden, sei es wegen seines Geschlechts, seiner Herkunft und Abstammung, seiner Staatsbürgerschaft, seiner Sprache oder Religion, seiner Hautfarbe, aufgrund einer Behinderung, wegen seiner politischen Ansichten oder aus anderen Gründen.
(2) Kindeswohl hat Vorrang: Wann immer Entscheidungen getroffen werden, die sich auf Kinder auswirken können, muss das Wohl des Kindes gemäß der Konvention vorrangig berücksichtigt werden. Das gilt für die Planung des Staatshaushalts ebenso wie für Straßenbauprojekte in einer Stadt. Kinder sind keine reine Privatangelegenheit. Die Förderung ihrer Entwicklung und ihr Schutz sind auch eine öffentliche Aufgabe. (Artikel 3, Absatz 1)
(3) Recht auf Leben und persönliche Entfaltung: Das grundlegendste Menschenrecht ist das Recht auf Leben. Artikel 6 der Konvention verpflichtet die Staaten sogar, in „größtmöglichem Umfang" die Entwicklung der Kinder zu sichern. Doch vielen Kindern wird dieses Recht

verwehrt. Bis heute erleben Millionen von Kindern nicht einmal ihren fünften Geburtstag. [...] (Artikel 6)

(4) Achtung vor der Meinung und dem Willen des Kindes: Kinder sollen als Personen ernst genommen und respektiert werden. Das bedeutet: Wenn Erwachsene – ganz gleich ob der Regierungschef, der Bürgermeister oder die Eltern – eine Entscheidung treffen, die Kinder berührt, müssen die Kinder ihrem Alter und ihrer Reife gemäß einbezogen werden. Sie dürfen erwarten, dass man sie anhört und ernst nimmt. Das heißt nicht, dass Kinderrechte gegen die Rechte der Eltern ausgespielt werden. Im Gegenteil: Die Konvention stärkt Eltern und andere darin, ihre Rolle auszufüllen und ihre Verantwortung gegenüber den Kindern wahrzunehmen. (Artikel 12)

www.unicef.de/informieren/ueber-uns/fuer-kinderrechte (Zugriff: 1.11.2016)

Brauchen Kinder ihre eigenen Rechte?

Eigentlich könnte man sagen, dass die Menschenrechte doch auch für Kinder gelten. Sie haben dadurch nicht mehr Rechte, sondern welche, die auf ihre besondere Lebenssituation angepasst sind. Vielleicht kann man die Kinderrechte eher als so eine Art Anpassung der Menschenrechte an die Bedürfnisse von Kindern verstehen. Es soll hervorgehoben werden, dass Kinder einen besonderen Schutzraum brauchen, um aufzuwachsen und sich entwickeln zu können. Auch soll den Erwachsenen vermittelt werden, dass ihre Kinder nicht ihr Eigentum sind, sondern eigenständige und gleichwertige Menschen. Die Erwachsenen sollen den Kindern helfen, ihre Rechte kennenzulernen, und sie unterstützen, dass ihnen kein Unrecht geschieht. Auch sollen sie sich darüber im Klaren sein, dass Kinder bei Entscheidungen, die sie betreffen, mitbestimmen können.

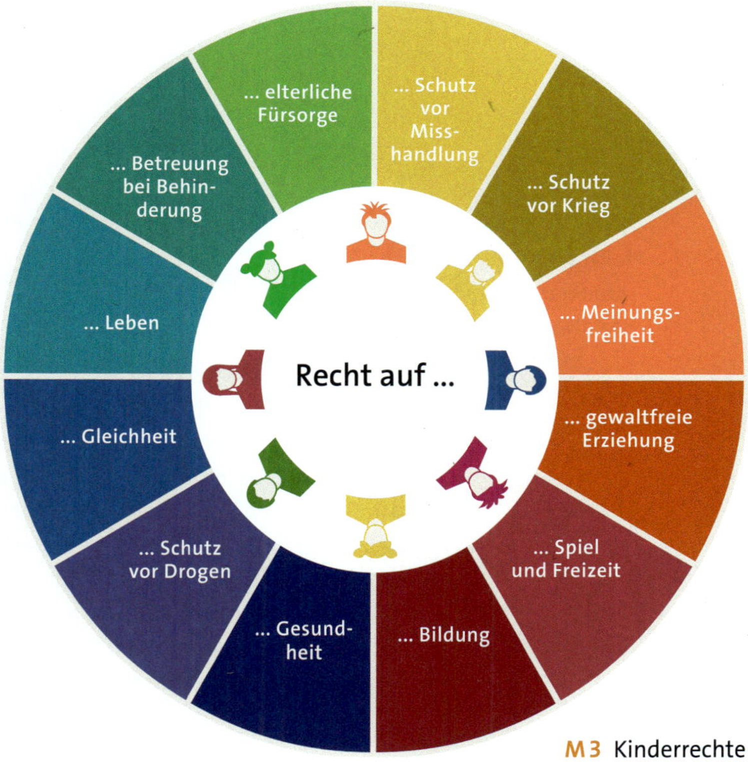

M3 Kinderrechte

1 Die vier Kinder auf den Bildern in **M1** beschreiben ganz unterschiedliche Lebenssituationen. Für alle gelten besondere Kinderrechte, die sie in ihrer Situation schützen und stärken sollen. Erklärt, welche Rechte hier angesprochen werden.

2 Beschreibe die vier Grundannahmen der UN-Kinderrechtskonvention aus **M2**.

3 Arbeitet aus den Materialien **M1**, **M2** und **M3** Einzelrechte heraus und schreibt sie auf. Sammelt eure Ergebnisse anschließend an der Tafel. (Mehr Kinderrechte findet ihr hier: siehe Webcode).

4 Die Einzelrechte können in drei Gruppen eingeteilt werden: *Versorgungsrechte, Schutzrechte und Beteiligungsrechte*. Ordnet die Kinderrechte in einer Tabelle den drei Oberbegriffen zu. TIPP *S. 210*

5 „Eigentlich brauchen wir keine Kinderrechte, Menschenrechte gelten doch für alle.“ Nehmt zu dieser Aussage Stellung.

Viele Kinder in Deutschland gelten als arm und können aus finanziellen Gründen nicht an bestimmten gesellschaftlichen oder schulischen Angeboten teilnehmen. Wer kann diesen Kindern helfen?

M1 Plakataktion gegen Kinderarmut vom Sozialverband VdK

Auf zur Klassenfahrt!

Die Klasse 8c freut sich. Die Klassenlehrerin Frau Ansbach verkündet endlich das Ziel für die Klassenfahrt: eine Woche Südtirol. Wohnen auf einer Hütte in den Bergen, tolle Ausflüge und spannende Wandertouren, sogar eine Kanutour ist geplant. Jubel und Begeisterung brechen in der Klasse aus, alle reden aufgeregt durcheinander und planen schon die Einteilung der Zimmer. „Theo kommt mit in unser Zimmer", bestimmt Lukas. „Ich weiß nicht", erwidert Theo, „ich glaube, ich will gar nicht mit. Mir macht das alles keinen Spaß." „Bist du doof?", schreit Lukas ihn an, „alle freuen sich und du machst mal wieder schlechte Stimmung!"
Am Abend vertraut sich sich Theo seinem Freund Lukas an und schreibt ihm eine Nachricht.

Hey Lukas,
ja, du hast Recht, ich habe mich heute wirklich nicht darüber gefreut, dass wir ins Schullandheim gehen. Meine Mutter hat mir erklärt, dass wir im Augenblick ziemlich knapp bei Kasse sind und jetzt nichts Unvorhergesehenes kommen darf, weil sie nicht weiß, wie sie das bezahlen soll. Sie hat zwar seit neustem zusätzlich zu ihrem Job noch eine Putzstelle angenommen, doch selbst damit bleibt am Ende eines Monats nichts übrig. Ich weiß, dass sie mir das Geld für eine Klassenfahrt im Moment nicht geben kann. Es wären ja nicht nur die Kosten für die Fahrt, auch besitze ich keine Wanderschuhe. Das Taschengeld und die Eintritte kämen ja auch noch dazu, das ist im Moment nicht drin. Natürlich würde ich gerne mit und ich verstehe gut, dass du dich darauf freust. Vielleicht kannst du aber nun verstehen, dass ich mich nicht freue. Wenigstens weißt du jetzt, was los ist, aber bitte versprich mir, es niemandem zu erzählen.

Gruß Theo

Kinderarmut in Deutschland

In Deutschland gelten 19 % aller Kinder und Jugendlichen als arm oder armutsbedroht. Vergleicht man deren Situation mit denen von Kindern in Entwicklungsländern, ist diese Armut natürlich relativ*. Die Situation der Kinder in Deutschland ist sicherlich nicht so existenz- oder lebensbedrohend. Kinderarmut in Deutschland hat ein anderes Erscheinungsbild, es ist unauffälliger, schleichender.

Erscheinungsbilder der Armut

Wenn es Familien an Geld fehlt, entscheiden sie sich oft dazu, auch an den Aktivitäten der Kinder sparen. Der Gitarrenunterricht, der Fußballverein, der Kino- oder Theaterbesuch. Das Recht auf Bildung wird auf kostenlose Angebote reduziert, und das sind nicht viele. Auch fehlt das Geld für geeignete, wetterangepasste Kleidung. Nachhilfeunterricht, gute Schulmaterialien, die Kosten für Schulausflüge und Klassenfahrten sind manchmal einfach nicht drin. Diese Kinder sind im Vergleich zu den anderen Kindern aufgrund ihrer finanziellen Situation aus dem gesellschaftlichen Leben ausgeschlossen und haben nicht die gleichen Chancen auf einen guten Schulabschluss. Auch die Wohnsituation vieler Kinder ist oft so eingeschränkt, dass sie sich nicht trauen, Klassenkameraden nach Hause zum Spielen einzuladen. Sie haben weniger Freunde und Kontakte zu anderen Kindern.

Frage: Was meinen Sie, warum gibt es Kinderarmut in Deutschland? Ich nenne Ihnen einige mögliche Gründe und Sie sagen mir bitte jeweils, ob das Ihrer Meinung nach voll und ganz zutrifft, eher zutrifft oder ganz und gar nicht zutrifft. Gibt es Kinderarmut in Deutschland, weil ...
Grundgesamtheit: Wahlberechtigte Bevölkerung in Deutschland / Angaben in Prozent.
Fehlende Werte zu 100: Weiß nicht / keine Angabe

Quelle: Deutsches Kinderhilfswerk, infratest dimap, 2014

M 2 Gründe für Kinderarmut

Wer kann helfen?

In Deutschland gibt es für alle Kinder und Jugendlichen ein Recht aufs Mitmachen. Jeder hat das Recht auf Bildung und Teilhabe am gesellschaftlichem Leben, um seine Zukunft zu gestalten. Wenn sich eine Familie in einer schlechten finanziellen Situation befindet, kann der Staat unterstützen. Eine Möglichkeit bietet das sogenannte Bildungspaket*. Doch auch Vereine und Organisationen, wie z. B. Fördervereine der Schule, können helfen. Voraussetzung dafür ist, dass man seine Situation nicht verschweigt, sondern sich an eine Vertrauensperson (wie z. B. Freund/-in, Klassenlehrer/-in oder Verbindungslehrer/-in) wendet.

* **Absolute Armut**
Bezeichnet die existenzgefährdende Armut. Lebensnotwendige Versorgung mit Nahrung, Kleidung, Wohnung und medizinischer Grundversorgung ist nicht mehr gewährleistet.

* **Relative Armut**
Kinder gelten als arm, wenn sie in einem Haushalt leben, der mit weniger als der Hälfte des Durchschnittseinkommens auskommen muss.

* **Bildungspaket**
Ist eine finanzielle Unterstützung vom Staat für bedürftige Kinder und Jugendliche von Langzeitarbeitslosen, Geringverdienern und Wohngeldempfängern. Auf Antrag werden bestimmte Leistungen wie z. B. Mittagessen in der Schule oder im Hort, Zuschüsse für Klassenfahrten und Schulausflüge übernommen.

1 „Arm zu sein bedeutet für mich ...“ Schreibt diesen Satz in die Mitte der Tafel und führt eine Kartenabfrage durch.

2 Erkläre den Unterschied zwischen absoluter* und relativer Armut.

3 In **M 2** siehst du mögliche Gründe für Kinderarmut. Nehmt zu den aufgeführten Gründen Stellung.

4 Recherchiere im Internet, welche Voraussetzungen für den Erhalt von Leistungen aus dem Bildungspaket notwendig sind. Erstelle eine Liste und finde heraus, welche Leistungen durch das Bildungspaket übernommen werden können.

5 Schlüpfe in die Rolle von Lukas und antworte auf die Nachricht von Theo.

6 Sammelt Ideen, was ihr als Klasse tun könnt, um finanziell schlechter gestellten Mitschülern zu helfen.

Straßenkinder – Diese Kinder und Jugendlichen fliehen oft vor Gewalt, Missbrauch und zerrütteten Familienverhältnissen. Die 12- bis 21-Jährigen kommen aus allen gesellschaftlichen Schichten und haben Ärger mit Eltern, Schule, Einrichtungen und Ämtern. Auch in Deutschland gibt es Kinder und Jugendliche, die auf der Straße leben. Organisationen wie der „Schlupfwinkel" in Stuttgart kümmern sich um sie.

M1 Obdachloses Mädchen, 16 Jahre

M2 Die Suche nach Sicherheit

Familienzusammenhalt erleben, Geborgenheit erfahren – für viele ist das selbstverständlich. Für Melanie nicht. Als sie elf Jahre alt war, starb ihre Mutter. Kontakt zu ihrem Vater gab es nicht. Mit ihrem älteren Bruder zusammenleben konnte das Mädchen auch nicht. Er war ihr gegenüber gewalttätig, drogenabhängig, landete im Gefängnis. Melanie war allein – und somit ein „Fall" für die Jugendhilfe*.
Melanie tat sich schwer, einen Platz zu finden, an dem sie sich aufgehoben fühlte. Sie wechselte mehrmals das Wohnheim, doch das half nicht. Ihr Bedürfnis nach Nähe, nach jemandem, der für sie da ist, konnte nicht erfüllt werden. Nach und nach trieb es sie auf die Straße, wo sie nach wahrer Freundschaft suchte – und freilich nicht fand. Im Sommer 2014 schließlich „waren alle ihre Kontakte zu gesetzlichem Vormund* und Wohnheim-Betreuer verlorengegangen", erzählt Thorsten Bauer. „Da blieben nur noch wir."

Aus: Schlupfwinkel News 2015/1. „Die Suche nach Sicherheit" – Melanies Weg auf die Straße, in die Psychiatrie – und zurück ins Leben

* **Jugendhilfe**
hilft und unterstützt Jugendliche und deren Familien bei Fragen und Problemen der Erziehung, Bildung und Entwicklung

* **Vormund**
bezeichnet eine Person, die einen Minderjährigen gesetzlich vertritt, wenn Eltern diese Aufgabe aus verschiedenen Gründen nicht mehr erfüllen können

Straßenkinder in Deutschland

Eigentlich dürfte es solche Kinder wie Melanie nicht geben, in Deutschland haben doch alle Kinder einen Rechtsanspruch auf Betreuung und Fürsorge. Ganz zu schweigen von der Einhaltung der Kinderrechte. Und doch gibt es sie, Straßenkinder in Deutschland. Schätzungen zufolge leben 1500 bis 9000 Kinder und Jugendliche auf der Straße, 25 % davon sind Mädchen. Doch was treibt die Kinder und Jugendlichen auf die Straße?

Der „Schlupfwinkel" betreut Kinder und Jugendliche, die auf der Straße leben.

Kinder und Jugendliche, die hier Schutz suchen, leben nicht aus Freude auf der Straße. Die Jugendlichen haben eine eigene, meist traurige Geschichte hinter sich. Doch auch sie haben Träume und Wünsche für ihr Leben: eine Arbeit, eine Wohnung, vielleicht sogar eine eigene Familie. Organisationen wie der „Schlupfwinkel" können bei einem Neuanfang helfen.

M 3 Hauptsache nicht zu Hause

Die Jugendlichen, die auf der Straße leben, haben meistens Konflikte mit der Familie. Gewalt, Misshandlungen und sexueller Missbrauch treiben die Jugendlichen aus dem Haus. Manchmal sind es die Eltern selbst, die ihre Sprösslinge vor die Türe setzen. Mit Betteln, Stehlen, zum Teil auch mit Prostitution und Drogenhandel versuchen die jungen Obdachlosen sich dann über Wasser zu halten. In allen größeren Städten gibt es inzwischen Einrichtungen, an die sich Kinder und Jugendliche in Notsituationen wenden können. Träger sind meist Stiftungen, Vereine oder die freie Wohlfahrtspflege, die mit Fachberatungsstellen wie der Wohnungslosenhilfe und der Drogenhilfe kooperieren. [...]

Was der Schlupfwinkel bietet:

- Offene Anlaufstelle und einen Treffpunkt
- Essen und Trinken
- Duschen und Wäsche waschen
- Die Vermittlung eines Schlafplatzes
- Computer, Internet, Telefon
- Unterstützung bei Behördengängen
- Gespräche und Beratung

M 4 Erst mal durchatmen

Es gilt, den zum Teil traumatisierten jungen Menschen einen Schutzraum zu bieten, um durchatmen zu können und sich nicht von vornherein mit Erwartungen und Anforderungen konfrontiert zu sehen.

In Stuttgart ist eine solche Anlaufstelle für obdachlose Jugendliche der „Schlupfwinkel“, der von der Evangelischen Gesellschaft und der Caritas unterhalten wird. Bis zu 25 junge Leute kommen täglich hierher, einige sind nur kurzzeitig nach einem Streit von zu Hause abgehauen. Bepackt mit Rucksack, Isomatte und Schlafsack stehen morgens um 10 Uhr aber auch junge Menschen für ein Frühstück an, die schon Monate oder Jahre auf der Straße zubringen. Die Einrichtung ist offen für alle, die Hilfe brauchen, solange sie die Regel „keine Drogen, kein Alkohol und keine Gewalt“ einhalten.

M 3 + M 4: Etstüpler, Monika: Hauptsache nicht Zuhause. Zeit Online, 29. Mai 2014. http://www.zeit.de/gesellschaft/familie/2014-05/obdachlose-jugendliche (Zugriff: 21.11.16)

1 Nenne Kinderrechte, die verletzt werden, wenn Kinder auf der Straße leben. Blättere, wenn nötig, zurück zur Grafik **M 3** auf S. 49.

2 Die Kinder entscheiden sich meist selbst dazu, auf der Straße zu leben. Erkläre, worin die Gründe dafür liegen können. (**M 2**)

3 Beschreibe die Gefahren, denen besonders obdachlose Kinder und Jugendliche ausgesetzt sind. Beurteile ihre Zukunftsaussichten. (**M 3**)

4 Im „Schlupfwinkel“ gilt die Regel: „keine Drogen, kein Alkohol und keine Gewalt!“ Erkläre, warum dies die Voraussetzung ist, um dort einen Schutzraum zu finden.

5 Organisationen wie der „Schlupfwinkel“ versuchen den obdachlosen Jugendlichen wieder eine Zukunftsaussicht zu geben. Sammelt mithilfe eines Ideenkarussells Vorschläge, welche Maßnahmen das sein können. TIPP S. 210

Schokolade – ein bitteres Kapitel der Kinderrechte

Schokolade ist in Deutschland Süßigkeit Nummer eins. Zwischen 11 und 12 kg Schokolade und Schokowaren verzehrt jeder Bundesbürger durchschnittlich im Jahr. Das für unsere Nascherei viele Kinder ausgebeutet und ihrer Rechte beraubt werden, gibt der Schokolade eine bittere Note.

* **Elfenbeinküste**
  Land in Westafrika und größtes Exportland von Kakao. Für viele Bauern dort ist der Kakaoanbau die Haupteinnahmequelle.

* **Kakaoanbau**
  Der Anbau von Kakao ist sehr aufwändig. Alle Arbeiten werden fast ausschließlich in Handarbeit ausgeführt.

M1 Kakao aus der Elfenbeinküste*

Mathis wuchtet einen braunen 50-Kilo-Sack mit Kakaobohnen vom Rücken und wirft ihn auf eine riesige schwarze Plastikplane. Er atmet schwer, wischt sich den Schweiß aus dem Gesicht. Hier im Regenwald der Elfenbeinküste ist es feucht und heiß, sicher 30 Grad. Barfuß steht Mathis auf der Plastikplane und öffnet den Sack. Er beugt sich tief und verteilt den Inhalt mit den Händen. [...]
Er sei neunzehn, sagt Mathis schüchtern – und nach kurzem Zögern. Als hätte man ihm eingebläut, er solle dieses Alter angeben, wenn er danach gefragt wird. Sehr schmächtig ist er, trägt löchrige Jeans, ein verschmiertes orangefarbenes Fußball-Trikot der „Elefanten", der ivorischen Nationalmannschaft. Sein verquollenes Kindergesicht verrät: Mathis dürfte höchstens dreizehn sein. [...]
Mathis: *„Ich habe oft schlimme Rückenschmerzen, von den schweren Säcken [...]. Wir arbeiten hier immer von sieben Uhr morgens bis sieben Uhr abends. Pausen gibt es keine. Entweder ich schleppe Säcke mit Kakaobohnen, oder ich bin im Wald, dann helfe ich beim Spritzen der Bäume, oder bei der Ernte – dann sammle ich Kakaofrüchte auf und trage sie in Säcken aus dem Wald."* [...]

Die Elfenbeinküste hat [ein Abkommen] der Internationalen Arbeitsorganisation ILO unterschrieben, sie soll Minderjährige vor den schlimmsten Formen von Kinderarbeit schützen. [...] Doch Kinderarbeit ist in der Landwirtschaft eher die Regel als die Ausnahme, und besonders auf den Kakaoplantagen müssen Kinder mithelfen – laut ILO sind es derzeit rund 800 000 – allein in der Elfenbeinküste. [...] Westafrikas Kinder leiden am Kakao, sagt Leon Adagra. Er ist Landwirtschaftsberater, reist durch die Kakao-Anbaugebiete* der Elfenbeinküste und versucht, die Bauern über die Folgen der Kinderarbeit aufzuklären. [...] Nur bleibe vielen Bauern nichts anderes übrig, als billige kleine Arbeiter einzusetzen. *„Die Kinder verletzen sich mit den scharfen Macheten bei der Arbeit. Es gibt da immer wieder schlimme Beispiele von Entzündungen und Lähmungen. Ein Junge, zehn Jahre alt, der beste Schüler seiner Klasse, der hatte sich bei der Kakaoernte ins rechte Bein gehackt, dann hat sich die Wunde entzündet. Die Eltern hatten kein Geld für einen Arzt, die Wunde heilte nicht. Im Krankenhaus konnten sie dann nichts mehr tun, und der Junge kann heute nicht mehr laufen. Er rutscht nur noch auf dem Boden herum und sitzt zu Hause. In die Schule geht er nicht mehr ... Ja – und dann die Spritzmittel! Es gibt Kinder, die erblinden oder denen die Haare ausfallen – das kommt alles von der Chemie!"*
Seinem Vater macht Mathis keinen Vorwurf, dass er als Erntehelfer arbeiten muss und nicht zur Schule gehen kann. Gott habe das so gewollt, sagt er. Seine Familie sei arm, trotz Kakao, oder gerade deshalb.
„Die Weißen, die Europäer, die machen Schokolade daraus. Die soll lecker sein, ganz süß. Aber ich habe sie noch nie probiert."

Alexander Göbel, www.deutschlandradiokultur.de/kakao-aus-der-elfenbeinkueste-wie-kinder-fuer-unsere.979.de.html?dram:article_id=306618 (Zugriff: 1.11.2016)

Warum schicken die Bauern ihre Kinder nicht zur Schule?

Nach Schätzungen von Menschenrechtsorganisationen arbeiten derzeit zwei Millionen Kinder auf Kakaoplantagen der Elfenbeinküste, davon ca. 12 000 Kindersklaven. Die niedrigen und schwankenden Weltmarktpreise für Kakao führen zu großen finanziellen Einbußen für die Bauern. Hinzu kommen manchmal Ernteausfälle und Missernten durch schlechte Witterung, Schädlingsbefall oder politische Unruhen in den kakaoproduzierenden Ländern. Das Einkommen der Bauern reicht nicht aus, die Familien zu ernähren. Da Kinder mithelfen müssen, bleibt weder Zeit noch Geld, sie auf eine Schule zu schicken.

Fairer Handel – ein möglicher Ausweg?

Leider gibt es bei der Bekämpfung von Kinderarbeit keine schnellen und einfachen Lösungen. Ein sofortiges Beschäftigungsverbot der Kinder verschlechtert die Situation vieler Familien sogar, weil sich die Armut der Familien noch verstärkt und ihre Probleme ungelöst bleiben. Deshalb ist der Ansatz vieler Nichtregierungsorganisationen (NGOs*), zum Schutz von Kinderrechten (z. B. Save the Children, terre des hommes) Vereine wie TransFair e. V. zu unterstützen. Dieser vergibt das Fairtrade-Siegel für fair gehandelte Produkte an Unternehmen, die den Kakaobauern etwas höhere und gesicherte Preise für ihren Kakao bezahlen. Weiterhin verpflichten sie sich dazu, Kinder nicht auszubeuten und die Kinderrechte zu achten. Durch das gesicherte Einkommen können sich die Familien es wieder leisten, ihre Kinder auf eine Schule zu schicken und ihnen damit eine Zukunftsperspektive geben. Die Schokolade wird für uns als Endverbraucher natürlich etwas teurer, wir müssten also bereit sein, einen höheren Preis für zertifizierte Schokolade zu bezahlen. Der Lebensmittelhandel wird dann auf unsere Nachfrage reagieren und diese Produkte vermehrt anbieten.

FAIRTRADE® — UTZ Besserer Anbau Bessere Zukunft — Rainforest Alliance Certified

M3 Die Initiative „Make Chocolate fair" empfiehlt Konsumenten, zertifizierte* Schokolade zu kaufen. Unter den Siegeln sind die drei bekanntesten UTZ, Fairtrade und Rainforest Alliance.
Diese Siegel enthalten ein Verbot von Kinderarbeit und werden unabhängig kontrolliert.

* **zertifiziert**
bedeutet, dass die Herstellung der Schokolade ohne Kinderarbeit bescheinigt wird

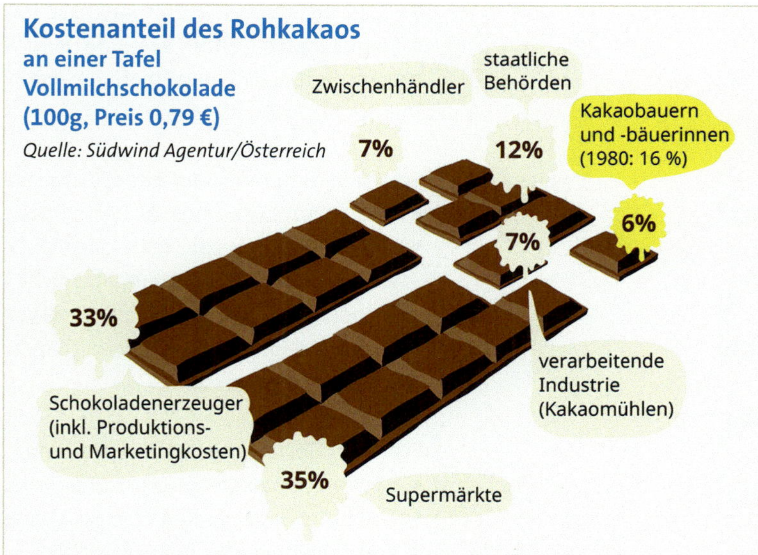

M2 Wer verdient an der Schokoladenproduktion? (Stand 2016)

1 Lest die Geschichte von Mathis und beschreibt, unter welchen Arbeitsbedingungen Mathis seiner Arbeit nachgeht.

2 Erstellt in Form einer Tabelle einen möglichen Tagesablauf von Mathis und vergleicht ihn mit einem für euch typischen Tagesablauf. TIPP *S. 210*

3 Erarbeitet, welche gesundheitlichen Schäden die Arbeit auf den Plantagen für Kinder wie Mathis verursachen kann.

4 Nennt Gründe, warum Bauern ihre Kinder auf die Kakaoplantagen und nicht in die Schule schicken. Zeigt auf, welche Folgen das für die Kinder hat.

5 Diskutiert den Ansatz vieler Nichtregierungsorganisationen, Kinderarbeit durch fairen Handel zu bekämpfen. (Hinweise findest du im Autorentext, in M2 und M3).

* **NGOs**
(engl.: non-governmental organizations) nichtstaatliche, also private Organisationen, die national wie international auf verschiedenen Politikfeldern (z. B. Menschenrechte, Umweltschutz, Entwicklungshilfe) tätig sind

Die Wandzeitung

Zeitungen sollen den Leser informieren – dies ist auch bei einer Wandzeitung so! Aber anders als bei einer Tageszeitung wird nur ein Exemplar angefertigt, das alle lesen können. Wie bei einer „richtigen" Zeitung bekommt man Informationen und Einblicke zu einem bestimmten Thema. Neben Bildern, Grafiken, Zeitungsartikeln oder anderen Textquellen sind auch eigene, selbst verfasste kurze Texte möglich.

Eine Wandzeitung eignet sich …

… zum Präsentieren einer Gruppenarbeit.
… um Informationen zu einem bestimmten Thema darzustellen.
… um verschiedene Meinungen zu einem Thema gegenüberzustellen.
… um einen zeitlichen Verlauf zu dokumentieren.

Wie geht ihr vor?

Schritt 1: Ideenfindung

Zu welchem Thema möchtet ihr eure Wandzeitung gestalten?

Schritt 2: Material und Informationen sammeln

- Sammelt zunächst alles Material, was ihr zu eurem Thema finden könnt.
- Sucht im Internet, in Zeitungen, Zeitschriften oder Büchern.
- Fragt Experten, Eltern, Freunde oder Lehrer nach geeignetem Material.
- Verschafft euch einen Überblick und ordnet, was zusammengehört. Diskutiert, was ihr gut und wichtig findet.

Schritt 3: Material verarbeiten, ordnen und auswählen

- Was gehört zusammen? Überschriften helfen bei der Struktur.
- Wählt überschaubare Texte oder Textstellen aus, kürzt sie oder gebt sie in eigenen Worten wieder (Quellenangabe nicht vergessen). Dabei solltet ihr euch aus Platzgründen auf das Wesentliche beschränken.
- Sucht nach passenden Bildern, Diagrammen oder Grafiken. Bilder machen das Ganze erst interessant.

Schritt 4: Gestaltung der Wandzeitung

- Blickfang: Man sollte sofort sehen, worum es geht.
- Texte und Bilder sollten eine geeignete Größe haben.
- Schrift sollte gut lesbar sein.
- Pfeile verdeutlichen Zusammenhänge.
- Hervorhebungen: Farben, Umrahmungen, Unterstreichungen
- Gestaltung: Ideen- und Einfallsreichtum, Kreativität

Schritt 5: Präsentation der Wandzeitung

- Legt Bilder und Texte zunächst auf einem großen Tisch oder auf dem Boden aus.
- Überlegt und besprecht die Anordnung eurer Materialien auf der Wandzeitung.
- Platziert zuerst die Überschrift.
- Zum Schluss klebt ihr eure Materialien auf und gestaltet eure Wandzeitung zu Ende.
- Sucht einen geeigneten Platz zum Aufhängen.

Gestaltungsbeispiele

M 1 Schicksal eines pakistanischen Schulmädchens

Malala Yousafzai wurde am 12. Juli 1997 in Mingora (Pakistan) geboren. Bis sie elf Jahre alt war, verbrachte sie ein – für pakistanische Verhältnisse – normales Leben. Doch 2007 übernahmen Taliban die Herrschaft über Malalas Heimat [...]. Die Taliban* wollen einen Gottesstaat errichten. Sie wollen zum Beispiel erreichen, dass Frauen in der Öffentlichkeit Burkas (Ganzkörperschleier) tragen müssen, nicht arbeiten und ab einem Alter von acht Jahren nicht mehr zur Schule gehen dürfen. In Malalas Heimatregion durften Mädchen außerdem keine Musik mehr hören. Diese, für die westliche Welt, unverständliche Unterdrückung von Frauen machte die Webseite des TV-Senders BBC zum Thema. Malalas Vater, Ziauddin Yousafzai, schlug seine Tochter als Autorin für den Blog „Gul Makai“ (Kornblume) vor.

In kurzen Notizen beschrieb Malala fortan zehn Wochen lang, wie die Taliban die Menschen unterdrückten. Sie erzählte von Selbstmordattentaten, Angst und Trauer und insbesondere von Mädchen, die nicht mehr zur Schule gehen durften. Innerhalb kürzester Zeit wurde sie weltweit berühmt. Sie trat in Fernsehshows auf und gab Interviews zu den Themen Bildung und Frauen. Als eine der wenigen traute sie sich in die Öffentlichkeit. Ende Dezember erhielt sie für ihr Engagement den pakistanischen Friedenspreis. Doch den Taliban war sie ein Dorn im Auge. Sie wollten das Mädchen ruhigstellen. Deshalb stürmten sie im Oktober 2012 einen Bus, in dem Malala saß, und schossen auf sie. Malala wurde schwer verletzt und musste zuletzt in einer Fachklinik in Großbritannien behandelt werden. Aber das furchtbare Attentat ging für die Taliban trotzdem nach hinten los. Denn es verhalf der jungen Freiheitskämpferin zu noch mehr Berühmtheit. Malala gilt seither für Frauen weltweit als Symbolfigur für Freiheit und Bildung.

Mittlerweile ist sie auch wieder auf den Beinen. Malala entschied sich für das britische Birmingham als neue Heimat und geht dort seit März 2013 wieder zur Schule. [...] Den internationalen Kinder-Friedenspreis hat sie schon gewonnen. Und die Vereinten Nationen erteilten ihr am 12. Juli 2013, ihrem 16. Geburtstag, die Ehre, eine Rede zu halten. 2014 bekam sie den Friedensnobelpreis verliehen.

https://www.rbb-online.de/schulstunde-toleranz/wir---einer-fuer-alle/C_schlau_Malala_Yousafzai.file.html/C-schlau_Malala_Yousafzai_Korr2.pdf (Zugriff: 1.11.2016)

* **Taliban**
Die Taliban sind eine radikale islamistische Bewegung, die besonders in Pakistan und Afghanistan versucht, Macht über die Bevölkerung zu bekommen. Sie legen die Scharia sehr streng aus und versuchen sie mit Gewalt und durch die Verbreitung von Angst und Schrecken durchzusetzen.

* **Scharia**
Ist das religiöse Gesetz des Islams. Es regelt Verhaltensweisen der Gläubigen sowie die Strafen bei Verstößen.

Markt der Möglichkeiten

Malala hat unter Einsatz ihres Lebens versucht, auf ihr Recht auf Bildung aufmerksam zu machen und zu bestehen. Sie hat dadurch viel Öffentlichkeit erzeugt und spätestens durch die Verleihung des Friedensnobelpreises ist sie weltweit bekannt und angesehen. Allerdings ist es Malala sehr wichtig, dass nicht nur ihre Person weltweit Aufsehen erregt, sondern die Sache, für die sie stellvertretend eingestanden ist – nämlich für das Recht auf Bildung vor allem für Mädchen.

„Hilf mit, die Geschichte von Malala bekannt zu machen“, um mehr Kindern auf der Welt den Zugang zu Schulen und Bildungseinrichtungen zu ermöglichen.

Marktstand 1: Ausstellung

Plant mit eurer Klasse eine kleine Ausstellung in Form von Plakaten oder Wandzeitungen im Klassenzimmer oder im Schulhaus, um die Geschichte von Malala weiterzuerzählen.

- Vielleicht könnt ihr im Internet verschiedene Projekte und Hilfsorganisationen finden, die sich besonders für benachteiligte Mädchen einsetzen, und diese vorstellen.
- Im Internet finden sich viele Zitate von Malala. Vielleicht könnt ihr eure Ausstellung mit einigen Zitaten von ihr umsäumen.
- Schaut euch Malalas Rede vor den Vereinten Nationen im Internet an, dort findet ihr auch eine deutsche Übersetzung.

Marktstand 2: Spenden sammeln

Recherchiert im Internet, welche Hilfsorganisationen sich speziell für das Recht auf Bildung einsetzen und wie die Projekte aufgebaut sind. Organisiert in eurer Klasse eine gemeinschaftliche Aktion, um Spenden zu sammeln. Spendet den Erlös vielleicht an eine der Hilfsorganisationen.

Marktstand 3: Brief – Bild – Comic

Vielleicht interessiert euch die Person Malala und ihr habt Lust, einen Brief an sie zu schreiben. Oder ihr organisiert eine Kunstausstellung, eine kleine Vernissage, in der ihr ihre Geschichte durch eure Bilder zum Thema oder in Form eines Comics weitererzählt. Vielleicht entsteht ein Projekt mit anderen Fächern?

1 Lies die Geschichte von Malala (M 1). Arbeite heraus, für welche Kinderrechte sie kämpft.

2 Begebt euch auf den Markt der Möglichkeiten (Autorentext). Wählt einen der vorgeschlagenen Marktstände aus, an denen ihr gerne arbeiten möchtet.
Marktstand 1: ⚀, Marktstand 2: ⚁, Marktstand 3: ⚂

1. Wenn Wasser krank macht!

„Wasch dir die Hände!" „Ich hab Durst!" „Ich muss mal aufs Klo!" Für viele Kinder in ärmeren Teilen der Erde sind dies Probleme, die ihren Alltag bestimmen und lebensbedrohlich sind. Unicef* versucht die Situation der Kinder zu verbessern.

M1 Wusstet du, dass ...

M2 Junges Mädchen trinkt Wasser aus einem schlammigen Bach. Liberia, 2007

Warum macht Wasser krank?

Beinahe eine Milliarde Menschen haben keinen Zugang zu sauberem Trinkwasser. Die Folgen sind verheerend, denn durch den Kontakt von verunreinigtem Wasser leiden sehr viele Kinder an Durchfallerkrankungen.

Viele Mädchen übernehmen traditionellerweise in der Familie die Aufgabe des Wasserholens. Mehrmals täglich laufen sie mehrere Kilometer zur Wasserstelle. Da bleibt keine Zeit für die Schule oder zum Spielen.

Fehlt es an Wasser, ist auch mangelnde Hygiene Grund für viele Krankheiten. Manchmal fehlt es auch einfach nur am Wissen, wie durch einfache hygienische Maßnahmen schwere Infektionskrankheiten verhindert werden können.

* **Unicef**
Ist das Weltkinderhilfswerk der Vereinten Nationen (UN). Die Organisation unterstützt zahlreiche Hilfsprojekte in Entwicklungsländern.

M3 So hilft Unicef

Sauberes Trinkwasser: Hilfe beim Bau von Brunnen und Wassersystemen. Die Bewohner lernen, die Anlagen selbst zu betreiben und instand zu halten.

Verbesserung der Hygiene: Bau von Latrinen* und öffentlichen Toiletten auch in Schulen und Gebäuden sowie Ausbau einer Abwasserentsorgung.

Werbung fürs Händewaschen mit Wasser und Seife: Die Verbesserung der Handhygiene ist wichtig, Durchfallerkrankungen können so um fast die Hälfte vermindert werden.

Aufklärungsarbeit: Mitarbeiter von Unicef informieren in vielen Dörfern darüber, wie hygienische Maßnahmen und sauberes Trinkwasser Krankheiten verhindern können.

* **Latrine**
bezeichnet eine Toilette ohne Wasserspülung, umgangssprachlich sagt man auch „Plumpsklo"

1 Arbeitet mithilfe von **M1**, **M3** und dem Autorentext heraus, worin die Gefährdungen einer mangelnden Wasserversorgung besonders für Kinder bestehen.

2 Beurteilt die Hilfsmaßnahmen, die Unicef bereits in vielen Ländern durchführt. Wo liegen möglicherweise Schwierigkeiten?

3 Recherchiert die Unicef-Kampagne „Wasser wirkt!". Wählt dabei zwischen folgenden Aufgaben: ▪ Gestaltet eine Wandzeitung. ▪ Haltet einen Kurzvortrag.

WAHLSEITE

2. Das ist meine Privatsache!

Alle Kinder und Jugendlichen haben das Recht auf Privatsphäre*, das heißt, jedes Kind hat das Recht auf seine eigenen Geheimnisse und muss sich auch mal zurückziehen dürfen. Eltern dürfen nicht in ihrem Zimmer herumschnüffeln oder ungefragt die Nachrichten auf dem Handy ihrer Kinder lesen.

* **Privatsphäre**
Ist dein ganz persönlicher Bereich, der niemanden etwas angeht. Was du davon preisgibst, entscheidest nur du.

Hier läuft doch was schief?

Caro ist 14 Jahre alt und besucht die 8. Klasse einer Realschule. Sie lebt mit ihrem kleinen Bruder und ihren Eltern zusammen in einer Wohnung und hat auch ein eigenes Zimmer. In letzter Zeit ärgert sie sich aber zunehmend über ihre Familie, weil sie findet, dass diese ihre Privatsphäre nicht respektiert. Irgendwann beschließt sie, einfach mal aufzuschreiben, worüber sie sich ärgert, und sammelt so die „Steine des Anstoßes“:

Stein 1

Caro hat seit ein paar Wochen einen Freund. Wenn sie in ihrem Zimmer sind, platzt manchmal ihr kleiner Bruder ohne anzuklopfen rein und fragt irgendetwas Unwichtiges.

Stein 2

Wenn Caro im Badezimmer ist und duscht oder sich gerade abtrocknet, kommt oft ihre Mutter hinein. Sie hat das Gefühl, als ob sie neugierig ist und schaut, ob Caro schon einen weiblicheren Körper bekommen hat.

Stein 3

Ihr Vater beschwert sich darüber, wie viel unnötige Nachrichten und E-Mails Caro erhält. Woher weiß er das eigentlich?

Stein 4

Ihre Mutter leert im Streit ums Aufräumen ihren Schulrucksack aus, dabei fällt ihr ein Brief ihrer Freundin in die Hände, den die im Unterricht geschrieben hat. Die Mutter liest ihn und wühlt in ihrem Rucksack rum.

Stein 5

Caro vermisst seit Tagen ihre Lieblings-CD. Plötzlich hört sie die Musik laut aus dem Zimmer ihres kleinen Bruders. Hat er sie sich einfach genommen?

Stein 6

Der Vater erzählt ihrer Oma am Telefon, dass Caro jetzt einen Freund hat. Er bezweifelt, dass diese Beziehung von langer Dauer ist.

JETZT REICHT'S, meint Caro.

1 Habt ihr schon mal ähnliche Erfahrungen wie Caro gemacht? Berichte oder schreibe eigene „Steine“.

2 Beschreibe, welche Verstöße auf Caros Privatsphäre hier vorliegen.

3 Überlege, was Caro jetzt tun sollte, um die Steine langfristig aus dem Weg zu räumen.

4 Führt zu jedem Stein ein Rollenspiel durch und findet eine mögliche Vereinbarung zwischen den Familienmitgliedern. TIPP S. 210

5 Diskutiert, welche Ausnahmesituationen es geben könnte, damit das Recht auf Privatsphäre auch innerhalb der Familie kurzzeitig ausgehebelt werden kann.

M1 Welches Kinderrecht verbirgt sich hier?

M2 Die vier Grundprinzipien der UN-Kinderrechtskonvention

1. ... Kein Kind darf benachteiligt werden – sei es wegen seines Geschlechts, ... , seiner Staatsbürgerschaft, seiner Sprache, Religion oder Hautfarbe, einer Behinderung oder wegen seiner politischen Ansichten.
2. ...Wann immer Entscheidungen getroffen werden, die sich auf Kinder auswirken können, muss das Wohl des Kindes vorrangig berücksichtigt werden – dies gilt ... genauso wie für staatliches Handeln.
3. ... Jedes Land verflichtet sich, in größtmöglichem Umfang die Entwicklung der Kinder zu sichern – zum Beispiel durch Zugang zu ..., Bildung und Schutz vor Ausbeutung und Missbrauch.
4. ... Alle Kinder sollen als Personen ... und respektiert und ihrem Alter und ihrer Reife gemäß in Entscheidungen einbezogen werden.

CHECK UP

1 Hinter welchem Bildchen in **M1** verbirgt sich welches Kinderrecht? Finde zu jedem Bild eine passende Überschrift.

2 Ordne die Rechte aus Aufgabe 1 den Oberbegriffen Schutzrechte, Versorgungsrechte und Informations- und Beteiligungsrechte in einer Tabelle zu.

3 Fülle den Lückentext **M2** mithilfe der folgenden Wortgruppen:
▪ Wohl des Kindes hat Vorrang ▪ Achtung vor der Meinung des Kindes ▪ Recht auf Gleichbehandlung ▪ Recht auf Leben und Entwicklung ▪ medizinischer Hilfe ▪ ernst genommen ▪ in der Familie ▪ seiner Herkunft

M 1 Gehören Kinderrechte ins Grundgesetz?

Seit vielen Jahren streiten sich Politiker darüber, ob die Kinderrechte in unserem Grundgesetz verankert werden sollen. Die Meinungen gehen auseinander.

PRO

Kinder sind besonders. Einerseits sind sie eigenständige, rechtsfähige Menschen. Andererseits sind sie auf Unterstützung durch andere angewiesen, von denen es entscheidend abhängt, wie sie sich entfalten können. Deshalb benötigen sie spezielle Rechte. Als Vertragsstaat der UN-Kinderrechtskonvention ist Deutschland verpflichtet, Kinderrechte im Grundgesetz zu verankern. Aber noch immer wachsen Kinder in unserem reichen Land in Armut auf und Bildungschancen hängen vom Portemonnaie der Eltern ab. Schilder mit der Aufschrift „Kinderwagen-Verbot“ oder „kinderfreie Zone“ sind keine Seltenheit und es kommt vor, dass Eltern mit lebhaften Kindern aus Restaurants hinausgeworfen werden. Das zeigt: Im Alltag sind „Kinderrechte haben“ und „Kinderrechte durchsetzen“ zwei Paar Schuhe. Mit der Verankerung von Kinderrechten im Grundgesetz können wir dafür sorgen, dass Kinder und Jugendliche endlich den Stellenwert in unserer Gesellschaft bekommen, der ihnen zusteht. Ohne Wenn und Aber.

KONTRA

Der Debatte über eine ausdrückliche Aufnahme von Kinderrechten in das Grundgesetz liegt der Wunsch zugrunde, das Wohl von Kindern stärker in den Vordergrund zu rücken. Diesen Wunsch teile ich. Aber ich halte die Aufnahme von Kinderrechten in das Grundgesetz für den falschen Weg und reine Symbolpolitik*. Erstens: Kinder sind – wie alle Menschen – bereits Träger von Grundrechten. Eine besondere Nennung von Kinderrechten im Grundgesetz wäre rein symbolisch und würde nicht dazu beitragen, Kinder besser zu schützen. Zweitens: Eltern tragen die Verantwortung für das Wohl des Kindes. Ihnen werden die Rechte der Kinder übertragen, weil der Staat davon auszugehen hat, dass Eltern grundsätzlich besser als der Staat wissen, was gut für ihr Kind ist.
Politik und Gesellschaft haben die Aufgabe, die bestehenden Rechte der Kinder in den Gesetzen und in der Praxis zu stärken.

Pro und Kontra, Quelle: www.politik-kommunikation.de/ressorts/artikel/pro-kontra/gehoeren-die-kinderrechte-ins-grundgesetz-15858 (Zugriff: 1.11.2016)

* **Symbolpolitik**
Politik, die eher als eine Geste gemeint ist, ohne konkrete Maßnahmen, die zu einer tatsächlichen Verbesserung der Situation beitragen

Argumente PRO
Sönke Rix. Der gelernte Erzieher ist familienpolitischer Sprecher der SPD-Bundestagsfraktion.

Argumente KONTRA
Marcus Weinberg. Der ehemalige Lehrer ist Leiter der Arbeitsgruppe Familie, Senioren, Frauen und Jugend in der Unionsfraktion.

Ich kann Informationen gewinnen und aufbereiten.

1 Lies dir **M 1** durch und verschaffe dir einen Überblick. Recherchiere weitere Hintergrundinformationen.

Ich kann Probleme und Konflikte analysieren.

2 Analysiere, welche Argumente die beiden Politiker für bzw. gegen die Verankerung der Kinderrechte im Grundgesetz haben.

Ich kann mir ein begründetes Urteil bilden.

3 Überlege, welche Argumente du gut findest, und ergänze sie durch eigene Ideen.

Ich kann mitreden und aktiv werden.

4 Stelle dir vor, du hast die Chance, eine Minute Redezeit vor dem Bundestag zu diesem Thema zu bekommen. Schreibe eine kurze Rede mit deinen Argumenten und trage sie vor der Klasse vor.

KAPITEL 5

Leben in der Medienwelt

Beschreibe, welche Rolle Medien in deinem täglichen Leben spielen.

In diesem Kapitel lernst du,
- *wie man verantwortungsbewusst mit persönlichen Daten umgeht;*
- *wie Darstellungen in den Medien Jugendliche beeinflussen;*
- *wie eine Nachricht entsteht und in unterschiedlichen Medien dargestellt wird;*
- *welche rechtlichen Regeln es zum Schutz der persönlichen Daten gibt.*

Medien nehmen einen großen Raum im Leben Jugendlicher ein. Als Medien bezeichnet man alle Mittel oder Verfahren, um Informationen, Bilder oder Nachrichten zu verbreiten. Zu den Medien, die von den meisten Menschen sehr oft genutzt werden, zählen das Internet, der Rundfunk (Fernsehen und Radio) und die Presse (Zeitungen und Zeitschriften). Diese Medien nennt man deswegen auch Massenmedien.

★ **Sozialwissenschaften** Sammelbegriff für Wissenschaften, die sich mit dem Zusammenleben der Menschen in einer Gesellschaft beschäftigen, wie z.B. die Politikwissenschaft, die die Grundlage für das Fach Gemeinschaftskunde liefert. Diese Fächer kann man an vielen Universitäten studieren.

„Mediennutzung – kein Überblick!"

Sicher bist du selbst häufig im Internet unterwegs. Hier einen kurzen Film angeschaut, da auf einer anderen Seite kurz etwas gelesen oder ein Spiel gespielt und schon ist wieder ziemlich viel Zeit vergangen. Aber wie viel Zeit eigentlich? Und was genau hast du gemacht? Da fehlt nicht nur Jugendlichen häufig der Überblick. Hier kann eine Umfrage hilfreich sein.

Umfrage – wie geht das?

Umfragen sind in den Sozialwissenschaften★, zu denen die Gemeinschaftskunde gehört, ein wichtiges Instrument, um Informationen zu erhalten, wie Menschen sich verhalten. In diesem Fall interessiert uns die Mediennutzung von Jugendlichen.

Eine Umfrage so zu gestalten, dass verwertbare Ergebnisse herauskommen, ist dabei gar nicht so einfach.

Checkliste Umfrage

- ☑ Eine Umfrage sollte nie zu lang sein und dem Befragten leicht fallen. Außerdem sollte der Befragte immer wissen, was der Frager über einen erfahren möchte.
- ☑ Bei **geschlossenen Fragen** sind die Antworten vorgegeben. Man muss nur noch ankreuzen. Das ist einfach auszuwerten, man gibt aber alle Antworten genau vor.
- ☑ Bei **offenen Fragen** hat der Befragte die Möglichkeit, dass er selbst seine Antworten formuliert. Man bekommt die ganze Bandbreite an Antworten, kann diese nachher aber vielleicht schwer auswerten.
- ☑ Deswegen sollte man zwischen offenen und geschlossenen Fragen abwechseln oder sie kombinieren.
- ☑ Am Ende bedankt man sich für die Teilnahme an der Umfrage.

Mediennutzung Jugendlicher | Überschrift

Mit dieser Umfrage wollen wir herausfinden, wie lange die Schülerinnen und Schüler der Klasse 7a Medien wie das Internet, Radio, Fernsehen oder Zeitungen nutzen. | Einleitung

Vielen Dank, dass du dich an dieser Umfrage beteiligst. | Dank für die Teilnahme

1) Zunächst möchten wir dich fragen, ob du ein Mädchen oder ein Junge bist. | Beispiel für eine geschlossene Frage

- ☐ Mädchen
- ☐ Junge

2) Bitte gib an, wie oft du die verschiedenen Medien am Tag nutzt und wie lange. | Mischung aus geschlossenem Frageteil und offenen Antwortmöglichkeiten

Medien	Wie oft täglich genutzt?	Wie lange insgesamt am Tag?
Internet		
Radio		
Fernsehen		
Zeitung		

3) Welche Inhalte interessieren dich dabei besonders? | Beispiel für eine offene Frage

4) Wie nutzt du das Internet? | Mischung aus geschlossenem Frageteil und offenen Antwortmöglichkeiten

- ☐ Video-Clips
- ☐ Nachrichten versenden
- ☐ Informationen suchen
- ☐ sonstiges:

5) …

1 Nenne Themen, die dich bei einer Umfrage zur Mediennutzung in deiner Klasse interessieren würden.

2 Führt in eurer Klasse eine Umfrage zur Mediennutzung durch. Ihr könnt als Grundlage den hier abgebildeten Fragebogen verwenden. Ergänzt ihn mit eigenen Fragen, die euch interessieren.

3 Wertet den Fragebogen aus. Überprüft, welche Fragen brauchbare Antworten ergeben haben und welche nicht.

4 Stellt eure Ergebnisse grafisch dar und präsentiert diese eurer Klasse. Verwendet dazu Balken-, Säulen- oder Kreisdiagramme (vgl. S. 120/121).

5 Manche Fragen sind den Teilnehmern einer Umfrage unangenehm und sie geben deswegen vielleicht falsche Antworten. Erörtert Möglichkeiten, wie man solche Fragen formulieren könnte.

Schöne neue Medienwelt? Jugendliche und Internet

Das Internet* eröffnet einem einen einfachen und nahezu unbeschränkten Zugang zu Informationen, Videos, Musik und Spielen. Immer wichtiger wird dieses Medium auch für eine schnelle Kommunikation zwischen Menschen aus der ganzen Welt. Ob zu Hause oder mobil mit einem Smartphone – man ist erreichbar und die große Fülle an Inhalten ist immer verfügbar. Diesen nahezu unendlichen Chancen stehen aber natürlich auch Risiken entgegen, die man bei der Nutzung beachten sollte.

„Immer online? Jugendliche nutzen in ihrer Freizeit gerne Smartphones und Tablets."

M1 JIM-Studie 2015

Computer (98 %) und Internet (96 %) sind heute in nahezu allen Haushalten vorhanden, wobei der Laptop (88 %) den klassischen PC (75 %) inzwischen überholt hat und auch Tablet-PCs eine zunehmende Verbreitung erfahren (58 %). WLAN-Netzwerke* zur Nutzung des Internets im Haushalt sind dabei die Regel (95 %).
Der Anteil der Jugendlichen, die zumindest selten das Internet nutzen, liegt aktuell bei 97 Prozent. Dabei spielen Alter oder Geschlecht keine Rolle, nur noch hinsichtlich der Nutzungshäufigkeit und der Nutzungsdauer gibt es Unterschiede. 80 Prozent der Zwölf- bis 19-Jährigen sind täglich online, weitere zwölf Prozent mehrmals pro Woche. Drei Prozent nutzen es nicht, die restlichen fünf Prozent zählen zu den eher gelegentlichen Nutzern. Tägliche Nutzer sind bei Jungen (82 %) etwas häufiger zu finden als bei Mädchen (78 %), bei den Zwölf- bis 13-Jährigen mit 70 Prozent deutlich seltener als bei den Volljährigen (87 %). Hinsichtlich der Nutzungsdauer (Selbsteinschätzung der Jugendlichen) zeigt sich erneut ein Anstieg um eine Viertelstunde auf nunmehr 208 Minuten am Tag (2014: 192 Min., 2013: 179 Min.). Allerdings zeigt sich hier zwischen den Altersgruppen ein deutlicher Nutzungsanstieg. Während die Zwölf- bis 13-Jährigen im Schnitt 156 Minuten online sind, steigt dieser Wert bei den 18- bis 19-Jährigen auf 260 Minuten an (14–15 Jahre: 191 Min., 16–17 Jahre: 223 Min.).

Medienpädagogischer Forschungsverbund Südwest (mpfs), JIM-Studie 2015, S. 29 f.

* **Internet**
Das Internet ist ein weltumspannendes Computernetzwerk. Ursprünglich diente es dem amerikanischen Verteidigungsministerium als Kommunikations-Netzwerk, später tauschten Universitäten darüber ihre Forschungsergebnisse aus. Seit 1989 können auch private Nutzer im Internet surfen, E-Mails verschicken und Webseiten betreiben.

* **WLAN**
WLAN ist die Abkürzung für den englischen Ausdruck Wireless Local Area Network und bedeutet so viel wie drahtloses lokales Netzwerk. Dies ermöglicht die Nutzung des Internets, ohne dass PCs, Laptops, Tablets oder Smartphones über ein Kabel mit dem Netzwerk verbunden sind.

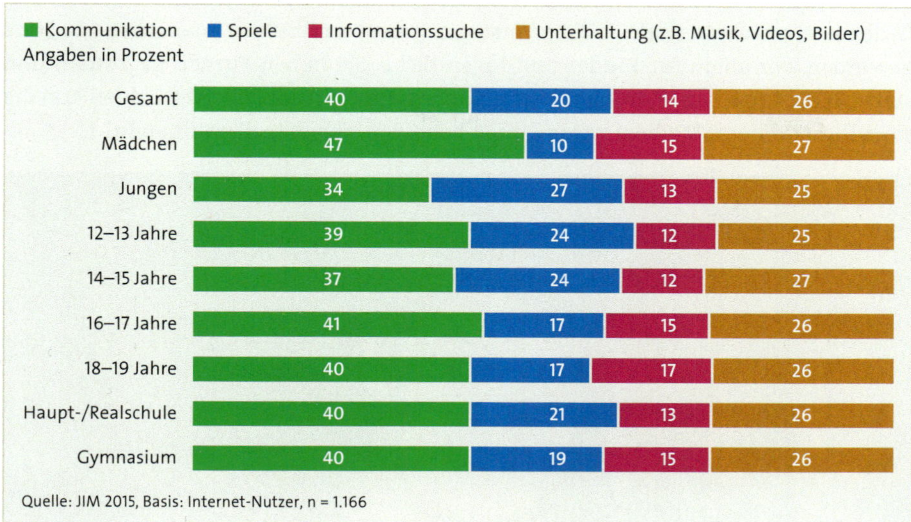

M2 Inhaltliche Verteilung der Internetnutzung 2015

Mehr zum Thema
Film: Social Media … einfach erklärt

Webcode PE652136-069

M3 Chancen der Internetnutzung

Die Chancen, die das Internet bietet, liegen auf der Hand: schnelle und aktuelle Informationen, Kommunikation mit Freunden, Spiele, Video-Clips anschauen und selbst hochladen und vieles mehr. Das meiste davon ist sogar kostenlos verfügbar. Wir können uns ein Leben ohne Internet nicht mehr vorstellen und müssen das auch nicht.

M4 Risiken der Internetnutzung

Die Möglichkeiten eines multifunktionalen Geräts, das Kamera, Mikrofon, Videothek, Bildergalerie und weitere Elemente vereint, in Verbindung mit der Option, überall und jederzeit online und mit seinem Freundeskreis vernetzt zu sein, eröffnet auch Möglichkeiten, die negative Folgen nach sich ziehen können. So können Bilder und Videos schnell und unkompliziert über Kontaktlisten und Gruppen an alle Personen im Freundeskreis weitergegeben werden und durch den hohen Vernetzungsgrad* der Jugendlichen können Inhalte hierbei rasch eine hohe Reichweite erzielen. Diese grundsätzlich positiven Aspekte einer unvermittelten und unkomplizierten Kommunikation werden dann problematisch, wenn die Inhalte nicht für Jugendliche geeignet sind, wie bspw. gewalthaltige oder pornographische Videos oder wenn es um die Verletzung von Persönlichkeitsrechten, wie Beleidigung oder Ähnlichem, geht.
Außerdem kann die ständige Nutzung zu Abhängigkeit und sogar zur Sucht führen.

Medienpädagogischer Forschungsverbund Südwest (mpfs), JIM-Studie 2015, S. 50

* **Vernetzungsgrad**
Wenn Jugendliche über sehr viele Kontakte in sozialen Netzwerken beispielsweise über ihr Smartphone verfügen, können sich Nachrichten, Bilder usw. sehr schnell und an viele Empfänger verbreiten. Viele Jugendliche sind also sehr stark mit einer großen Zahl anderer Menschen vernetzt.

1 Beschreibe deine eigene Internetnutzung.
2 Erläutere, wie es zu den Unterschieden bei Mädchen und Jungen und bei den unterschiedlichen Altersgruppen kommt (M1 und M2).
3 Stelle in einer Tabelle Chancen (M3) und Risiken (M4) der Internetnutzung Jugendlicher einander gegenüber.
4 Erläutere, wie du die Chancen, die das Internet bietet, nutzt und wo du Risiken befürchtest.
5 Sollten Eltern die Internetnutzung ihrer Kinder stärker kontrollieren? Erörtere.
TIPP *S. 210*

WAHLSEITE

In den letzten Jahren sind YouTuber, Instagrammer – und zuletzt Snapchatter zu Stars geworden, vor allem für Kinder und Jugendliche. Sie haben Firmen gegründet und sind so Chefs ihrer eigenen Mini-Medienunternehmen. Ihre Follower-Zahlen, um die sie selbst etablierte Medienunternehmen beneiden, gehen in die Millionen.

M 1 LeFloid

LeFloid heißt eigentlich Florian Mundt, ist 27 und macht Videos für YouTube. LeFloids Videokanal existiert seit 2007, damit zählt er zu den dienstältesten deutschen YouTubern. Der Kanal kommt mittlerweile auf 2,6 Millionen Abonnenten*, er ist damit das viertbeliebteste deutsche Angebot. Die meisten Zuschauer von LeFloid sind 16 bis 24 Jahre alt. Auf Facebook hat der Videomacher 621 000 Fans, bei Twitter 565 000 Follower* – das sind Größenordnungen wie bei bekannten Nachrichtenseiten.
Obwohl LeFloid auch Videos zu Gaming-Themen macht und zwei weitere Kanäle betreibt, dürften ihn die meisten Nutzer mit dem Format „LeNews“ verbinden. Darin präsentiert und kommentiert er jeden Montag und Donnerstag fünf bis acht Minuten lang eine Handvoll Nachrichtengeschichten. Die Bandbreite der Themen reicht von politischen Krisen über die Impfpflicht bis hin zum Leben auf dem Mars.

LeFloid ist Vollzeit-YouTuber, das Konzipieren, Drehen und Schneiden der Videos sein Beruf. Er verdient sein Geld unter anderem dadurch, dass YouTube ihn an den Werbeeinnahmen beteiligt, die seine Clips generieren. Zusätzlich entwickelt er ein Format für das kommende Jugendangebot von ARD und ZDF und wirbt für die Techniker Krankenkasse. Seinen letzten Studentenjob hatte LeFloid nach eigenen Angaben Weihnachten 2012. Im Vergleich zu professionellen Nachrichtensendungen oder TV-Magazinen sind Sendungen wie „LeNews“ oder Videospiel-Mitschnitte viel günstiger zu produzieren. Bei „LeNews“ zum Beispiel gibt es kein Redaktionsteam im Hintergrund, was man LeFloid allerdings von Zeit zu Zeit wünschen würde. Etwa dann, wenn er mal eine dubiose Quelle heranzieht.

Markus Böhm, http://www.spiegel.de/netzwelt/web/lefloid-wer-ist-der-youtuber-der-angela-merkel-interviewt-a-1042779.html (Zugriff: 3.8.2016)

* **Abonnent**
Das Wort bezieht sich ursprünglich auf Zeitungs-Abonnenten, also Personen, die täglich eine bestimmte Zeitung zugeschickt bekommen. Dies nennt man auch ein Abonnement. Heutzutage versteht man darunter aber auch Personen, die beispielsweise bei einem Internet-Blog oder einem Nachrichtendienst eingewilligt haben, dass man über alle neuen Nachrichten sofort informiert wird. Man verfolgt also die Informationen dieser Seiten. Darum bezeichnet man diese Personen auch mit dem englischen Begriff *„Follower“*.

M 2 Bibi und Dagi Bee

Eigentlich heißen sie Dagmar und Bianca und sind ganz normale Mädchen. Im Internet aber kennen ihre Fans sie unter den Namen Dagi Bee und Bibi. Sie zeigen in den wenige Minuten langen Filmen, wie sie morgens vor dem Spiegel stehen und sich schminken – und wie sie sich abends wieder abschminken. Dagi Bee zeigt, wie man seine Haut pflegen kann. Oder Bibi erklärt, was Jungs über Mädchen denken. Die Filme werden bei YouTube gespeichert. Dort kann sie jeder kostenlos ansehen. Dank YouTube sind Dagi und Bibi bei Jugendlichen so berühmt wie Schauspieler oder Fußballer. Viele junge Mädchen zwischen zehn und 16 Jahren sehen sich die Videos von Dagi Bee und Bibi an. Oft werden sie innerhalb einer Woche jeweils über eine Million Mal angeklickt. Bibi, Dagi Bee und andere YouTuber machen das nicht nur zum Spaß. Sie verdienen viel Geld mit ihren Videos. Das ist erst einmal ganz normal. Auch Zeitungen und Fernsehsender wollen Geld verdienen. Deshalb zeigen sie Werbung auf ihren Seiten oder in Werbepausen. Die muss jedoch deutlich als Werbung zu erkennen sein, das ist vorgeschrieben. In den Videos von Bibi gibt es auch Werbung. Nur ist das meist nicht leicht zu erkennen.

Wenn Bibi sich in einem Video schminkt, lobt sie die Marke des Lippenstifts. Sie hält ihn in die Kamera, damit man ihn gut sehen kann. In dem Video wird dann ein Satz eingeblendet: „Unterstützt durch Produktplatzierungen". Das heißt, dass Bibi von der Lippenstift-Firma Geld bekommt. Aber das wissen viele Fans nicht. Nur den Lippenstift wollen sie haben. Denn durch ihre coole und lustige Art ist Bibi so etwas wie eine Freundin aus dem Internet. Und ein Vorbild. Viele wollen auch so ein aufregendes Leben führen wie die 22-Jährige. Also kaufen sie sich mit ihrem Taschengeld all die Dinge, die Bibi empfiehlt. Dass es bessere oder billigere Lippenstifte geben könnte, weiß nicht jeder, der die Videos sieht. Und ob man wie Bibi unbedingt drei verschiedene Lippenstifte braucht, ist auch nicht jedem klar. Sie vertrauen Bibi und ihrem Urteil.

Doch für Bibi sind die Empfehlungen nicht bloß ein Freundschaftsdienst, sondern ein riesengroßes Geschäft. Auch von YouTube bekommt sie Geld, weil so viele Leute ihre Videos anklicken. Die Summe ist nicht bekannt. Ein paar wenige, sehr beliebte YouTuber verdienen jeden Monat zwischen 10 000 und 30 000 Euro mit Klicks und Werbung. In Drogerie-Geschäften gibt es mittlerweile auch einen Bibi-Duschschaum zu kaufen, in Elektronikmärkten ein Bibi-Handy. Bibi erlaubt den Herstellern, ihren Namen und ihr Gesicht für die Produkte zu benutzen. Wie viel sie damit verdient, weiß man nicht. Denn über Geld spricht Bibi in ihren Videos nicht.

Christoph Dorner, www.sueddeutsche.de/leben/youtube-stars-kohle-und-kajal-1.2805461 (Zugriff: 3.8.2016)

1 Bilde eine **Lernpartnerschaft** beispielsweise mit deinem Banknachbarn und teilt euch die Arbeit (**M 1** und **M 2**) auf. Lies deinen Text und schreibe dir wichtige Informationen heraus.

2 Befragt euch gegenseitig. Trefft euch danach noch mit weiteren Interviewpartnern aus eurer Klasse, um zu überprüfen, ob eure Antworten vollständig sind.

3 Erstellt eine Tabelle, in der ihr Gemeinsamkeiten und Unterschiede der beiden Beispiele einander gegenüberstellt.

4 **Präsentiert** eure Ergebnisse vor der Klasse.

5 „Stars im Kinderzimmer" haben einen großen Einfluss auf Kinder und Jugendliche. Erörtert, ob Eltern ihre Kinder vor diesem Einfluss schützen sollten. TIPP *S. 210*

Smartphones sind aus unserem Leben kaum noch wegzudenken. Man kann mit ihnen telefonieren, spielen, sich informieren, fotografieren und Bilder und andere Inhalte auch gleich mit allen Freunden und Bekannten über soziale Netzwerke im Internet teilen. Das ist sehr praktisch. Aber vielleicht ist es euch auch schon einmal so ergangen, dass ihr manches nicht mit jedem teilen wollt?

Mattis betritt den Klassenraum

M 1 Oh nein, was habe ich getan?!

Mattis ist 13 Jahre alt und geht in die 7. Klasse. In seine Klasse gehen auch Jessica und Melissa. Mattis versteht sich mit Jessica sehr gut und so tauschen sie immer häufiger Nachrichten mit dem Smartphone aus. Irgendwann schicken sie sich auch Fotos, alles ganz harmlos. Die beiden verstehen sich immer besser, so ist jedenfalls Mattis' Eindruck, und er schickt ihr auch Fotos von sich, von denen er nicht unbedingt möchte, dass sie andere sehen. Als Melissa bei Jessica zu Besuch ist, sieht sie sich die Nachrichten ihrer Freundin auf deren Smartphone an, die beiden haben schließlich keine Geheimnisse voreinander. Sie findet die Fotos von Mattis und stellt sie in die Gruppe der Klasse. Als Mattis am nächsten Tag in die Schule kommt, ahnt er nichts. Aber ihm wird schnell klar, was passiert ist, als er seine Klassenkameraden lachen und tuscheln sieht, sobald sie ihn sehen. „Oh nein, was habe ich getan?!"

M 2 Damit habe ich doch nichts zu tun!

Dalina geht mit ihren Freundinnen gerne am Wochenende in Clubs tanzen. Als sie auf der Tanzfläche fotografiert wird, denkt sie sich nichts dabei, das passiert schließlich häufiger. Die Clubs stellen, so denkt sie, die Fotos auf ihre Internetseite, von der man sie später herunterladen kann. Sie weiß nicht, dass es sich bei dem Fotografen um einen Profi handelt, der für eine Firma (Agentur) arbeitet, die Fotos an Zeitungen verkauft.
Einige Wochen später, Dalina erinnert sich schon gar nicht mehr an den Fotografen, ruft ihre Freundin Sina bei ihr an: „Du bist in der Zeitung!" Und tatsächlich. Das Foto zeigt Dalina, wie sie ausgelassen auf der Tanzfläche tanzt. Darunter ist die Bildunterschrift zu lesen: „Was Drogen aus unseren Kindern machen." Die Zeitung hat sich offensichtlich, um einen Bericht über Drogenkonsum unter Jugendlichen zu bebildern, an die Agentur gewandt und dieses Foto gekauft. Dalina ist entsetzt: „Jetzt denken alle, ich würde Drogen nehmen. Damit habe ich doch nichts zu tun!"

M3 Datenschutz

Unter dem Begriff „Datenschutz“ wird umgangssprachlich zumeist der Schutz von persönlichen Daten verstanden, damit diese nicht unrechtmäßig weitergegeben werden können. Man nennt das auch das „Recht auf informationelle Selbstbestimmung“. Was aber sind personenbezogene Daten? Dazu gehören unter anderem:

- Name, Familienstand, Geburtsdatum
- Anschrift, Telefonnummer, E-Mail-Adresse
- Konto-, Kreditkartennummer
- Autokennzeichen
- Personalausweisnummer
- Vorstrafen
- genetische Daten und Krankendaten
- Zeugnisse

Nach: www.klicksafe.de/themen/datenschutz/privatsphaere/datenschutz-tipps-fuer-eltern-und-paedagogen/datenschutz-eine-rechtliche-annaeherung, 1.11.2016

M4 Das Recht am eigenen Bild

Eine Abbildung darf nur mit Einwilligung des Abgebildeten verbreitet oder öffentlich werden. Hierunter fallen die Veröffentlichung eines Fotos in einem Sozialen Netzwerk oder das Verschicken per Messenger-App (WhatsApp etc.). Ausschlaggebend ist die „Erkennbarkeit“ der abgebildeten Person. Auf dem Bild muss also nicht unbedingt das vollständige Gesicht zu sehen sein. Folgende Ausnahmen schränken das „Recht am eigenen Bild“ ein:

- Der Abgebildete ist nur „Beiwerk“ und nicht der eigentliche Grund der Aufnahme.
- Der Abgebildete ist Teil einer Menschenansammlung, also nur „einer von vielen“.
- Der Abgebildete ist eine Person der Zeitgeschichte (z. B. ein Prominenter).
- Das Bild hat einen künstlerischen Wert und dient damit einem höheren Interesse der Kunst.

In allen anderen Fällen muss der Abgebildete vor einer Veröffentlichung gefragt werden.

Nach: www.klicksafe.de/themen/datenschutz/grundlagenwissen/datenschutz-im-internet/das-recht-am-eigenen-bild (Zugriff: 1.11.2016)

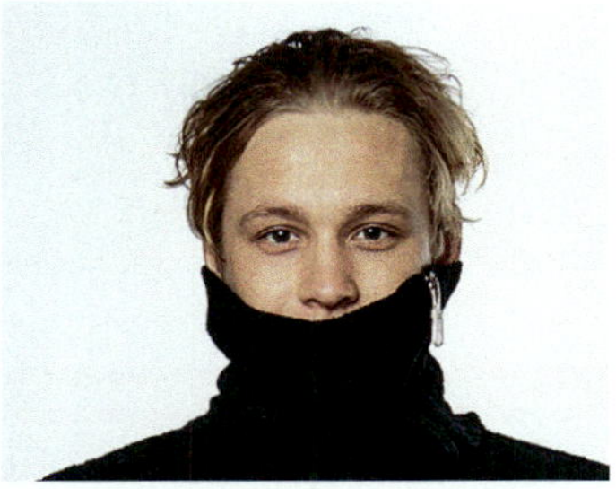

Mehr zum Thema
Film: Datenschutz ... einfach erklärt

Webcode PE652136-073

1 Beschreibe, ob du auch schon mal schlechte Erfahrungen gemacht hast, so wie in **M1** und **M2** beschrieben.

2 Das Posten und Versenden von Fotos spielt bei der Internetnutzung eine große Rolle. Erläutere Chancen und Risiken, die dadurch entstehen. TIPP S. 211

3 Beschreibe rechtliche Regelungen zum Schutz personenbezogener Daten (**M3**, **M4**).

4 Prüfe die Abbildungen neben **M4**. Dürfen sie ohne Zustimmung der abgebildeten Person veröffentlicht werden? Begründe deine Entscheidung.

5 „Oh nein, was habe ich getan?!“ (**M1**). Was denkst du, wer den Ausruf getan hat: Mattis, Jessica oder Melissa? Begründe deine Antwort.

6 Beschreibe, wie man Mattis helfen kann. Was würdest du ihm raten? TIPP S. 211

7 Erläutere mithilfe von **M3** und **M4**, ob sich Dalina gegen die Veröffentlichung wehren kann.

M1 Jugendlicher spielt gewalttätiges Computerspiel

M 2 Machen Fernsehen oder Computerspiele gewalttätig?

Weitgehend unstrittig ist [...], dass mediale Gewalt in der Lage ist, die Nutzer gefühlsmäßig zu erregen. Außerdem wurde beobachtet, dass sich die Zuschauer und Computernutzer an Gewalt in den Medien gewöhnen, man kann daraus aber nicht auf eine Abstumpfung gegenüber wirklicher Gewalt schließen. Allerdings werden aggressive Verhaltensmuster im Fernsehen oder in Computerspielen umso eher übernommen, wenn der Nutzer ohnehin zur Anwendung von Gewalt neigt und wenn seine wirkliche Lebenssituation dem Vorbild in den Medien ähnelt.

Gewaltkonsum und persönliche Veranlagung

Es gibt Anhaltspunkte dafür, dass Menschen mit einer Neigung zu aggressivem Verhalten auch gern aggressive Filme oder Computerspiele konsumieren, die dann wiederum die Aggressivität steigern. Allerdings kommen wissenschaftliche Untersuchungen zu dem Ergebnis, dass die durch Gewaltkonsum gesteigerte Aggression schnell wieder abflacht und keinen dauerhaften Einfluss auf die Nutzer hat.

Gewaltkonsum und soziale Einflüsse

Ein hoher Konsum von gewalttätigen Fernsehsendungen und Computerspielen durch Kinder und Jugendliche kann nach Ansicht verschiedener Wissenschaftler auch ein Anzeichen für soziale Isolation * oder Vernachlässigung sein. In einem solchen Fall wäre der Gewaltkonsum nur ein sichtbares Merkmal für tiefer liegende soziale Probleme. Weitgehende Einigkeit besteht darin, dass das soziale Umfeld (wie Familie oder Freundeskreis) auf Menschen einen deutlich größeren Einfluss hat als die Medien. Dafür spricht auch, dass trotz der gestiegenen Verbreitung von gewalttätigen Filmen und Computerspielen in den letzten Jahrzehnten die Gewalt bei Jugendlichen in dieser Zeit gesunken ist.

Stefan Frerichs, www.ard.de/home/ard/Gewalt_in_den_Medien__Machen_Medien_gewalttaetig_/76046/index.html, (Zugriff: 21.11.2016)

* **Soziale Isolation**
wenn man wenig Kontakt vor allem zu Freunden oder Bekannten hat

M3 Germany's next Barbiepuppe

Modezeitschriften, Modelshows und Bekleidungsketten: Sie alle werben mit unnatürlich dünnen Frauen. Doch Wissenschaftler haben erforscht, dass dieses Schönheitsideal junge Frauen belasten und sogar seelisch krank machen kann. Eine Studie zeigt: Das Anschauen von Modeblättern erhöht die Ausschüttung von Stresshormonen bei jungen Frauen, ihr Selbstwertgefühl sinkt.
Nach diesen Erkenntnissen können Bilder von dünnen Frauen sogar Essstörungen verstärken. Magersüchtige Frauen berichten, dünne Models und Castingshows wie „Germany's Next Topmodel" seien für sie Vorbild. Kritiker werben deshalb dafür, häufiger normalgewichtige Frauen zu zeigen, und fordern mehr Medienkompetenz für Jugendliche.

www.swr.de/report/germanys-next-barbiepuppe/-/id=233454/did=11274580/nid=233454/t6rumn/index.html (Zugriff: 1.11.2016)

M4 „I'm No Angel", Kampagne für „Plus-Size-Models", New-York, 2015

M5 Frankreich beschließt Gesetz gegen Magermodels

Zu dünne Models dürfen in Frankreich künftig nicht mehr arbeiten. Das Parlament beschloss am Donnerstag endgültig ein Gesetz, das gefährliches Untergewicht bei Mannequins verhindern soll. Um auf französischen Modeschauen oder bei Foto-Shootings arbeiten zu können, brauchen Models künftig eine medizinische Bescheinigung, dass ihr Gesundheitszustand mit dem Beruf vereinbar ist. Zentraler Faktor ist dabei der Body-Mass-Index* – die genauen Kriterien müssen noch von einer Fachbehörde festgelegt werden. Wenn jemand Models ohne Bescheinigung beschäftigt, drohen ihm sechs Monate Gefängnis und 75 000 Euro Strafe.

www.sueddeutsche.de/panorama/berufsverbot-frankreich-beschliesst-gesetz-gegen-mager models-1.2788501 (Zugriff: 21.11.2016)

* **Body-Mass-Index (BMI)**
Der BMI errechnet sich aus dem Verhältnis von Körpergröße und Gewicht. Die Aussagekraft des Ergebnisses ist allerdings umstritten.

1 Beschreibe deine Erfahrungen mit Gewaltdarstellungen in Medien.
2 Erläutere anhand von **M2** die Wechselwirkung zwischen Gewaltdarstellung in den Medien und der Persönlichkeit von Jugendlichen.
3 Notiere dir in Stichworten Eigenschaften von gutaussehenden Frauen und Männern.
4 Überprüfe, ob die von dir genannten Eigenschaften mit denen aus **M3** und **M4** in Bezug auf Frauen übereinstimmen.
5 Erörtert ein Verbot von zu dünnen Models, wie es in Frankreich eingeführt wurde. (**M5**)
6 Ordne dich bei der Frage „Wie stark werde ich von Medien beeinflusst?" auf einer Skala von 1 (= überhaupt nicht) bis 10 (= sehr stark) ein. Diskutiert eure Ergebnisse in der Klasse.

Wenn ihr euch für eine bestimmte Nachricht interessiert, gibt es verschiedene Wege, an Informationen zu kommen. Die wichtigsten sind das Fernsehen, die Zeitung oder die Nachrichtenseiten im Internet. Jede Informationsquelle hat ihre Stärken und Schwächen. Wir nehmen sie mal genauer unter die Lupe und vergleichen. Wählt eine der drei Aufgaben aus.

M1 Tageszeitungen

Wahlaufgabe 1:

Eine Nachricht – zwei Gesichter

Besorgt euch zwei Tageszeitungen: eine Boulevardzeitung und eine regionale oder überregionale Tageszeitung. Eure Lehrerin oder euer Lehrer kann euch bei der Auswahl helfen. Anschließend wählt ihr auf den Titelblättern der beiden Zeitungen einen Artikel zu demselben aktuellem Thema aus. Schneidet die beiden Artikel aus und dann wird geforscht.

Forscherauftrag 1:

Erstellt für jeden Artikel ein Plakat und klebt die Artikel in die Mitte. Untersucht und vergleicht die Zeitungsartikel. Dies sind Möglichkeiten, nach denen ihr untersuchen könnt, sicher findet ihr noch mehr:
- Aufmacher (Überschrift, Bilder, Gestaltung, Text).
- Anzahl der Wörter?
- Informationsgehalt?
- Sprachstil (einfach zu verstehen, viele Fremdwörter, sachlich)?
- ...

Stellt eure Ergebnisse der Klasse vor.

Wahlaufgabe 2:

Eine Nachricht wandert ...

Ihr benötigt die Ausgaben einer Tageszeitung von einer ganzen Woche. Vielleicht haben eure Eltern eine Tageszeitung abonniert oder ihr fragt bei eurer Lehrerin oder eurem Lehrer nach. Wählt ein bestimmtes Thema aus, das in dieser Woche eine wichtige Rolle gespielt hat, und untersucht, wo und wie umfangreich dieses Thema innerhalb einer Woche in der Zeitung auftaucht.

Forscherauftrag 2:

Erstellt eine Wandzeitung, auf der ihr eine Woche lang jeden Tag dokumentiert, wie eine Nachricht innerhalb der Zeitung „wandert". Dabei sammelt ihr täglich alles an Informationen (z. B. Bilder, Artikel, Kommentare, Karikaturen), was ihr in einer Ausgabe der Zeitung zu eurem Thema finden könnt.

Untersucht genau:

- Auf welcher Seite sind die Artikel platziert (Titelblatt, Rubrik)?
- Wie ausführlich wird berichtet?
- Anzahl der Artikel?
- Was stellt ihr fest ?
- ...

Stellt eure Ergebnisse der Klasse vor.

Zeitungsdokumentation zum Thema ....

Zeitung: .... vom .... bis ....

		Umfang		
Tag	Fundstelle	Artikellänge	Kommentare	Bilder
Montag				
Dienstag				
Mittwoch				
Donnerstag				
...				

Wahlaufgabe 3:

Zwei Fernsehnachrichten im Vergleich

Schaue dir am gleichen Tag zwei verschiedene Nachrichtensendungen im Internet an. Wähle eine Sendung eines öffentlich-rechtlichen Senders (z.B. die Tagesschau oder heute) und die eines Privatsendes (z. B. RTL 2 News, Newstime PRO 7). Vergleicht die beiden Sendungen, sicherlich könnt ihr Unterschiede entdecken.

Forscherauftrag 3:

Erstellt zunächst ein „Nachrichtenprokokoll", eine Art Beobachtungsbogen. Untersucht mithilfe dieses Protokolls Nachrichtensendungen nach bestimmten Merkmalen der Sendung, z. B.:

- Dauer der Sendung
- Worüber wird berichtet?
- Gemeinsamkeiten und Unterschiede bei der Themenauswahl
- Anordnung der Beiträge
- Informationswert (Hintergründe, Erklärungen durch Korrespondenten*)
- An welches Publikum ist die Sendung gerichtet?
- Berichterstattung eher sachlich oder emotional?
- ...

Stellt eure Ergebnisse in Form eines **Plakats** der Klasse vor.

Analysiert, welche Sender bei ihren Nachrichten zu Infotainment* neigen, und versucht Gründe dafür zu finden.

Nachrichtensprecher verschiedener Sender: links RTL II, rechts ARD

* **Korrespondenten**
Berichterstatter, die meistens vor Ort berichten und eine vertiefte Sachkenntnis zu einem bestimmten Thema haben.

* **Infotainment**
Eine Mischung aus Information und Entertainment (= Unterhaltung). Die Nachrichten sollen den Zuschauer bzw. Leser auf unterhaltsame Weise informieren.

Jeden Tag passieren unzählig viele Dinge. Aus vielen würde es sich lohnen, eine Nachricht zu machen, aber nur wenige schaffen es in eine Nachrichtensendung im Fernsehen, im Radio oder in die Zeitung. Das liegt vor allem an drei Mechanismen, die aus der unüberschaubaren Anzahl der Ereignisse die wichtigsten herausfiltern:

- Redaktion
- Nachrichtenagenturen
- Korrespondenten im In- und Ausland

Wie diese zusammenarbeiten, schauen wir uns auf dieser Doppelseite an.

★ **Nachrichtenagentur**
Ein Unternehmen, das weltweit, aber auch in Deutschland Nachrichten sammelt und an Zeitungen, das Radio oder an Fernsehsender weiterverkauft.
Beispiele:
dpa (Deutsche Presse-Agentur)
sid (Sport-Informations-Dienst)
AP (Associated Press)

★ **Agenda-Setting**
kommt aus dem Englischen und bedeutet das Setzen von Themenschwerpunkten

Natürlich hat die Berichterstattung auch wieder Auswirkungen vor Ort, da mehr Menschen auf die Ereignisse aufmerksam werden und sich vielleicht auch einmischen, z.B. über Leserbriefe oder andere Aktionen.

Die Nachricht wird in den Medien veröffentlicht.

1 Beschreibe in eigenen Worten, wie eine Nachricht entsteht.

2 Nenne die wichtigsten Akteure, die an der Entstehung einer Nachricht beteiligt sind. Beschreibe, welche Interessen sie jeweils verfolgen.

Korrespondenten werden von Redaktionen beauftragt, über Ereignisse zu berichten.

Korrespondenten berichten über Ereignisse aus dem In- und Ausland, die sie interessant finden.

Der Verleger oder auch Herausgeber einer Zeitung hat bestimmte wirtschaftliche Interessen. Er ist der Leiter des Zeitungsverlags und möchte, dass seine Zeitung häufig verkauft wird und für Werbekunden interessant ist. Nur so kann er ihr wirtschaftliches Bestehen und die Arbeitsplätze im Verlag sichern.

Nachrichtenagenturen stellen Meldungen zusammen, auf die man zurückgreifen kann, wenn man keine eigenen Korrespondenten vor Ort hat.

Die Redaktion entscheidet, welche Themen in welchem Umfang und in welcher Reihenfolge gebracht werden. Das nennt man auch Agenda-Setting.

3 Geht in Gruppen zusammen. Überlegt euch Themen, die gerade bei euch in der Schule diskutiert werden.
- Schreibt alle Themen auf, die euch Schüler und auch die Lehrer bewegen.
- Sortiert die Themen nach Wichtigkeit und schreibt kleine Nachrichten selbst.
- Überlegt euch, wie man die Seite bebildern könnte.
- Gestaltet auf einem DIN-A4-Blatt eine Zeitungsseite und ordnet die Artikel und Bilder dort nach ihrer Bedeutung an.
- Vergleicht euer Ergebnis mit denen der anderen Gruppen.

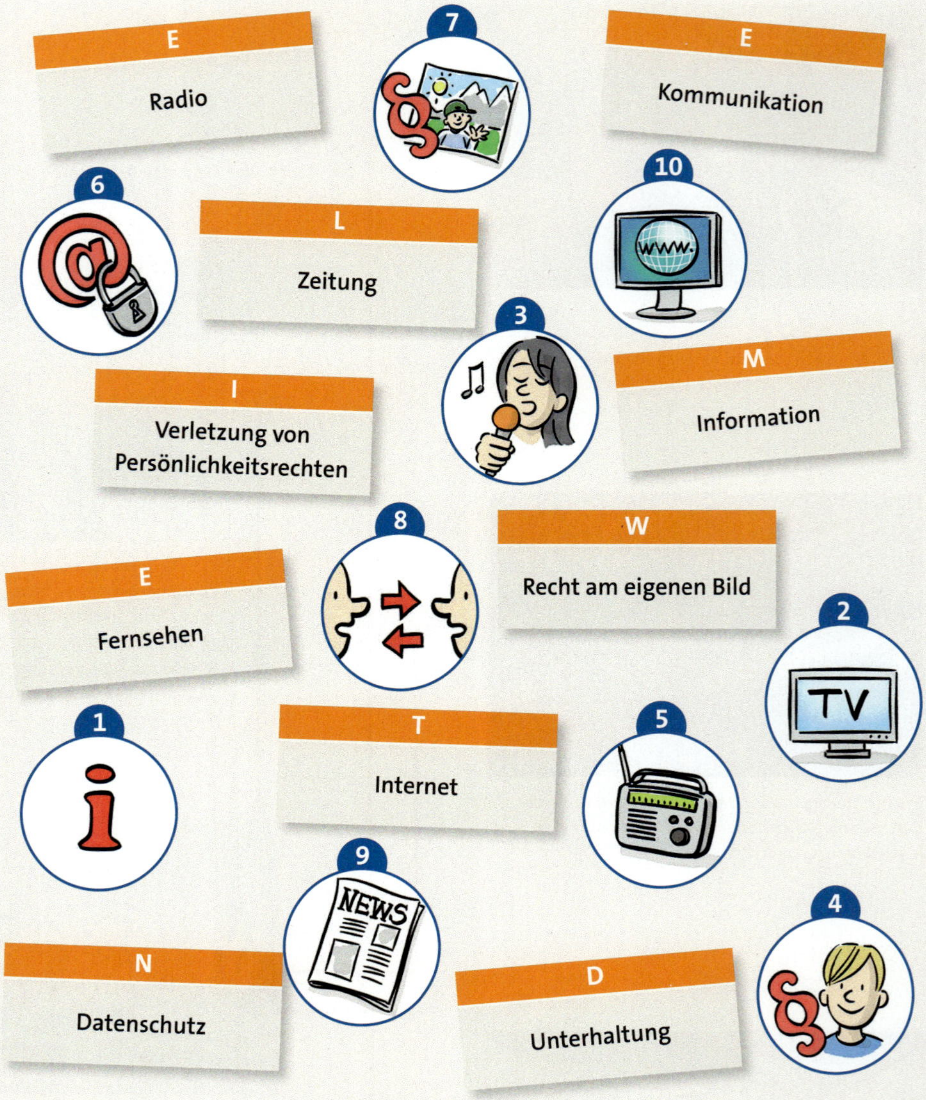

1 Ordne die Zeichnungen den richtigen Begriffen zu. Die Zahlen 1 bis 10 ergeben ein Lösungswort.

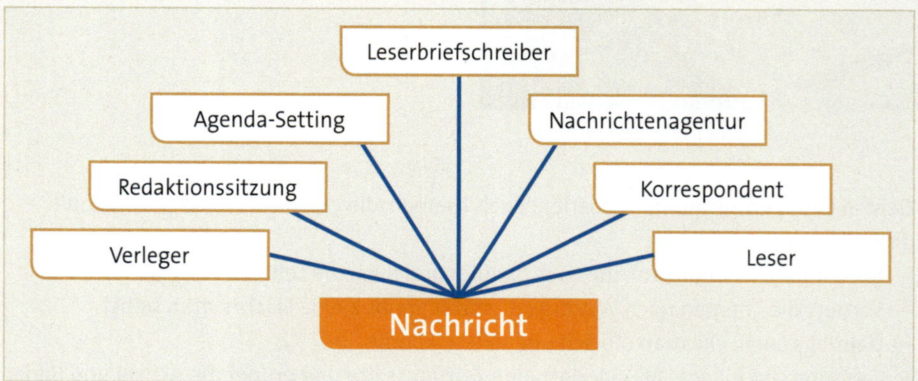

2 Diese sieben Begriffe haben alle mit der Entstehung und der Wirkung einer Nachricht zu tun. Erläutere.

M 1 Zeitungskrise

Ella ist jetzt 22 Jahre alt. Sie studiert Englisch und Spanisch, ist an Politik interessiert. Ella ist Tochter einer Lehrerin und eines Journalisten. Der Verleger eines Zeitungsverlages würde sagen: Ella gehört zur Hauptzielgruppe von morgen. Wenn er da mal nicht falschliegt: Die junge Frau hat noch nie in ihrem Leben eine Zeitung gekauft.

In der Familie, in der Ella aufgewachsen ist, wurde immer Zeitung gelesen: die überregionale Zeitung, dazu das Lokalblatt, am Montag oft der „Spiegel" und gelegentlich der „Kicker".

Ella kauft keine Zeitung, aber gelegentlich liest sie Zeitung. Damit ist sie im Einklang mit den Mitstudenten aus ihrem Freundeskreis. Die lesen auch alle selten bis nie Zeitung. Gerade noch zehn Minuten am Tag widmen die 14- bis 29-Jährigen heute im Schnitt dem Zeitungslesen. Ihre Eltern reservieren dafür dreimal so viel Zeit.

Ellas Tag beginnt mit dem Griff nach dem Smartphone, das immer neben ihrem Bett liegt. Sie prüft, ob sie neue Whatsapp-Nachrichten bekommen hat, und geht auf Facebook. Zum Duschen hört sie gerne Musik, die von Spotify kommt. Danach und manchmal schon vor dem Duschen stellt sie den Fernseher an fürs Morgenmagazin. Dort folgt sie sogar den Nachrichten. Sie will schon wissen, was los ist in der Welt. Im Lauf des Tages kommt sie deshalb gelegentlich auf tagesschau.de oder heute.de vorbei. Manchmal schaut sie auf dem Handy auch die Tagesschau.

Ella ist eine Gefahr für die Verlage, unmittelbar und langfristig.

Patrick Bernau u.a., www.faz.net/aktuell/wirtschaft/unternehmen/zeitungen-in-der-krise-medienwandel-und-internet-13089556-p9.html?printPagedArticle=true#pageIndex_9 (Zugriff: 1.11.2016)

10. August 2016

Sehr geehrte Damen und Herren,

heute habe ich Ihren Artikel „Zeitungskrise" gelesen. Sie schreiben, Jugendliche interessieren sich immer weniger für Zeitungen und nutzen sehr viel mehr andere Medien.
Mein Name ist ..., ich gehe in die 7. Klasse der ... .
Viele Jugendliche in meinem Alter interessieren sich für ...

Mit freundlichen Grüßen

M 2 Einen Leserbrief formulieren

Ich kann Informationen gewinnen und aufbereiten.

1 Lies dir den Text **M 1** durch und beschreibe die Mediennutzung von Ella.

Ich kann Probleme und Konflikte analysieren.

2 Vergleiche, wie unterschiedlich Ella und ihre Eltern Zeitungen nutzen.

3 Erläutere, welche Folgen der veränderte Medienkonsum Jugendlicher und junger Erwachsener für die Verlage hat.

Ich kann mir ein begründetes Urteil bilden.

4 „Ella ist eine Gefahr für die Verlage." Beurteile diese Aussage.

Ich kann mitreden und aktiv werden.

5 Verfasse einen Leserbrief an die Redaktion der Frankfurter Allgemeinen Zeitung (faz), in dem du Vorschläge machst, mit welchen Inhalten Zeitungen für Jugendliche interessanter werden würden.

KAPITEL 6

Rechtliche Stellung des Jugendlichen und Rechtsordnung

Beschreibe, in welchen Situationen Jugendliche mit dem Gesetz in Konflikt kommen können.

In diesem Kapitel lernst du,

- *wie der Staat Jugendliche in der Öffentlichkeit schützt;*
- *welche Grundsätze ein Rechtsstaat erfüllen muss;*
- *warum Jugendliche rechtlich anders behandelt werden als Erwachsene;*
- *wie rechtliche Regelungen das friedliche Zusammenleben in Deutschland schützen.*

◄ Zwei Polizisten kontrollieren am 7.2.2013 während einer Fasnetsveranstaltung in Riedlingen die Taschen von Jugendlichen auf Alkohol.

Jugendkriminalität: Werden Jugendliche immer krimineller?

Wenn man die Zeitung aufschlägt oder Nachrichten sieht, hat man den Eindruck, dass jugendliche Straftäter immer brutaler werden. Kommt es zu solchen Übergriffen, wird von Politikern, Medien oder der Öffentlichkeit oft ein stärkeres Durchgreifen gefordert. Häufig beginnen Karrieren von sogenannten Intensivstraftätern* bereits in jungen Jahren.

* **Intensivstraftäter** Bezeichnung für Mehrfach- bzw. Wiederholungstäter, d. h. Täter, die in kurzer Zeit mehrfach kriminell in Erscheinung treten. Sie unterscheiden sich von nur gelegentlich kriminell handelnden oder rückfällig werdenden Tätern durch eine besonders hohe Gefährlichkeit für die Gesellschaft aufgrund von Art, Schwere und Häufigkeit der verübten Straftaten.

M 1 Jugendliche Straftäter

M 2 Letzter Warnschuss U-Haft

14-jährige Intensivstraftäter

Holger und sein Zwillingsbruder Andreas (beide Namen geändert) beschenken sich Anfang Dezember 2012 selber. Wenige Tage nach ihrem 14. Geburtstag steigen sie nachts in ein Pforzheimer Autohaus ein, schnappen sich die Schlüssel von zwei Wagen und fahren los. Der Spaß ist nur von kurzer Dauer, denn nach wenigen Stunden klicken die Handschellen. Für die beiden Jungs ist offenbar weder so ein Einbruch noch die anschließende Begegnung mit der Polizei etwas Besonderes. Seit Jahren schon sollen sie laut Staatsanwaltschaft in Häuser und Wohnungen eingebrochen sein, in Geschäften geklaut und randaliert haben. Die eine oder andere Prügelei soll auch dabei gewesen sein. Bis zu ihrem 14. Geburtstag soll jeder der beiden Jungganoven bereits mehr als 40 Straftaten begangen haben. Obwohl das Wort „Straftaten“ streng genommen nicht stimmt. Bisher galten Holger und Andreas immer nur als „Straftatverdächtige“, denn sie waren stets jünger als 14 Jahre und damit strafunmündig. Die Polizei musste sie immer laufen lassen. Vor Gericht standen sie nie – geschweige denn haben sie jemals ein Gefängnis von innen gesehen.

http://www.stern.de/panorama/stern-crime/14-jaehrige-intensivstraftaeter-letzter-warnschuss-u-haft-3116910.html (Malte Arnsperger, Zugriff: 5.12.2016)

Über Jugendliche wurde zu allen Zeiten geklagt – auch, dass ihr Verhalten immer schlimmer und für die Gesellschaft gefährlicher werde. Diese „gefühlte“ Kriminalität stimmt aber mit der Realität häufig nicht überein. Sie hat sehr viel mehr mit den Berichten in den Medien zu tun.
Fragt man Schülerinnen und Schüler, welche Straftaten sie tatsächlich verübt haben, auch wenn sie dabei nicht erwischt wurden, ergibt sich folgendes Bild: Tatsächlich – je nach Art der Taten – haben teilweise bis zu 70 Prozent in den vergangenen zwölf Monaten mindestens eine der dort erfragten Taten verübt. Mit einer solchen Befragung kann man auch die von der Polizei nicht erfasste Dunkelziffer* an Straftaten ermitteln. Befragt wurden deutschlandweit stichprobenartig Schülerinnen und Schüler der Jahrgangsstufe 9 (siehe **M 3**).

Jugend immer schlimmer

Wann endlich härteres Jugendstrafrecht?

Bootcamp

Kuschelpädagogik gescheitert

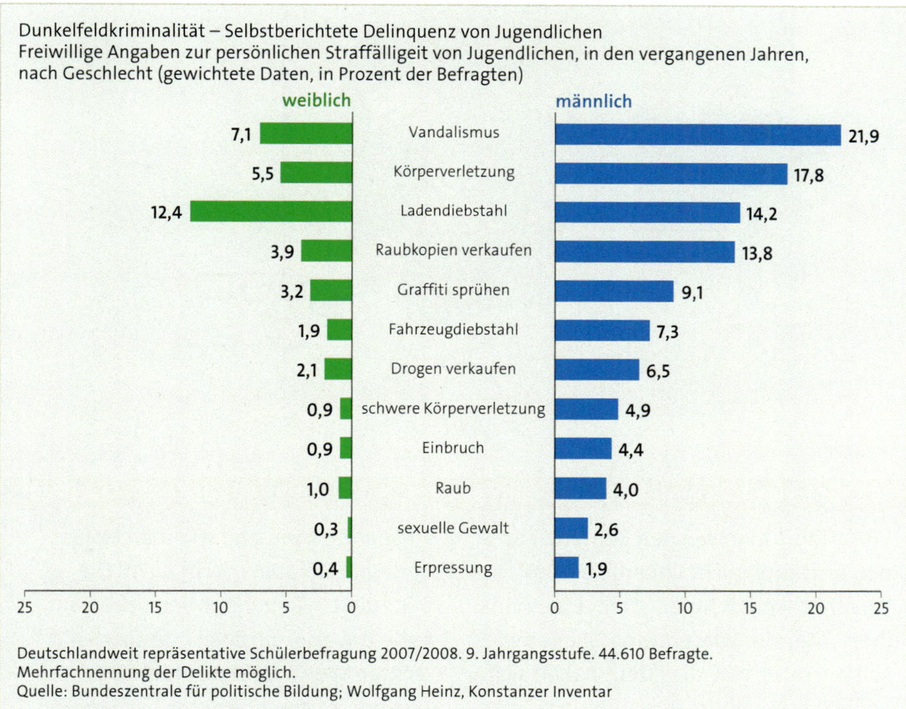

M 3 Dunkelfeldkriminalität unter Jugendlichen

* **Dunkelziffer**
Nicht jedes Vergehen wird angezeigt oder überhaupt entdeckt, d. h., es bleibt verborgen bzw. im Dunkeln. Die Dunkelziffer bezeichnet also eine Schätzung von Vergehen.

* **Delikt**
Handlung, die gegen das Gesetz verstößt, also strafbar ist

1 Lies dir **M 2** durch. Beschreibe, welche Taten die beiden Brüder verübt haben.
2 Erläutere, warum die Polizei sie immer wieder laufen lassen musste.
3 Analysiere das Schaubild **M 3**. Was fällt dir auf im Hinblick auf
- die Unterschiede zwischen Jungen und Mädchen,
- die Häufigkeit bestimmter Delikte*,
- das Verhältnis von „leichten“ zu „schweren“ Delikten?

4 Sind solche Delikte wie in **M 2** beschrieben unter Jugendlichen normal oder eher die Ausnahme? Überlegt gemeinsam.
5 Eigentlich sollten Zeitungen neutral über Jugendkriminalität berichten. Beurteile, ob das in **M 2** gelungen ist oder ob aus dem Text die Haltung des Journalisten deutlich wird.
TIPP S. 211

Wenn man sich mit kriminell gewordenen Jugendlichen beschäftigt, stellt sich die Frage, wie man vielleicht schon im Vorfeld Straftaten verhindern kann. Dazu muss man aber wissen, weswegen Jugendliche wie in unserem Beispiel Holger und Andreas überhaupt kriminell werden.

M 1 Holger und Andreas auf Raubzug

M 2 Entwicklung zum Intensivtäter – Holger und Andreas auf der schiefen Bahn

Viel erfährt man von den Behörden und den Anwälten nicht über die beiden. Der Persönlichkeitsschutz* steht angesichts ihres Alters im Vordergrund. Die Familie soll zerrüttet sein, die Eltern haben sich angeblich kaum um ihre Jungs gekümmert. Diese fehlende Beachtung und die ewige Langeweile zu Hause waren offenbar ein Grund dafür, dass die Zwillinge vor einigen Jahren damit begannen, sich auf wenig sinnvolle Art zu beschäftigen.

Jugendliche Intensivstraftäter

Im März 2011, Holger und Andreas waren gerade mal zwölf Jahre alt, seien sie in Pforzheim bereits als jugendliche Intensivtäter geführt worden. Darunter falle jeder, der mindestens drei Gewalttaten oder zehn andere Straftaten begangen habe.

Einsperren kann und will man Holger und Andreas aber (noch) nicht. Die Behörden in Pforzheim versuchen auf andere Weise, die Zwillinge auf den rechten Weg zurückzuführen. Das Jugendamt steht öfter bei der Familie auf der Matte, die Jungs landen nach ihren Taten sogar mehrmals in geschlossenen Heimen. Doch das beeindruckt die Zwillinge wenig. Stets büxen sie nach wenigen Tagen aus, treffen sich und gehen wieder auf Raubzug, oft zu zweit, manchmal dürfen auch Kumpels mitmachen. „Es bedarf dazu schon einer großen kriminellen Energie und sehr geringem Unrechtsbewusstsein", sagt Polizeisprecherin Logotheti.

www.stern.de/panorama/stern-crime/14-jaehrige-intensivstraftaeter-letzter-warnschuss-u-haft-3116910.html (M. Arnsperger, Zugriff: 5.12.2016)

* **Persönlichkeitsschutz**
Jeder Mensch hat das Recht, dass man nicht zu viel über ihn erfährt, auch Straftäter. Nur so kann es gelingen, dass man im Leben eine zweite Chance erhält. Außerdem soll verhindert werden, dass z. B. Familienmitglieder von der Öffentlichkeit belästigt werden.

Entwicklungstheorie *

Regelverletzungen sind vor allem bei Jugendlichen weit verbreitet. Im Kindes- und Jugendalter werden Straftaten leichter bis mittlerer Art häufiger begangen als im Erwachsenenalter. Regeln, wie vieles andere auch, müssen erst erlernt werden. Sie werden nicht einfach so von den Jugendlichen verstanden. Durch Lebenserfahrung und durch Lob und Kritik des Umfelds können sie angeeignet werden. Eltern, die Schule und zum Beispiel die Clique spielen hier eine wichtige Rolle. „Learning by doing" gilt auch hier.

Sozialisationstheorie *

Sich wiederholende Kriminalität ist häufig eine Folge nicht gelungener Sozialisation von den ersten Kindheitsjahren an. In dieser Zeit wird die Entwicklung des Menschen maßgeblich vorbestimmt. Unter Sozialisation versteht man das Erlernen von Regeln und Werten einer Gesellschaft durch Eltern und enge Verwandte, aber auch durch Freunde, die Schule oder zum Beispiel den Sport- oder Musikverein. Fehlentwicklungen, die auch in Kriminalität einmünden können, sind häufig hier bereits angelegt. Fehlt in der Kindheit beispielsweise eine dauerhafte Bezugsperson, hat das Folgen für die weitere Entwicklung

Bei falscher Erziehung, bei Lieblosigkeit durch die Eltern oder auch bei überzogener Verwöhnung kann es dazu kommen, dass Jugendliche sich später schwer tun, Regeln einzuhalten, die Folgen ihrer Handlung abzusehen oder Mitgefühl für Opfer zu entwickeln.

* **Entwicklungstheorie** und **Sozialisationstheorie** versuchen zu erklären, warum Jugendliche in die Kriminalität abgleiten. Dabei beschreiben die beiden Theorien nur bestimmte Risiken, denen Jugendliche ausgesetzt sind. Jeder Mensch kann seinen Weg durch eigene Entscheidungen selbst beeinflussen.

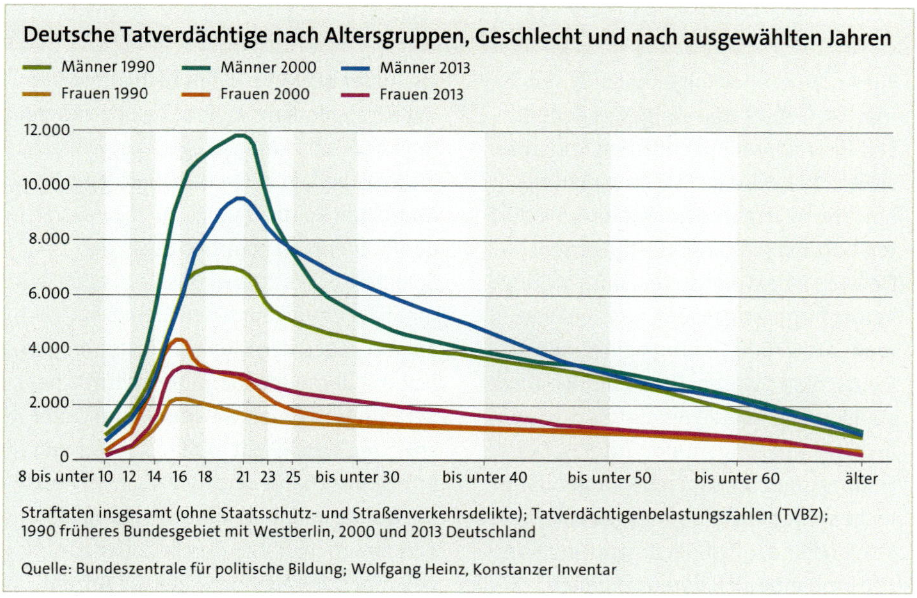

M 3 Kriminalität im Altersverlauf

1 Beschreibe die Entwicklung von Holger und Andreas zu jugendlichen Intensivtätern (M 2).

2 Nenne mögliche Ursachen, warum die beiden kriminell wurden.

3 Erläutere mithilfe der Entwicklungstheorie und der Sozialisationstheorie, weswegen die beiden auf die schiefe Bahn gerieten. TIPP S. 211

4 Analysiere das Schaubild M 3. Welche Schlüsse lassen sich daraus in Bezug auf Holger und Andreas ziehen? TIPP S. 211

5 Aus einer schwierigen Kindheit entsteht nicht automatisch ein straffälliger Jugendlicher. Erläutere diese Behauptung.

Sie verübten Einbrüche, klauten, randalierten. Nach 40 Straftaten sitzt ein 14-jähriges Zwillingspaar nun erstmals in Untersuchungshaft. An diesem Fall sieht man, wie schwierig der Umgang mit jugendlichen Intensivtätern sein kann.

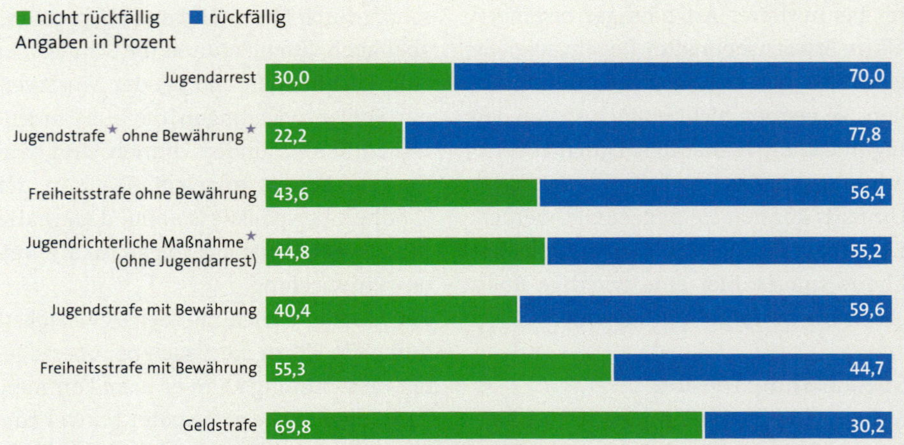

Quelle: Jehle/Heinz/Sutterer, Legalbewährung nach strafrechtlichen Sanktionen, 2003; Heinz, Zeitschrift für Jugendkriminalität und Jugendhilfe 2004, S. 42

M1 Rückfälligkeit nach strafrechtlichen Sanktionen (in Prozent)

M2 Untersuchungshaft in Stuttgart-Stammheim

Für Andreas und Holger hat sich seit ihrem 14. Geburtstag einiges geändert. Seit ihrer vorweihnachtlichen Spritztour sitzen die Zwillinge in Untersuchungshaft* in Stuttgart-Stammheim. Sie dürften dort die jüngsten Häftlinge sein. Denn es ist extrem selten, dass so junge Verdächtige eingesperrt werden. Von mehr als 60 000 Gefängnisinsassen in Deutschland waren 2012 nur 581 jünger als 18 Jahre, gerade einmal zwei waren im Alter von Holger und Andreas. Der Hauptgrund: Im deutschen Jugendstrafrecht steht der Erziehungsgedanke im Vordergrund, nicht die Bestrafung. Welche Probleme sich daraus ergeben können, zeigt der Fall aus Pforzheim.

Die Wurzel des Problems freilegen

Ein Polizeisprecher erklärt: „Wenn ein Kind oder ein Jugendlicher mehrfach auffällig wird, bleibt die Behandlung des Falles, außer bei Mord, beim Fachkommissariat für Jugendkriminalität.“ Nur so könne man auch strafunmündige Täter wirklich im Auge behalten. Großen Wert lege die Münchner Polizei darauf, „an die Wurzel des Problems zu kommen“, sagt der Sprecher. „Wir schauen uns dazu auch das familiäre Umfeld und den Freundeskreis an und geben den Eltern in Zusammenarbeit mit dem Jugendamt ein schriftliches Beratungsangebot, welches ihnen Unterstützung ermöglicht.“ Offensichtlich mit Erfolg: Insgesamt sind, wie auch im Rest der Bundesrepublik, in den vergangenen drei Jahren die Taten durch Kinder zurückgegangen. In München sank die Anzahl von 1679 auf 1427, deutschlandweit von gut 91 000 auf 85 000.

www.stern.de/panorama/stern-crime/14-jaehrige-intensivstraftaeter-letzter-warnschuss-u-haft-3116910.html (M. Arnsperger, Zugriff: 5.12.2016)

* **Jugendstrafe**
Die Jugendstrafe ist eine Freiheitsstrafe, die bei Jugendlichen (14–17 Jahre) oder Heranwachsenden (18–20 Jahre) verhängt wird, wenn bspw. eine besonders schwere Schuld besteht oder man davon ausgehen kann, dass sie immer wieder straffällig werden.

* **Bewährung**
In manchen Fällen, zum Beispiel wenn jemand noch nicht oft straffällig geworden ist, muss eine Strafe nicht im Gefängnis abgesessen werden, sondern kann zur Bewährung ausgesetzt werden. Man darf aber während der Bewährungszeit nicht wieder straffällig werden und muss sich regelmäßig bei der Polizei melden oder andere Auflagen erfüllen.

* **Jugendrichterliche Maßnahmen**
Unter Erziehungsmaßregeln versteht man erzieherische Maßnahmen, um auf eine Straftat eines Jugendlichen oder Heranwachsenden zu reagieren. Das können Sozialstunden, die Anordnung eines Anti-Aggressionstrainings oder die Einweisung in ein Heim sein. Zuchtmittel sollen dem Jugendlichen eindeutig klar machen, dass er Unrecht begangen hat. Dies sind z. B. Verwarnungen, die Auflage, sich beim Opfer zu entschuldigen, oder auch Jugendarrest, der maximal vier Wochen dauert und erzieherisch wirken soll.

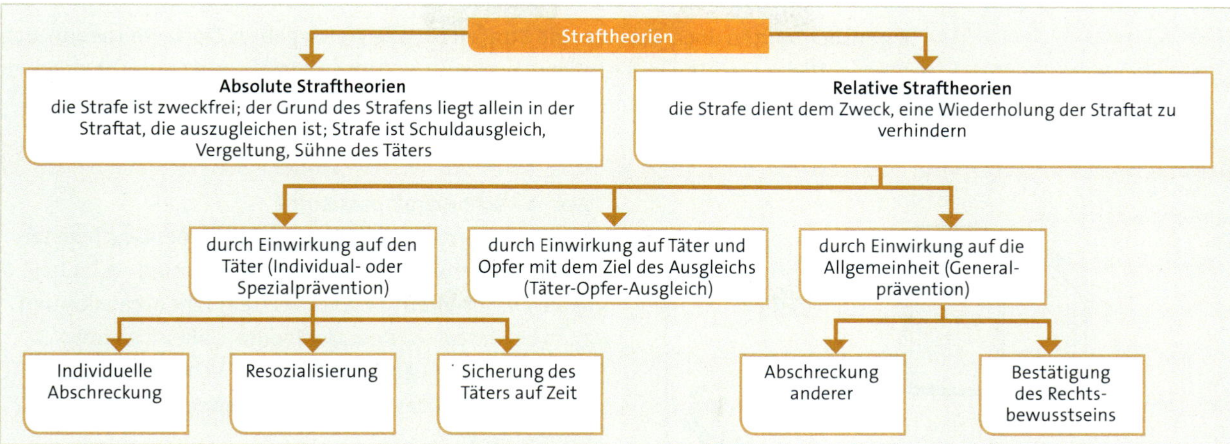

M 3 Straftheorien

M 4 Haus des Jugendrechts in Pforzheim

[...] Holger und Andreas wurden [im Haus des Jugendrechts] bald zum Thema einer großen Fallkonferenz. Staatsanwalt Christoph Reichert sagt: „Die Polizei hat ihnen in den vergangenen Monaten immer wieder klar die rote Karte gezeigt und ihnen gesagt, dass es ernst wird, wenn sie über 14 Jahre alt sind."

Wegsperren bringt wenig

[...] Staatsanwalt Reichert: „Es ist erschreckend, wie wenig sich diese Jungs beeindrucken ließen. [...] Wir hatten keine Wahl mehr, als sie nun in U-Haft zu stecken, obwohl die letzte Tat an sich nicht so spektakulär war." Richtig wohl ist dem Staatsanwalt nicht dabei. „Man tut Jugendlichen eigentlich keinen Gefallen damit, wenn mit 14 der große Hammer kommt." Damit spricht er dem Jugendexperten Holthusen aus der Seele. Der hält ebenfalls sehr wenig davon, Jugendliche so früh einzusperren. „Wegsperren verlagert das Problem nur und es führt eher zu größerer Straffälligkeit. Die Rückfallquoten liegen bei 60 bis 70 Prozent." Aber auch ihm ist klar: „Wenn ein Kind oder ein Jugendlicher immer wieder auffällig wird und es nie Konsequenzen gibt, dann tritt irgendwann ein unerwünschter Lerneffekt ein. Diese Spirale muss man unterbrechen." Holthusen rät dazu, so individuell wie möglich auf die Problemkids einzugehen. Denn jedes Kind, jeder Jugendliche habe bestimmte Träume und Wünsche. „Dort muss man sie abholen und ihnen eine Perspektive außerhalb der Kriminalität aufzeigen. Man darf ihr Verhalten nicht entschuldigen, aber man muss versuchen, sie zu verstehen. Nur so kann man junge Straftäter langfristig auf den rechten Weg zurückbringen."

www.stern.de/panorama/stern-crime/14-jaehrige-intensivstraftaeter-letzter-warnschuss-u-haft-3116910.html (M. Arnsperger, Zugriff: 5.12.2016)

★ **Untersuchungshaft**
Die Untersuchungshaft kann durch einen Richter angeordnet werden, wenn verhindert werden soll, dass Tatverdächtige weitere Straftaten begehen, oder wenn die Ermittlungen der Polizei behindert würden. Die Zeit in der U-Haft wird auf ein eventuelles Strafmaß nach einer Verurteilung angerechnet.

1 Beschreibe, warum so wenige Jugendliche im Gefängnis sind. (**M 2**)

2 Erkläre, welchen Zweck Strafen haben sollen.

3 Erläutere, welche jugendstrafrechtlichen Sanktionen es gibt.

4 Erläutere, welche jugendstrafrechtlichen Sanktionen im Fall der beiden Zwillinge angewandt wurden. (**M 4**)

5 Welche der jugendstrafrechtlichen Sanktionen sind besonders sinnvoll? Beziehe **M 1** in deine Überlegungen mit ein. Begründe deine Meinung. TIPP *S. 211*
- a Welche Maßnahmen wirken für Täter abschreckend?
- b Welche Maßnahmen findest du gerecht, also angemessen?
- c Wie wirken die Maßnahmen auf die Bevölkerung?

Warum werden Kinder und Jugendliche anders behandelt als Erwachsene?

Eigentlich sollten doch Gesetze und Strafen für alle gleich gelten. Doch wenn man sich die rechtliche Stellung von Kindern, Jugendlichen und Erwachsenen ansieht, ergeben sich erhebliche Unterschiede. Ist Recht also nicht gleich Recht?

M 1 Jugendliche beim „Abziehen".

Was soll schon groß passieren?

David und Pascal gehen in die 8. Klasse der Geschwister-Scholl-Realschule. Seit ein paar Wochen sind sie 14 Jahre alt. Davids Eltern sind seit letztem Jahr arbeitslos und auch bei Pascal sitzt der Geldbeutel daheim nicht so locker. Da hatten andere Mitschüler schon mehr Glück. Paul hat immer das neueste Smartphone und Markenklamotten an.
„Komm, lass uns dem sein Smartphone abziehen, der hat doch eh genug Kohle", sagt David zu seinem Kumpel. „Ich weiß nicht, das ist doch verboten", wendet Pascal ein. „Ist doch egal, der kauft sich doch dann eh gleich ein neues, oder die Versicherung bezahlt es ihm." Pascal ist noch nicht überzeugt: „Und wenn er uns anzeigt?" „Was soll uns schon passieren, wir sind noch Jugendliche und nicht volljährig. Außerdem wird er die Klappe halten, sonst bekommt er von uns Schläge."

Rechtsfähigkeit

Rechtsfähigkeit bedeutet, dass jeder Mensch Rechte und Pflichten hat. Weil man mit zunehmendem Alter eher einschätzen kann, welche Folgen das eigene Handeln hat, werden im Recht verschiedene Altersstufen unterschieden. In diesen sind Rechte und Pflichten jeweils geregelt.

Die Rechtsfähigkeit des Menschen beginnt im Prinzip mit der Geburt. Auch ein Säugling hat Rechte wie das Recht auf Leben, Schutz, Versorgung und körperliche Unversehrtheit.

Verstoßen Eltern gegen diese Rechte, indem sie ihr Kind beispielsweise schlagen, greift der Staat ein und sorgt so für den dem Kind zustehenden Schutz. Generell ist deswegen Gewalt in der Erziehung verboten.

Kinder können aber auch Eigentum erwerben oder zum Beispiel eine Erbschaft machen. Bei Minderjährigen üben die Eltern stellvertretend für ihre Kinder diese Rechte in deren Interesse aus.

Deliktfähigkeit und Strafmündigkeit

Wenn Kinder unter 7 Jahren eine Sache beschädigen oder durch eine Unachtsamkeit zum Beispiel ein Unfall geschieht, dann haften sie oder ihre Eltern nicht für den entstandenen Schaden. Wegen ihres Alters können sie für ihre Handlungen nicht haftbar gemacht werden, sie sind nicht **deliktfähig**. Wer den Schaden hat, geht deswegen häufig leer aus.

Kindern zwischen 7 und 14 Jahren können nicht im rechtlichen Sinn bestraft werden. Auch hier geht man davon aus, dass in diesem Alter noch kein Verständnis dafür da ist, dass man sich für seine Handlungen strafrechtlich zum Beispiel vor Gericht verantworten muss. Die **Strafmündigkeit** tritt erst mit 14 Jahren ein. Ab diesem Alter muss man für eine Straftat vor der Öffentlichkeit, vor der Gesellschaft, einstehen. Jugendliche zwischen 14 und 18 Jahren gelten als beschränkt strafmündig. Sie erwarten mildere Strafen als Erwachsene.

Bei Strafen für Täter zwischen 18 und 21 Jahren entscheidet das Jugendgericht, ob die Täterin oder der Täter bereits nach Erwachsenen-Strafrecht oder noch nach Jugendstrafrecht belangt wird. Das hängt davon ab, ob sie oder er dem Verhalten nach noch eher als Heranwachsende/-r einzustufen ist.

M 2 Überblick über Rechte und Pflichten nach Altersstufen

Lebensalter	Rechtsstellung	Gesetzliche Grundlage
Geburt	Grundrechte, Menschenrechte	Grundgesetz
6–18	Schulpflicht	Schulgesetz
7	beschränkte Deliktfähigkeit	Bürgerliches Gesetzbuch (BGB)
14	beschränkte Strafmündigkeit	Jugendgerichtsgesetz (JGG)
	Religionsmündigkeit	Gesetz über religiöse Kindererziehung
	Ende des Beschäftigungsverbots	Jugendarbeitsschutzgesetz
16	Ehefähigkeit	Ehegesetz
	Besuch von Gaststätten	Jugendschutzgesetz
18	Volljährigkeit	BGB
	volle Deliktfähigkeit	BGB
	Strafmündigkeit	JGG
	Ehemündigkeit	Ehegesetz
	aktives und passives Wahlrecht*	Grundgesetz
21	volle Strafmündigkeit	JGG
25	Befähigung zum Schöffen*	Gerichtsverfassungsgesetz
40	Wahl zur Bundespräsidentin/ zum Bundespräsidenten möglich	Grundgesetz

* **aktives und passives Wahlrecht**
Aktives Wahlrecht bedeutet, dass man selbst wählen darf, also beispielsweise das Europaparlament oder den Deutschen Bundestag. Dass man sich selber als Kandidat aufstellen lassen kann, um bei einer Wahl gewählt zu werden, bezeichnet man als passives Wahlrecht.

* **Schöffen**
Das sind ehrenamtliche Laienrichter ohne juristische Ausbildung, die als Beisitzer in der Hauptverhandlung im Strafprozess mitwirken. Sie sind unabhängig und haben das gleiche Stimmrecht wie die Berufsrichter.

1 Lies dir **M 1** durch. Beschreibe, was die beiden planen.

2 Hat David Recht? Begründe.

3 Überprüfe mithilfe der Tabelle **M 2** folgende Fälle:
- Eine Familie beschließt, ihre Kinder zu Hause selbst zu unterrichten.
- Lotta, 13 Jahre, nimmt im Sommer einen Ferienjob an.
- Theo, 16 Jahre, möchte mit gleichaltrigen Freunden eine Gaststätte besuchen.
- Kira, 6 Jahre, beschädigt auf dem Parkplatz ein Auto. Müssen die Eltern den Schaden bezahlen?
- Moritz, 12 Jahre, stiehlt in einem Supermarkt Süßigkeiten.
- Ioannis, 18 Jahre, hat seit einigen Monaten seinen Führerschein und verursacht einen Auffahrunfall, weil er betrunken ist.

4 Erkläre folgende Begriffe mit eigenen Worten: Rechtsfähigkeit, Deliktfähigkeit, Strafmündigkeit.

5 Erkläre, warum das Recht Kinder und Jugendliche besonders behandelt.

David und Pascal (siehe S. 90) haben trotz einiger Bedenken Paul dazu gezwungen, ihnen sein Smartphone zu geben, ihm gedroht, ihn zu verprügeln, wenn er petzt, und ihm als Warnung seinen Fahrradreifen zerstochen. Paul hat sich aber nicht einschüchtern lassen und sich seiner Klassenlehrerin anvertraut. Neben schulischen Konsequenzen haben die Eltern von Paul Strafanzeige gestellt.

M 1 Aus dem Strafgesetzbuch

Delikt	Merkmale der Tat
§ 223 StGB Körperverletzung	(1) Wer eine andere Person körperlich misshandelt oder an der Gesundheit schädigt, wird mit Freiheitsstrafe bis zu fünf Jahren oder mit Geldstrafe bestraft. (2) Der Versuch ist strafbar.
§ 240 StGB Nötigung	(1) Wer einen Menschen rechtswidrig mit Gewalt oder durch Drohung mit einem empfindlichen Übel zu einer Handlung, Duldung oder Unterlassung nötigt, wird mit Freiheitsstrafe bis zu drei Jahren oder mit Geldstrafe bestraft.
§ 241 StGB Bedrohung	1) Wer einen Menschen mit der Begehung eines gegen ihn oder eine ihm nahestehende Person gerichteten Verbrechens bedroht, wird mit Freiheitsstrafe bis zu einem Jahr oder mit Geldstrafe bestraft.
§ 249 StGB Raub	(1) Wer mit Gewalt gegen eine Person oder unter Anwendung von Drohungen mit gegenwärtiger Gefahr für Leib oder Leben eine fremde bewegliche Sache einem anderen in der Absicht wegnimmt, die Sache sich oder einem Dritten rechtswidrig zuzueignen, wird mit Freiheitsstrafe nicht unter einem Jahr bestraft.
§ 255 StGB Räuberische Erpressung	Wird die Erpressung durch Gewalt gegen eine Person oder unter Anwendung von Drohungen mit gegenwärtiger Gefahr für Leib oder Leben begangen, so ist der Täter gleich einem Räuber zu bestrafen.
§ 303 StGB Sachbeschädigung	(1) Wer rechtswidrig eine fremde Sache beschädigt oder zerstört, wird mit Freiheitsstrafe bis zu zwei Jahren oder mit Geldstrafe bestraft.

Rechtstexte verstehen

Wenn man selber kein Jurist* ist, fällt es einem manchmal schwer, Gesetze zu verstehen. Juristen versuchen in einen Satz möglichst viel hineinzupacken und dabei doch alles präzise zu formulieren. Das ist wichtig, schließlich geht es darum, dass jemand Recht bekommt und ein anderer bestraft werden soll.

Um Rechtstexte zu verstehen, muss man sie in kleine Abschnitte einteilen.

* **Jurist**
Jemand, der Rechtswissenschaften – das nennt man auch Jura – studiert hat, bezeichnet man als Juristin oder Jurist. Das können Richter, Staatsanwälte oder Rechtsanwälte sein. Manche Juristen arbeiten aber auch in der Rechtsabteilung einer großen Firma oder in Behörden.

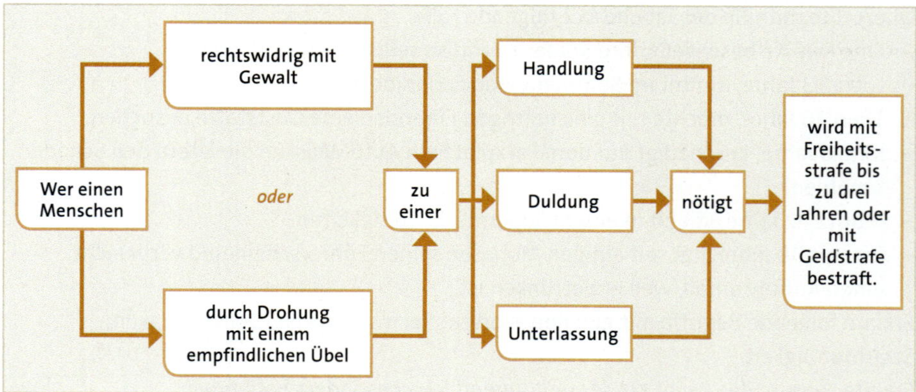

M 2 § 240 StGB Nötigung

M 3 Der Täter-Opfer-Ausgleich

Wenn das Opfer oder der Täter einer Straftat es wollen, können sie nach dem Gesetz einen Täter-Opfer-Ausgleich machen, unabhängig davon, um welche Straftat es sich handelt.
Dabei können sie einen neutralen Vermittler in Anspruch nehmen, der sie bei der Aufarbeitung der Tat, bei der Befriedung des Konflikts und bei der Aushandlung der Wiedergutmachung unterstützt.
Es ist dann Sache der Staatsanwaltschaft oder des Gerichts, wie sie dieses Ergebnis bewertet. Eine Einstellung des Verfahrens ist bei ganz schweren Straftaten nicht möglich, da kommt dann noch eine Verhandlung, aber in den vielen anderen Fällen schon. Oft regt die Polizei oder die Staatsanwaltschaft einen solchen Täter-Opfer-Ausgleich auch an.

Wie verläuft ein Täter-Opfer-Ausgleich?
Vorgespräche: Meist werden getrennte Vorgespräche geführt, um herauszufinden, ob die Opfer und Täter das wirklich wollen. Nur dann macht es ja Sinn, weiterzumachen. Dabei wird erfragt, um was es den Opfern in erster Linie geht (Wiedergutmachung, Entschuldigung, Erklärung, Schlussstrich usw.) und was sie unbedingt besprechen wollen.

Gemeinsame Gespräche:
In weiteren gemeinsamen Gesprächen werden die offenen Fragen besprochen und eine Wiedergutmachung ausgehandelt. Das kann eine Schmerzensgeldzahlung und/oder Schadensersatz sein. Aber auch jede andere Form der Wiedergutmachung ist denkbar und hängt von den Vorstellungen und Möglichkeiten der Betroffenen ab.
Vereinbarung: Am Schluss steht eine Vereinbarung, die für beide Seiten verbindlich ist. Die Ergebnisse des Gesprächs werden festgehalten und Höhe und Art der materiellen Wiedergutmachung aufgeschrieben. Dieses Ergebnis wird dann der Justiz mitgeteilt und die entscheidet dann, ob das Verfahren eingestellt oder der Täter-Opfer-Ausgleich dazu beitragen kann, dass die Strafe geringer ausfällt.
Wichtig ist: Wenn man miteinander reden, die Sache regeln und als Täter Verantwortung übernehmen möchte, sollte man sich überlegen, ob ein Täter-Opfer-Ausgleich infrage kommen könnte.

http://taeter-opfer-ausgleich.de/erklärt (Zugriff: 6.6.2016)

SCHLICHTEN STATT RICHTEN

Logo des Bundes Deutscher Schiedsmänner und Schiedsfrauen e. V. – BDS – www.schiedsamt.de
Zur Durchführung des Täter-Opfer-Ausgleichs sind sogenannte Ausgleichsstellen berechtigt. Dies können z. B. Träger der Jugendhilfe, die Gerichts- oder Bewährungshilfe sein. Auch Schiedsmänner und Schiedsfrauen können im Rahmen ihrer Zuständigkeiten damit beauftragt werden. Alle genannten Stellen garantieren, dass die Gespräche durch besonders geschulte Personen durchgeführt werden.

1 Beschreibe mithilfe der Paragrafen aus dem Strafgesetzbuch (StGB), welche Straftaten die beiden verübt haben. (**M 1**)

2 Erstelle für § 250 StGB Raub ein ähnliches Schaubild wie **M 2**.

3 Lies dir den Text **M 3** durch und überlege dir, welche Argumente für und welche gegen das Verfahren des Täter-Opfer-Ausgleichs sprechen.

4 Begründe: Sollte sich Paul (siehe S. 90) auf einen Täter-Opfer-Ausgleich einlassen?
TIPP *S. 211*

5 Rollenspiel (siehe S. 22/23): Spielt das Verfahren des Täter-Opfer-Ausgleichs nach.
Folgende Rollen müsst ihr besetzen:
- Paul
- David
- Pascal
- zwei Personen, die die Vorgespräche führen
- eine Person, die das gemeinsame Gespräch moderiert
- Staatsanwältin: entscheidet, ob das Verfahren eingestellt wird

M1 Schüler diskutieren Vor- und Nachteile von Teen-Courts*.

M2 Schülergerichte in Sachsen: Im Anklagesessel

Michael Sassimowitsch ist 18 und einer der dienstältesten Schülerrichter in Leipzig. Er verhandelt mit Ersttätern zwischen 15 und 18 Jahren darüber, welche Strafe für ihr Vergehen angemessen ist. Meistens landen bei ihm nur leichte Straftaten. Wenn zum Beispiel ein Jugendlicher Pralinen für seine Mutter geklaut hat oder ein Motorrad für eine Spritztour, dann müssen die Täter nicht immer sofort auf die harte Anklagebank eines sächsischen Landgerichts. Stattdessen dürfen sie sich in den weichen Sesselkissen in einer Leipziger Industriellenvilla niederlassen.

„Jugendliche im selben Alter finden oft einen leichteren Zugang zu den Beschuldigten", sagt Till Pietzcker. Er ist Sprecher des Justizministeriums in Sachsen, das sich die Idee mit den Schülergerichten vor vier Jahren hat einfallen lassen.

Bis zu Beginn des Schuljahrs gab es die Gerichte nur in drei sächsischen Städten auf Probe – in Leipzig, Zwickau und Bautzen. Jetzt soll das Projekt auch auf Görlitz und Chemnitz ausgeweitet werden. Denn die Erfahrungen seien gut. Gleichaltrige sähen Straftaten bestimmter Kategorien, wie zum Beispiel Ladendiebstähle oder Fahren ohne Fahrerlaubnis, häufig als sportliche Leistung an, für die sie sich Anerkennung erhoffen. „Eine missbilligende Reaktion durch Gleichaltrige kann hier eine positive Änderung des Unrechtsbewusstseins bewirken." Und das scheint in vielen Fällen tatsächlich zu funktionieren.

Ben sitzt zusammengesunken auf den weißen Polstern im Jugendhaus. Michael und zwei andere Schülerrichterinnen sitzen um ihn herum an einem niedrigen Tisch und schauen ihn erwartungsvoll an. Ben schluckt, holt Luft und geht in Gedanken zurück an jenen Tag im Kaufhaus in der Leipziger Innenstadt.

Als er da stand, zwischen den Regalen, und das Computerspiel sah. Als es plötzlich nichts Wichtigeres mehr gab, und er es nur noch haben wollte. Im Portemonnaie war nicht mehr genug Geld dafür. Aber das tat der fast körperlich fühlbaren Lust auf das Spiel keinen Abbruch. Er schaute nach rechts und links, kein Verkäufer da, und schon steckte die DVD im Anorak.

www.spiegel.de/schulspiegel/leben/schueler gerichte-in-sachsen-im-anklagesessel-a-718863.html, Greta Taubert (Zugriff: 5.12.2016)

* **Teen-Courts**
Die in Schülergerichten mitwirkenden Schüler sind in der Regel zwischen 14 und 19 Jahren alt. Die Beteiligung ist freiwillig und ehrenamtlich, sie erhalten aber eine Schulung.
Die verhandelten Fälle müssen bestimmte Voraussetzungen erfüllen:
Der jugendliche Straftäter muss zwischen 14 und 18 Jahre alt sein, die kriminelle Handlung darf nur einen minder schweren Fall darstellen, der Täter muss geständig und der Tathergang genau geklärt sein und das Einverständnis zur Verhandlung vor dem Schülergericht muss vom jugendlichen Straftäter und seinen Erziehungsberechtigten erteilt worden sein.
Wo gibt es Teen-Courts?
In Bayern, Hessen, Nordrhein-Westfalen, Sachsen, Sachsen-Anhalt und Baden-Württemberg gibt es an einzelnen Orten solche Schülergremien. Im baden-württembergischen Kehl wird das Konzept auch bei strafunmündigen Kindern, also bei unter 14-Jährigen, erprobt.

M 3 Späte Einsicht

„Das war Scheiße", sagt Michael, und über seiner Nase kerbt sich eine Falte. Seine Augen hinter der schwarz gerahmten Brille gucken jetzt ernst. „Ich weiß das ja", sagt Ben, „besser als ihr euch vorstellen könnt." Seine Eltern hatten ihm wochenlanges PC-, Fernseh- und Ausgehverbot erteilt. Dem Fußballtrainer hatten sie es sogar erzählt, was dann schnell die Runde unter seinen Kickerfreunden machte. Seitdem hänselt ihn der ganze Verein.

„So was möchte ich mir nicht noch mal antun", sagt Ben, und die Stimme fällt auf Flüsterniveau. „Was würdest du als Strafe vorschlagen?", fragt Michael, und Ben erzählt davon, wie er die jüngsten Fußballer trainieren möchte. Ihnen wieder ein Vorbild sein könnte. Es auch dort im Verein wieder ausbügeln möchte.

„Ich finde, Ben hat schon ziemlich viel Bestrafung durch seine Eltern erfahren", sagt Michael zu seinen zwei Kolleginnen, als der Beschuldigte den Raum verlassen hat. „Wir sollten ihm in seinem Vorschlag für die Strafe folgen." Die Richter dürfen nicht mehr als 15 Sozialstunden verhängen. Schwerere Fälle bekommen sie auch gar nicht von der Staatsanwaltschaft übermittelt.

Meistens wollen sie den Beschuldigten aber dazu motivieren, sich mit seiner Tat in kreativer Weise auseinanderzusetzen. Er mag HipHop? Soll er einen Rap darüber schreiben, wie es dem Typen geht, dem er das Motorrad geklaut hat. Sie kann malen? Sie könnte einen Comic darüber zeichnen, wie es in dem Tante-Emma-Laden nach dem Diebstahl weitergeht. Er ist in der Theatergruppe? Dann wäre doch ein Stück im Altenheim denkbar.

„Die Schülerrichter haben da freie Befugnis", sagt Rainer Dietrich. Der Sozialarbeiter betreut die elf Leipziger Schülerrichter und sitzt bei jeder Verhandlung etwas abseits, um notfalls eingreifen zu können. „Das musste ich aber bisher noch nie", sagt Dietrich. „Die Schülergerichte sind für die Jugendlichen ja eine große Chance."

http://www.spiegel.de/schulspiegel/leben/schuelergerichte-in-sachsen-im-anklagesessel-a-718863.html, Greta Taubert (Zugriff: 5.12.2016)

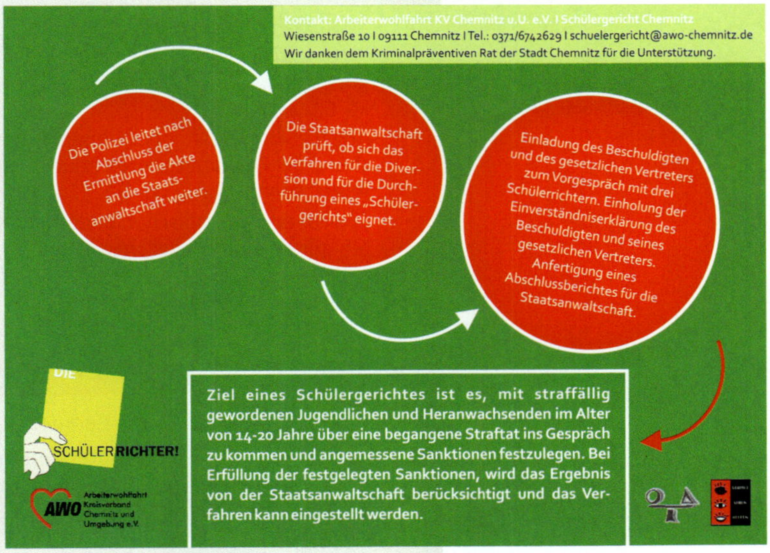

Die Schülerrichter. Flyer der Arbeiterwohlfahrt Kreisverband Chemnitz und Umgebung e. V.

1 In **M 2** wird ein Schülergericht, ein sogenannter Teen-Court, beschrieben. Nenne die beteiligten Personen und ihre Funktion.

2 Beschreibe die Vorteile, die so ein Schülergericht gegenüber einem normalen Gericht haben könnte. (**M 2** und **M 3**)

3 Könntest du dir vorstellen, Richterin/Richter an einem Schülergericht zu sein? Begründe.

4 Schülergerichte verhängen oft kreative Strafen (**M 3**). Sammle einige Beispiele für leichte Vergehen und ordne ihnen solche Strafen zu.

5 Teen-Courts gibt es bislang nur sehr wenige in Deutschland. Nenne mögliche Ursachen.
TIPP *S. 211*

M1 Jugendschutzgesetz (Stand Juni 2016)

Legende: erlaubt | nicht erlaut | ● erlaubt in Begleitung einer erziehungsberechtigten Person

§		Kinder unter 14 Jahren	Jugendliche unter 16 Jahren	Jugendliche unter 18 Jahren
§ 4	Aufenthalt in Gaststätten	●	●	bis 24 Uhr
	Aufenthalt in Nachtbars, Nachtclubs oder vergleichbaren Vergnügungsbetrieben	nicht erlaut	nicht erlaut	nicht erlaut
§ 5	Anwesenheit bei öffentlichen Tanzveranstaltungen, z. B. Disco	●	●	bis 24 Uhr
	Anwesenheit bei Tanzveranstaltungen von anerkannten Trägern der Jugendhilfe	bis 22 Uhr	bis 24 Uhr	bis 24 Uhr
	Anwesenheit bei künstlerischer Betätigung oder zur Brauchtumspflege	erlaubt	erlaubt	erlaubt
§ 6	Anwesenheit in öffentlichen Spielhallen Teilnahme an Spielen mit Gewinnmöglichkeit	nicht erlaut	nicht erlaut	nicht erlaut
§ 7	Anwesenheit bei jugendgefährdenden Veranstaltungen und in Betrieben	nicht erlaut	nicht erlaut	nicht erlaut
§ 7	Aufenthalt an jugendgefährdenden Orten	nicht erlaut	nicht erlaut	nicht erlaut
§ 9	Abgabe/Verzehr von Branntwein*, branntweinhaltigen Getränken und branntweinhaltigen Lebensmitteln	nicht erlaut	nicht erlaut	nicht erlaut
	Abgabe/Verzehr anderer alkoholischer Getränke z. B. Wein, Bier	nicht erlaut	nicht erlaut	erlaubt
§ 10	Abgabe/Konsum von Tabakwaren, nikotinhaltigen Erzeugnissen, elektronischen Zigaretten, Shishas* (auch nikotinfrei)	nicht erlaut	nicht erlaut	nicht erlaut
§ 11	Kinobesuche: Nur bei Freigabe des Films und Vorspanns: „ohne Altersbeschränkung, ab 6/12/16 Jahren“	bis 20 Uhr	bis 22 Uhr	bis 24 Uhr
§ 12	Abgabe von Spielen oder Filmen nur entsprechend der Freigabekennzeichnung: „ohne Altersbeschränkung, ab 6/12/16 Jahren“	erlaubt	erlaubt	erlaubt
§ 13	Spielen an elektronischen Bildschirmspielgeräten ohne Gewinnmöglichkeit nur nach den Freigabekennzeichen: „ohne Altersbeschränkung, ab 6/12/16 Jahren“	erlaubt	erlaubt	erlaubt

* **Branntwein**
Alkoholisches Getränk mit einem Alkoholanteil von etwa 30–60 Prozent. Branntwein wird durch Destillation (Brennen) aus gegorenen Flüssigkeiten gewonnen.

* **Shisha**
Wasserpfeife arabischen Ursprungs. Häufig wird Tabak mit Fruchtaromen in der Shisha geraucht.

M 2 Alkohol an Jugendliche verkauft

Ein Berliner Ladenbesitzer hat seine Gewerbezulassung verloren und muss sein Geschäft schließen, weil er an Jugendliche wiederholt Alkohol verkauft hat. Eltern hatten im Sommer 2012 angezeigt, dass im Geschäft des Mannes Alkohol an ihre minderjährigen Kinder verkauft worden war. Das Bezirksamt Charlottenburg-Wilmersdorf verbot dem Mann deshalb den Weiterbetrieb des kompletten Ladens, also auch des Internetcafés, das sich in den gleichen Räumen befand. Gegen die Schließung durch das Bezirksamt hatte der Mann geklagt. Das Verwaltungsgericht bestätigte dies nun. Der Betreiber habe gegen das Jugendschutzgesetz verstoßen (Urteil der 4. Kammer vom 31. Januar 2014 – VG 4 K 102.13).

Nach: www.berlin.de/gerichte/verwaltungsgericht/presse/pressemitteilungen/2014/pressemitteilung.425650.php (Zugriff: 21.11.2016)

M 3 Jugendgefährdende Veranstaltung?

Eine Firma betrieb eine sogenannte Laser-Tag-Arena – eine Halle, in der in der Regel mannschaftsweise Spieler versuchen mittels „Laserstrahlen" einander zu treffen, wobei die Treffer jeweils Punkte ergeben. Die Firma erlaubte bereits 12-Jährigen die Teilnahme an solchen Spielen.
Die Jugendbehörde hielt aus Jugendschutzgründen ein Mindestalter von 16 Jahren für erforderlich und außerdem eine persönliche Einweisung und Auswertung mit den Spielern. Es erließ einen auf § 7 JuSchG gestützten Bescheid.

Nach: Bundesarbeitsgemeinschaft Kinder- und Jugendschutz e.V. http://www.bag-jugend-schutz.de/PDF/Beitrag_Roll_KJug_3-2016.pdf (Zugriff: 21.11.2016)

M 4 Ist eine Alterskontrolle beim Online-Handel möglich?

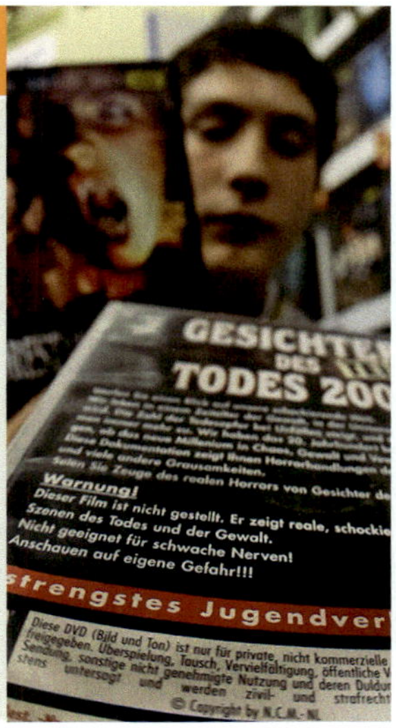

Viele Produkte, die im Internet verkauft werden, sind nicht für Jugendliche bestimmt. Das kann eine DVD mit einem Horror-Film sein oder hochprozentiger Alkohol. Was im Laden gar kein Problem darstellt, da man den Ausweis des Käufers kontrollieren kann, ist beim Online-Handel schon deutlich schwieriger. Der Bundesgerichtshof schreibt ein zweistufiges Verfahren vor: So muss vor dem Versand, also bei der Bestellung, eine wirksame Überprüfung des Alters stattfinden. Außerdem muss sichergestellt werden, dass die versandte Ware nicht von Minderjährigen in Empfang genommen wird. Das funktioniert natürlich nur eingeschränkt oder gar nicht bei Downloads und Streaming-Angeboten.

M 5 Kennzeichnung der Unterhaltungssoftware Selbstkontrolle

1. **M 1** zeigt eine Übersicht über das Jugendschutzgesetz. Beschreibe, welche der Regelungen du kennst. Welche sind für dich neu?
2. Erkläre, warum es unterschiedliche Altersstufen beim Jugendschutz gibt.
3. In **M 2** und **M 3** werden Verstöße gegen das Jugendschutzgesetz beschrieben. Fasse die Fälle in eigenen Worten zusammen.
4. Begründe: Findest du die Entscheidungen in **M 2** und **M 3** nachvollziehbar? Hättest du anders entschieden?
5. Erläutere, welche Erfahrungen du bereits beim Online-Handel gemacht hast.
6. Recherchiert die Bedeutung der Symbole in **M 5** im Internet (Webcode) und berichtet in der Klasse.
7. Bewerte, ob der Staat Jugendliche ausreichend schützt. TIPP S. 211

„Ganz schön mächtig", meint Barbara Bollwahn und fährt fort: „Man muss sich nicht alles gefallen lassen – nicht mal vom Staat. Die Landwirte Heinrich und Marieluise G. aus Waltrop kämpfen gegen den Bau eines riesigen Kohlekraftwerks."

M 1 Bauern gegen Energieriese

Der Düsseldorfer Energiekonzern E.on will in unmittelbarer Nähe [zum Hof der Familie G.] das modernste und größte Kohlekraftwerk Europas errichten. [...] Die G. wohnen etwa 1300 Meter Luftlinie von der Kraftwerksbaustelle entfernt. Die roten Lichter des Kühlturms sind durch das Wohnzimmerfenster zu sehen. [...] Sie erzählen, wie es zu der David-und-Goliath-Geschichte* Bauern gegen Energieriese kam. „Wir hatten Angst um unsere Existenz", sagt er. „Wir wollten uns später von unseren Kindern nicht vorwerfen lassen, nichts unternommen zu haben", sagt sie. [...] Die Stadtverwaltung in Datteln, auf deren Gebiet sich das mehr als 75 Hektar große Kraftwerksgelände befindet, hatte ihnen weismachen wollen, dass das Kraftwerk keinerlei negative Folgen hätte, auch wenn der Mindestabstand von 1500 Metern unterschritten würde. [Die Wohn- und Arbeitsverhältnisse würden] nicht beeinträchtigt, so der Tenor des Bebauungsplanes, den das örtliche Planungsamt und die Bezirksregierung in Absprache mit dem E.on-Management in nicht einmal zwei Jahren aufgestellt hatten.

[Die G. klagten] gegen den Bebauungsplan.

„Wir wollten probieren, ob es in Deutschland Gerechtigkeit gibt", sagt Bauer G. Rund zwei Jahre später entschied das Oberverwaltungsgericht Münster [...]. Und es geschah ein kleines Wunder. Das Gericht erklärte den Bebauungsplan für unwirksam. Es nahm ihn derart auseinander, dass selbst den G. ganz schwindelig wurde.

Er stimme nicht mit den Zielen der geltenden Landesplanung überein, verstoße gegen emissionsrechtliche Bestimmungen, der notwendige Abstand von 1500 Metern sei nicht eingehalten worden, die Auswirkungen des Kühlturms seien nicht angemessen beurteilt worden und, und, und. Das Gericht wies aber auch darauf hin, dass es nicht grundsätzlich verwehrt sei, ein Steinkohlekraftwerk in Datteln zu planen, und wies auf die Möglichkeit eines sogenannten Zielabweichungsverfahrens* hin. [...] Eine Revision* ließ das Gericht nicht zu. Dagegen klagte E.on – und verlor erneut. Das Bundesverwaltungsgericht Leipzig, das höchste deutsche Verwaltungsgericht, wies die Beschwerde zurück, und die G. bekamen abermals recht.

Aus: Barbara Bollwahn, Ganz schön mächtig, in: Bundeszentrale für politische Bildung (Hg.), Fluter Nr. 38, Bonn 2011, S. 37f.

* **David und Goliath**
eine biblische Geschichte, in der der junge David den großen, übermächtigen Krieger Goliath mit einer Steinschleuder besiegt

* **Zielabweichungsverfahren**
Abweichungen von der Landesplanung sind hierbei in Einzelfällen möglich

* **Revision**
hier Überprüfung der Entscheidung des Oberverwaltungsgerichts Münster durch die nächsthöhere Instanz, weil die Sache von grundsätzlicher Bedeutung ist

M2 Justitia auf dem Dach des Rathauses in Offenburg

Grundsätze des Rechtsstaats

Achtung der Grundrechte, Gewaltenteilung, Gleichbehandlung vor dem Gesetz, Vorbehalt des Gesetzes und Verhältnismäßigkeit gehören zu den Grundsätzen, man sagt auch Prinzipien des Rechtsstaats. In M 3 werden die Grundsätze definiert.

Mehr zum Thema
Film: Gesetzgebung ... einfach erklärt

Webcode PE652136-099

M 3 Definition: Prinzipien des Rechtsstaats

1 In einem Staat unterscheidet man drei Gewalten: Eine Gewalt macht die Gesetze (gesetzgebende Gewalt), die zweite führt sie aus (ausführende Gewalt) und die dritte kontrolliert die Einhaltung der Gesetze (rechtsprechende Gewalt). Die Teilung soll Machtmissbrauch verhindern und die Freiheit der Bürger sichern.

2 Vor dem Gesetz sind alle Menschen gleich. Geschlecht, Abstammung, Rasse, Sprache, Herkunft, Religion, politische Anschauungen oder eine Behinderung dürfen weder zu Bevorzugungen noch zu Benachteiligungen führen.

3 Das Grundgesetz enthält einen Katalog von Grundrechten. Sie zu achten, ist die Aufgabe der drei Gewalten in einem Staat.

4 Jeder Eingriff des Staats in Rechte Einzelner muss diesen Grundsatz beachten: Die Maßnahme muss in einem angemessenen Verhältnis zum Zweck und Ziel stehen und darf nicht übermäßig sein.

5 Die Ausübung einzelner Grundrechte kann durch ein Gesetz eingeschränkt oder durch ein Gesetz näher geregelt werden. Das Grundgesetz erlaubt dies dem Gesetzgeber ausdrücklich. Gleichzeitig ist ein Gesetz auch Voraussetzung für einen Eingriff in Grundrechte.

Mehr zum Thema
Film: Gewaltenteilung ... einfach erklärt

Webcode PE652136-099

1 Erkläre, warum Barbara Bollwahn in **M 1** von einer „David-und-Goliath-Geschichte" schreibt. Wie war es möglich, dass David Goliath bezwingt?

2 Beschreibe das Bild **M 2** und interpretiere es. Was sagt es über die Rechtsprechung in einem Rechtsstaat aus? TIPP *S. 212*

3 Erläutere, welche Bedeutung diese Eigenschaften von Justitia im Fall der G. hatten.

4 Ordne die Grundsätze des Rechtsstaats den Definitionen von **M 3** zu.

5 Die Grundsätze des Rechtsstaats werden in einer Diktatur (unbeschränkte Herrschaft eines Einzelnen oder einer Partei) verletzt. Erkläre warum.

6 Stelle dar, wie Recht und Gesetz Konfliktbewältigung und Interessenausgleich für eine Gesellschaft herstellen. TIPP *S. 212*

Alles, was Recht ist – was alles ist Recht?

Viele Angelegenheiten des alltäglichen Lebens werden durch Recht und Gesetz geregelt, auch wenn wir das gar nicht wissen. Das Recht selbst kennt zwei große Bereiche, das Öffentliche Recht und das Privatrecht, das auch Zivilrecht genannt wird. Vom Strafrecht als einem Gebiet des Öffentlichen Rechts hast du schon einiges erfahren, als von Jugendkriminalität, Strafen, Strafmündigkeit, jugendstrafrechtlichen Sanktionen usw. die Rede war.

M1 Rechtsfragen

1

Jemand will dir etwas schenken. Musst du es annehmen, wenn du das Geschenk nicht willst, weil es dir z. B. viel Arbeit macht oder mit hohen Kosten für dich verbunden ist?

2

Deine Großmutter ist gestorben und hinterlässt neben ihrem Häuschen auch eine Menge Schulden. Deine Mutter ist als einziges Kind Alleinerbin, weil der Großvater schon lange nicht mehr lebt. Muss deine Mutter auch die Schulden bezahlen, wenn sie das Erbe annimmt?

3

Ein 13-Jähriger schwänzt schon seit zwei Wochen die Schule. Seine Eltern sind auch nach dem Gespräch mit der Lehrerin uneinsichtig und schicken ihr Kind nicht in die Schule. Ist es möglich, dass die Polizei den Schüler abholt und in die Schule bringt?

4

In einem anderen Fall können die Eltern ihre Tochter nicht dazu bewegen, regelmäßig in die Schule zu gehen. Dürfen Eltern notfalls ihre Kinder mit einem Stock schlagen?

5

Nach einer Überprüfung stellt das Veterinäramt fest, dass ein Eierproduzent die Legehennen-Verordnung nicht beachtet, weil zu viele Hühner auf einem Quadratmeter Käfig gehalten werden. Kann die Behörde ein Bußgeld verhängen und den Bauern zwingen, die Verordnung einzuhalten?

6

Ein Häuslebauer möchte nicht das im Bebauungsplan für dieses Baugebiet vorgesehene Flachdach und reicht deshalb einen Bauantrag mit einem Satteldach für sein neues Haus ein. Das Bauamt verweigert daraufhin die Baugenehmigung. Kann der Bauherr etwas dagegen unternehmen?

7

Ein älterer Mann hat sich ein Tablet gekauft und kann es nicht bedienen. Er ärgert sich so darüber, dass er es auf den Boden wirft und darauf mit den Füßen tritt. Darf er das?

8

In einer Gaststätte schenkt der Wirt immer wieder Schnaps an Jugendliche aus. Als dies bekannt wird, verbietet das Gewerbeaufsichtsamt dem Wirt, weiterhin sein Lokal zu betreiben. Ist das rechtens?

Nach: Nicola Lindner, Recht verständlich, 2. Auflage, C.H. Beck Paperback, München 2015, S. 65 ff. Originalausgabe: Verlag C.H. Beck, Jura für Kids, München 2013

Das **Privatrecht** regelt die rechtlichen Beziehungen der Bürger oder ihnen gleich gestellter Verbände und Gesellschaften* untereinander. Wie sie ihre Beziehungen gestalten, ist weitgehend ihnen selbst überlassen. Man spricht deshalb von Vertragsfreiheit oder auch Vertragsautonomie.
Das Privatrecht untergliedert sich hauptsächlich in die Rechtsgebiete Schuld-, Sachen-, Familien- und Erbrecht. Der Staat oder die Polizei spielen bei solchen Fragen und Auseinandersetzungen keine Rolle – im Unterschied zum Strafrecht, wo die Polizei im Auftrag der Staatsanwaltschaft ermittelt. Das Strafrecht ist also Teil des Öffentlichen Rechts.

Das **Öffentliche Recht** bestimmt die Tätigkeit des Staats gegenüber den Bürgern. Das bedeutet, immer wenn eine staatliche Stelle etwas erlaubt oder verbietet, ist die Grundlage für staatliches Handeln das Öffentliche Recht. Und weil so viele Lebensbereiche durch Behörden (Verwaltung) geregelt werden, ist es auch der Rechtsbereich mit den meisten Gesetzen. Das Verwaltungsrecht ist somit das größte Rechtsgebiet in diesem Bereich. Andere Rechtsgebiete sind z. B. das Völker- und Europarecht, das Strafrecht und das Finanzrecht.
Manche Rechtsgebiete sind sowohl dem Öffentlichen wie dem Privatrecht zuzuordnen, wie etwa das Arbeitsrecht.

* **Verbände und Gesellschaften**
Meint hier den Zusammenschluss von mehreren Personen, um gemeinsame Interessen zu verfolgen. Sie wählen dafür eine bestimmte Rechtsform als Organisation.

M 2 Vergleichstabelle zum Privat- und zum Öffentlichen Recht

	Privatrecht	Öffentliches Recht
Rechtsbeziehungen		
Rechtsquellen		

M 3 Ein Faustschlag

Herr W. ist Inhaber einer Gastwirtschaft. Die Geschäfte laufen nicht gut. Zu später Stunde sitzt nur noch ein Gast im Lokal, der trotz Aufforderung nicht gehen will. Der Streit zwischen den beiden wird handgreiflich. Aus lauter Frust schlägt der Wirt mit der Faust zu und schlägt dem Gast einen Zahn aus.

Nach: Nicola Lindner (2015), S. 76

1 Ordne die Rechtsfragen aus **M 1** den beiden Rechtsbereichen, Öffentliches Recht und Privatrecht, zu.

2 Beschreibe, welche Rechtsfragen Privatrecht und welche das Öffentliche Recht regelt.

3 Vergleiche das Privatrecht und das Öffentliche Recht unter den Gesichtspunkten:
- Rechtsbeziehungen: Welche Parteien sind an einer Auseinandersetzung vor Gericht beteiligt?
- Rechtsquellen: Welche gesetzlichen Grundlagen gelten für solche gerichtlichen Verfahren?

In **M 2** ist eine Tabelle für den Vergleich angelegt. Übertrage sie in dein Heft.

4 Ein Faustschlag kann gleich mehrere Rechtsgebiete angehen. Erkläre, welche Rechtsgebiete im Fall von **M 3** betroffen sind. TIPP *S. 212*

Gerichte haben sehr unterschiedliche Rechtsfälle zu entscheiden. Entsprechend der Vielzahl von Rechtsgebieten gibt es neben der ordentlichen Gerichtsbarkeit spezialisierte Gerichte: Arbeitsgerichte, Verwaltungsgerichte, Sozialgerichte und Finanzgerichte. Das ist wie in der Medizin, wo sich Fachärzte auf bestimmte Krankheiten spezialisiert haben. Ordentliche Gerichte befassen sich mit Straf- und Zivilverfahren. Auf dieser Doppelseite geht es um das Strafverfahren.

M 1 Eröffnungsbeschluss

Ausfertigung

Aktenzeichen:
[redacted] jug.

Amtsgericht Waiblingen

Beschluss

In dem Strafverfahren gegen
1) W[redacted] **T**[redacted],
geboren am [redacted] in [redacted], ledig, Staatsangehörigkeit: [redacted],
wohnhaft: [redacted]. [redacted]

2) K[redacted] **M**[redacted],
geboren am [redacted] in [redacted], ledig, Beruf: Maler, Staatsangehöigkeit: [redacted]
wohnhaft: [redacted], [redacted], [redacted]
Alias: M[redacted] [redacted], geboren am [redacted] in [redacted], Staatsangehörigkeit: [redacted]

wegen Diebstahls u. a.

hat das Amtsgericht Waiblingen durch Richter am Amtsgericht [redacted] am [redacted] beschlossen:

1. Die Anklagen der Staatsanwaltschaft Stuttgart vom [redacted] (Aktenzeichen: [redacted]) und vom [redacted] (Aktenzeichen: [redacted]) werden zur Hauptverhandlung zugelassen.

2. Auf Antrag der Staatsanwaltschaft wird gegen die Angeklagten das Hauptverfahren vor dem Amtsgericht – Jugendschöffengericht – Waiblingen eröffnet (§§ 203, 207 StPO).

[redacted]
Richter am Amtsgericht

Das Strafverfahren

M 1 ist der Eröffnungsbeschluss* eines Amtsgerichts in einem Strafverfahren. Die Angeklagten erhielten ihn mit einer Ladung zu einem Gerichtstermin. Was war diesem Beschluss vorausgegangen? Die beiden Beschuldigten haben zwei Straftaten begangen: Das erste Mal haben sie einem schlafenden Mann die Geldbörse und das Handy entwendet. Bei der nächsten Tat wurden sie gefasst, als sie in einem Laden eine Jacke stehlen wollten.

* **Eröffnungsbeschluss**
Das Gericht beschließt, ein Hauptverfahren durchzuführen, weil es der Ansicht ist, der Angeklagte ist der ihm zu Last gelegten Straftat hinreichend verdächtig.

Beide Taten wurden angezeigt, und die Polizei ermittelte den Sachverhalt. Die Ermittlungsergebnisse gingen an den zuständigen Staatsanwalt. Der entschied sich dafür, Anklage vor Gericht zu erheben. Das bedeutet, er richtete eine Anklageschrift an das Amtsgericht. In der Anklageschrift schildert er die Taten, die den Angeschuldigten zur Last gelegt werden. Außerdem führt er die Beweise hierfür an. Jetzt muss der zuständige Richter entscheiden, ob er die Sache einstellt, mit einem Strafbefehl* ahndet oder die Hauptverhandlung eröffnet, wie es in diesem Fall geschehen ist.

In der **Hauptverhandlung** ruft der Richter die Sache auf und stellt fest, ob alle beteiligten Personen anwesend sind. Zeugen müssen anschließend den Gerichtssaal bis zur ihrer Vernehmung wieder verlassen. Nach der Befragung des Angeklagten zu seiner Person verliest der Staatsanwalt die Anklage, also was dem Angeklagten vorgeworfen wird. Dieser muss darauf nicht antworten. Deshalb weist der Richter den Angeklagten auf sein Aussageverweigerungsrecht hin. Will er aussagen, wird er zu den Vorwürfen befragt. Danach tritt das Gericht in die Beweisaufnahme ein. Es werden z. B. Zeugen nach vorheriger Belehrung vernommen oder Sachverständige gehört. Alles muss nochmals vor Gericht geklärt werden. Danach kommen die Plädoyers: Zuerst stellt der Staatsanwalt seinen Antrag (Freispruch oder Bestrafung), dann der Verteidiger, der für seinen Mandaten spricht. Bevor sich das Gericht zur Beratung des Urteils zurückzieht, hat in jedem Fall der Angeklagte das letzte Wort. Am Schluss verkündet das Gericht das Urteil „im Namen des Volkes“.

* **Alias**
Meint hier einen anderen Namen, unter dem die Person sich auch ausgibt.

* **StPO: Strafprozessordnung**
§ 203 StPO
(Eröffnungsbeschluss)
Das Gericht beschließt die Eröffnung des Hauptverfahrens, wenn nach den Ergebnissen des vorbereitenden Verfahrens der Angeschuldigte einer Straftat hinreichend verdächtig erscheint.

§ 207 StPO
(Inhalt des Eröffnungsbeschlusses)
(1) In dem Beschluss, durch den das Hauptverfahren eröffnet wird, lässt das Gericht die Anklage zur Hauptverhandlung zu und bezeichnet das Gericht, vor dem die Hauptverhandlung stattfinden soll. [...]

* **Strafbefehl**
Richterliche Entscheidung über eine Strafe, ohne die Hauptverhandlung zu eröffnen. Ein Strafbefehl ist allerdings gegen Jugendliche nicht zulässig.

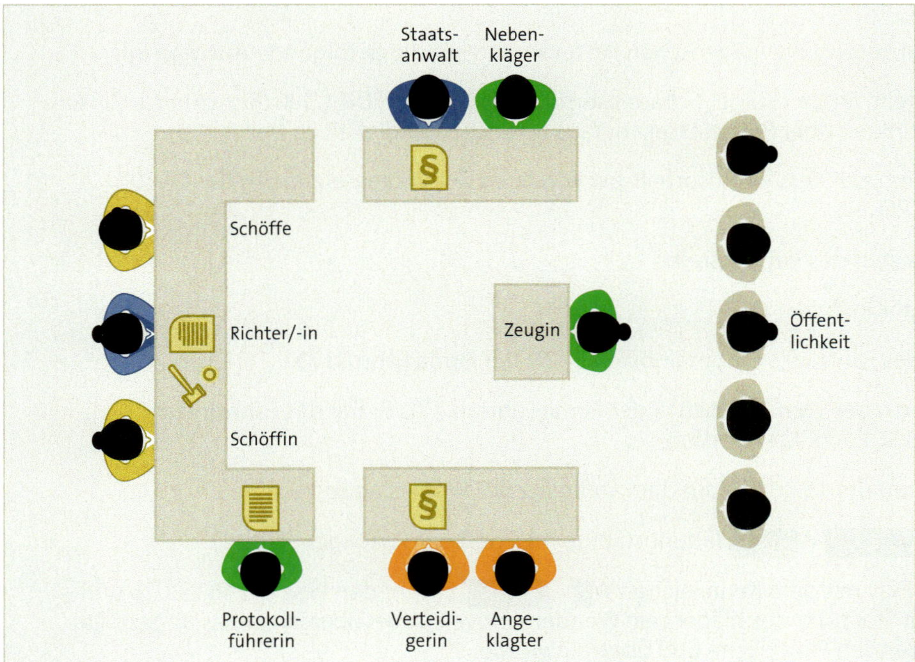

M2 Strafverfahren: Die Sitzordnung bei einer Hauptverhandlung

1 Gib den Eröffnungsbeschluss **M1** für ein Strafverfahren vor einem Amtsgericht in eigenen Worten wieder. Worum geht es in dem Strafverfahren?

2 Beschreibe den Ablauf des Hauptverfahrens vor Gericht und erstelle ein Flussdiagramm, das die einzelnen Phasen des Verfahrens festhält. TIPP *S. 212*

3 Überlege, welches Urteil dir in dem beschriebenen Fall nach dem Jugendstrafrecht angemessen erscheint. TIPP *S. 212*

Das zweite an ordentlichen Gerichten durchgeführte Verfahren ist das Zivilverfahren.

M1 Klageeinreichung

Klage

in Sachen

Herr A[redacted] L[redacted], B[redacted] Straße 39 in 7[redacted] K[redacted]

- Kläger -

Prozessbevollmächtigte: [redacted] und Kollegen, Rechtsanwälte, Partnerschaft mbH,

B[redacted] 14, 7[redacted] W[redacted]

gegen

Herrn W[redacted] K[redacted], R[redacted] 13, 7[redacted] W[redacted]

- Beklagter –

wegen Schadensersatz

vorläufiger Gegenstandswert: 1.500,00 EUR

beigestempelte Gerichtskosten: 213,00 EUR

Wir zeigen die Interessenvertretung der klägerischen Partei an und kündigen folgende **Anträge** an:

1. Der Beklagte wird verurteilt, an den Kläger Schadensersatz in Höhe von EUR 1.500,00 zuzüglich Zinsen in Höhe von 5 Prozentpunkten über Basiszinssatz heraus ab Rechtshängigkeit zu bezahlen.
2. Erlass eines Anerkenntnis- oder Versäumnisurteils bei Vorliegen der Voraussetzungen der §§ 307 Absatz 2, 331 Absatz 3 ZPO.
3. Der Beklagte trägt die Kosten des Rechtsstreits.

Zur **Begründung** wird ausgeführt:

Der Kläger ist Eigentümer des Fahrrades Mountainbike XELON der Firma Fahrrad XXL.

Beweis: Vorlage des Kaufvertrages vom 20.12.2015 der Firma Fahrrad XXL. Er hat das Fahrrad am 20.12.2015 zum Preis von EUR 1.500,00 erworben.

Am 16.2.2016 war das Fahrrad um 15.00 Uhr auf dem Stellplatz des Klägers abgestellt.

Beweis: Zeugnis der Frau K[redacted] W[redacted], ladungsfähige Anschrift wird nachgereicht.

Der Beklagte ist Halter des Pkw mit dem Kennzeichen W[redacted] – [redacted]. Er fuhr den Pkw am 16.2.2016 und vollzog mit diesem auf dem Stellplatz des Klägers ein Wendemanöver. Dabei übersah er das abgestellte Fahrrad, das durch den fahrenden Pkw kippte und überrollt wurde.

Beweis: Zeugnis der Frau K[redacted] W[redacted].

Am Fahrrad entstand ein Totalschaden.

Beweis: Sachverständigengutachten.

Der Beklagte, der den Schaden allein verursacht hat, verweigert trotz mehrfacher Aufforderung die Zahlung. Er ist antragsgemäß zu verurteilen.

Das Zivilverfahren

Anders als beim Strafprozess geht es im Zivilverfahren um Streitfälle zwischen zwei Parteien. Häufig wird um Geldfragen gestritten, über die sich zwei Seiten nicht einigen können. Eine Partei entschließt sich daher zu klagen. Das ist der Kläger. Die andere Seite wird Beklagte genannt. Das Gericht stützt sich bei der Verhandlung auf die von den Parteien jeweils vorgetragenen Sachverhalte. Rechtsanwälte übernehmen oft den Schriftverkehr für ihre Mandanten*.

Beim Amtsgericht können jedoch sowohl der Kläger als auch der Beklagte ohne Anwalt erscheinen. Erst ab der nächsthöheren Instanz*, dem Landgericht, braucht man einen Anwalt. Man sagt, es herrsche Anwaltszwang.

Ist z. B. eine Partei mit der Entscheidung eines Amtsgerichts nicht einverstanden, kann sie in die Berufung gehen. Das heißt, der Fall wird dann vom Landgericht neu verhandelt und das Urteil überprüft. Damit ist das Verfahren in der Regel abgeschlossen.

Beginnt das gerichtliche Verfahren gleich beim Landgericht, weil der Streitwert hoch (über 5000 €) ist, gibt es natürlich auch hier die Möglichkeit einer Berufung vor der nächsten Instanz, dem Oberlandesgericht (OLG).

Wenn die zweite Gerichtsinstanz der Ansicht ist, dass der Fall von allgemeiner Bedeutung oder der Vereinheitlichung der Rechtsprechung dienlich ist, kann das Urteil noch vom Bundesgerichtshof (BGH), dem höchsten deutschen Gericht der ordentlichen Gerichtsbarkeit, nachgeprüft werden. Man spricht dann von einer Revision.

Für Strafverfahren gilt grundsätzlich auch der Instanzenweg.

* **Mandant/-in**
die Person, die einen Rechtsanwalt beauftragt, ihre Interessen z. B. vor Gericht zu vertreten

* **Instanz**
die für ein gerichtliches Verfahren zuständige Stufe der Gerichtsbarkeit

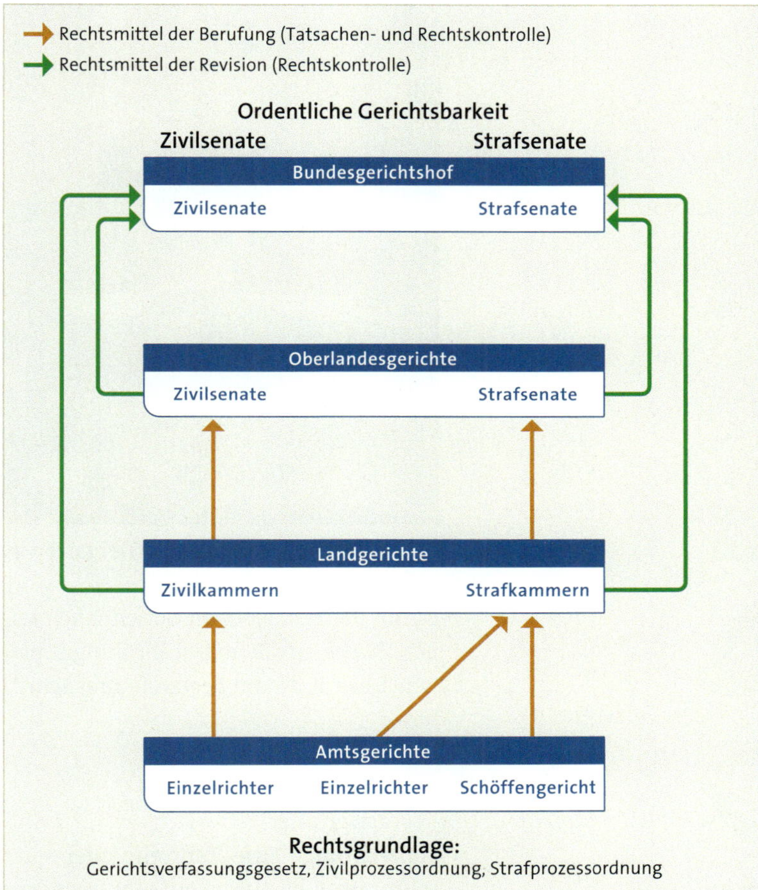

M 2 Aufbau der ordentlichen Gerichte (vereinfachende Darstellung)

1 Beschreibe, worum es dem Kläger bei seiner Klageeinreichung **M 1** bei einem Amtsgericht geht. Was will er vor Gericht erreichen?

2 Vergleiche mithilfe der Fallbeispiele zum Straf- (s. **M 1**, S. 102) und Zivilprozess (s. **M 1**, S. 104) die beiden Gerichtsverfahren unter den Gesichtspunkten:
- Zweck des Verfahrens: Was soll mit dem Verfahren erreicht werden?
- Prozessinitiative: Wer hat das Verfahren angestrengt?
- Prozessparteien: Wer ist an dem Prozess beteiligt?
- Beweiserhebung: Wie werden die Sachverhalte, um die es bei Gericht geht, bewiesen?

TIPP *S. 212*

3 Beschreibe den Aufbau der ordentlichen Gerichte nach **M 2**.

4 Erläutere die Bedeutung von Berufung und Revision für einen Rechtsstaat. TIPP *S. 212*

Manchmal lohnt es sich, nicht nur in die Schule zu gehen, um zu lernen, sondern sich woanders umzusehen: dort, wo das „wirkliche Leben" ist. Dabei könnt ihr ziemlich viel entdecken und lernen. Ihr könnt vergleichen, ob es wirklich so ist, wie ihr es in der Schule gelernt habt, oder ob die Vorstellungen von Gerichtsverhandlungen stimmen, die ihr euch vielleicht aus Filmen, Gerichtsshows im Fernsehen oder Videos gemacht habt. Ihr könnt die Stimmung in einem Gerichtssaal aufnehmen und der Richterin oder dem Staatsanwalt Fragen stellen. Als Experten können sie euch vieles erklären.

M1 Prozess am Amtsgericht Tiergarten in Berlin, 13.11.2013

Damit der Besuch beim Gericht auch seinen Zweck erfüllt, müsst ihr ihn gut planen. Das tut ihr am besten in drei Schritten:
- Vorbereitung,
- Durchführung,
- Auswertung.

Vorbereitung: Eure Lehrerin oder euer Lehrer weiß bestimmt, was ihr in der zur Verfügung stehenden Zeit machen könnt. Interessant sind meistens kleinere Strafprozesse, bei denen am selben Tag ein Urteil gesprochen wird. Die Lehrer wissen auch, wo das nächstgelegene Gericht ist, wie man sich als Schulklasse anmeldet und was bei Gericht alles zu beachten ist.
Dann überlegt ihr, was euch wichtig ist, was ihr genau beobachten wollt. Vielleicht ergeben sich aus dem Unterricht zum Recht und zum Gerichtsprozess Fragen und Anregungen. Teilt euch in Arbeitsgruppen ein, die bestimmte Personen, den Ablauf des Geschehens beobachten oder auf anderes achten.

Vorschläge für Arbeitsgruppen:

Gruppe 1: Richterin/Richter
Gruppe 2: Staatsanwältin/Staatsanwalt
Gruppe 3: Angeklagte/Angeklagter
Gruppe 4: Verteidigerin/Verteidiger
Gruppe 5: Zeugin/Zeuge
Gruppe 6: weitere Personen wie z. B. Sachverständige
Gruppe 7: Ablauf eines Prozesses einschließlich der Rituale
Gruppe 8: Skizze des Gerichtssaals
Gruppe 9: Darstellung der Straftaten bzw. Anklagen (bei mehreren Prozessen)

Durchführung: Eurer Vorbereitung entsprechend beobachtet ihr die Verhandlung/-en. Notiert euch während der Verhandlung, was euch auffällt, welche Antworten ihr auf eure Fragen und Aufträge bekommt. Achtet auch darauf, ob sich während des Prozesses Veränderungen ergeben. Vielleicht sieht der Staatsanwalt oder die Rechtsanwältin die Tat im Verlauf des Prozesses anders. Wenn ihr etwas nicht versteht, könnt ihr vielleicht in einer Pause nachfragen. Im Allgemeinen sind die Richter gerne bereit, Fragen zu beantworten und das Urteil zu erklären.

Auswertung: Jetzt geht es darum zu erfahren, was der Besuch bei Gericht gebracht hat, ob sich der Aufwand gelohnt hat und vieles mehr. Das solltet ihr so bald wie möglich nach dem Gerichtsbesuch machen.

Besprecht eure Ergebnisse und Erkenntnisse in der Klasse. Tauscht euch auch darüber aus, welche Eindrücke ihr von einer Gerichtsverhandlung gewonnen habt und was ggf. anders war als vorher gedacht. Überlegt, ob ihr für eine Person in besonderem Maße Verständnis habt, ob der Prozess eurer Meinung nach fair war und ob ihr das Urteil nachvollziehen könnt und als gerecht empfindet.

Vergesst in keinem Fall, darüber zu diskutieren, worin der Unterschied zu einer Schulstunde liegt, warum ihr vielleicht mehr oder auch weniger gelernt habt und warum.

Was ihr hier erfahren habt, könnt ihr bei jeder anderen Exkursion anwenden, die das Ziel hat, etwas außerhalb der Schule zu erfahren und zu entdecken. Haltet schriftlich fest, wie man eine solche Exkursion plant, durchführt und nachbereitet.

Wenn ihr das für sinnvoll haltet, überlegt, welche anderen Ziele sich im Fach Gemeinschaftskunde oder in anderen Fächern anbieten.

Planung von Exkursionen

1. Vorbereitung	2. Durchführung	3. Auswertung
▪ Kontaktaufnahme ▪ Fahrt zum Ort ▪ Verhaltensregeln vor Ort ▪ Beobachtungsbogen mit Fragen ▪ ...	▪ Beobachtungsbogen und Schreibmaterial nicht vergessen ▪ aufmerksames Beobachten ▪ Protokollieren ▪ ...	▪ Austausch über Beobachtungen und Ergebnisse ▪ ...

1 Für die Arbeitsgruppen 1 bis 6: Überlegt, was ihr genau bei der am Prozess beteiligten Person beobachten wollt. Wichtig sind z. B.: Aufgaben des/der Prozessbeteiligten, das Verhalten gegenüber anderen Personen und die Argumentation in der Verhandlung. Notiert eure Beobachtungspunkte. Einigt euch auf gemeinsame Punkte.

2 Für die Gruppe 8: Recherchiert die Einzelheiten der Fahrt zum Gericht: Treffpunkt, Abfahrtszeit, Fahrstrecke, Anschlussverbindungen und Kosten. Teilt der Klasse das Ergebnis mit.

3 Für die Gruppe 9: Recherchiert, wie ihr euch im Gerichtssaal verhalten sollt. Hinweise findet ihr unter dem entsprechenden Suchbegriff oder evtl. auf der Homepage des Gerichts, das ihr besuchen wollt. In der Regel wird es das nächstgelegene Amtsgericht sein. Informiert eure Klasse darüber.

Du lebst nicht allein auf einer Insel, sondern in Gemeinschaft, eigentlich in vielen Gemeinschaften: in kleinen, wie z.B. Familie, Freunde, Klasse, Schule, Sportverein, aber auch in größeren Gemeinschaften wie z.B. in deiner Gemeinde oder Stadt. Damit das Zusammenleben einigermaßen gut geht, brauchen wir Regeln für unser Zusammenleben. Diese Regeln müssen für alle gelten, sonst werden sie nur von einigen oder wahlweise befolgt. In einem Staat sind solche Regeln Gesetze. Ihre Einhaltung muss überwacht und notfalls mit Gewalt durchgesetzt werden.

M1 Irgendwo, irgendwann – eine Inselgeschichte

Aus: Landeszentrale für politische Bildung (Hg.), 5. Auflage, Stuttgart 2016, S. 18 ff.

M 2 Funktionen des Rechtsstaates

- die Herstellung von Gerechtigkeit,
- die Friedens-,
- die Ordnungs-,
- die Schutz- und
- die Gestaltungsfunktion

1 Die Bildergeschichte **M 1** handelt von Regeln für das Zusammenleben von Menschen. Beschreibe, wie sich das Zusammenleben auf der Insel gestaltet.

2 Überlege, ob du gerne auf der Insel leben würdest. Tausche dich mit deiner Sitznachbarin oder deinem Nachbarn aus. Diskutiert die Frage in der Klasse. Bedenkt dabei auch positive Aspekte der Regelungen auf der Insel.

3 Erläutere, wie das Recht in einem Rechtsstaat seine Funktionen (**M 2**) erfüllt. Welche Ziele werden so für eine Gemeinschaft erreicht? TIPP *S. 212*

4 Führt ein Placemat zu der Frage durch: Welches Merkmal eines Rechtsstaats ist das wichtigste? Stellt eure Kleingruppenergebnisse in der Klasse vor und diskutiert sie.

1. Justizirrtümer

Eigentlich sollen Gerichte Recht sprechen. Aber wo Menschen tätig sind, unterlaufen ihnen eben auch Fehler. So kann aus vermeintlichem Recht schnell Unrecht werden.

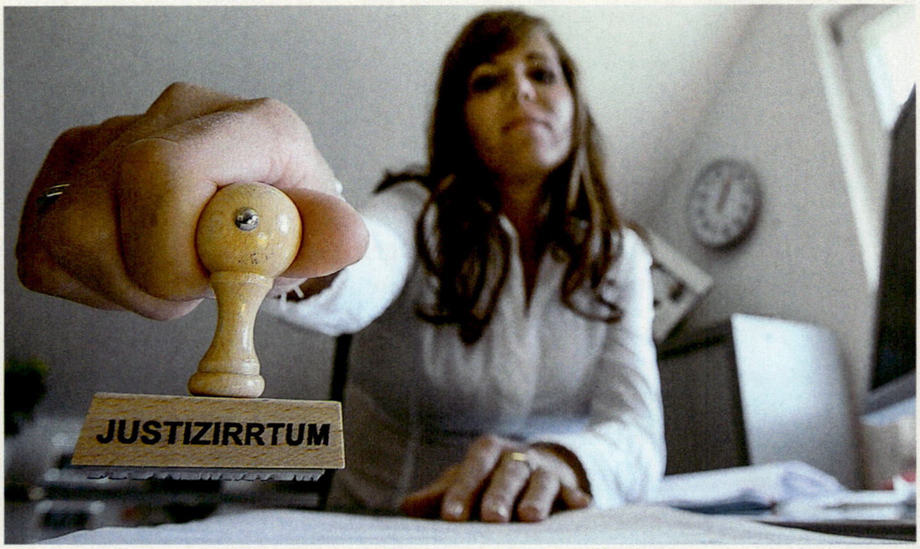

M1 „Die Justiz macht keine Fehler, sie irrt sich nur"

M2 Keine Wiedergutmachung mehr möglich

Am Freitag, dem 29. Juni 2012, starb der Biologielehrer Horst Arnold, 53. In Völklingen, wo er zuletzt wohnte, fiel er auf dem Heimweg vom Einkaufen tot vom Fahrrad – Herzversagen.

Der Mann hat die Schande nicht überlebt, die Richter ihm angetan haben. Fünf Jahre saß er hinter Gittern, weil er verurteilt wurde, eine Kollegin im Lehrerzimmer vergewaltigt zu haben. Sie haben ihn, weil er die Tat hartnäckig bestritt, sogar in die Psychiatrie* gesteckt, in die Abteilung für unverbesserliche Sexualtäter. Da sollte er einen Entschuldigungsbrief an sein Opfer schreiben. Doch nichts von den Vorwürfen war wahr.

Erst nach Jahren, im Wiederaufnahmeverfahren, entpuppte sich die angeblich vergewaltigte Kollegin als Lügnerin. Arnold wurde freigesprochen, „wegen erwiesener Unschuld". Es hat ihm nichts genützt: Als verurteilter Verbrecher aus dem Beamtenverhältnis entlassen, lebte er seine letzten Jahre von Hartz IV*. Als er starb, war sein Antrag auf Haftentschädigung noch nicht mal bearbeitet.

Nun steht die Lehrerin selbst vor Gericht, am Donnerstag war erster Verhandlungstag im Landgericht Darmstadt. Sie muss sich wegen Freiheitsberaubung verantworten. Es wird sich zeigen, wie die Justiz mit einem Fehler umgeht, der ein Leben zerstört hat.

Thomas Darnstädt, www.spiegel.de/panorama/justiz/justizirrtuemer-wie-strafgerichte-daneben-liegen-a-896583.html (Zugriff: 2.11.2016)

* **Psychiatrie**
Das ist eine Einrichtung, in der Menschen mit psychischen Problemen (das können Wahn- oder Angstvorstellungen sein, Verwirrtheit usw.), geholfen werden kann.

* **Hartz IV**
Bezeichnet ein Gesetz, das den Bezug staatlicher Sozialleistungen (Arbeitslosengeld II) regelt. Davon betroffen sind Menschen, die lange arbeitslos sind oder aus anderen Gründen nicht selbst für ihren Lebensunterhalt sorgen können.

1 Gestalte zeichnerisch einen Comic, in dem du das wirkliche Geschehen in die richtige zeitliche Reihenfolge bringst.

2 Erörtert, ob sich Irrtümer wie hier beschrieben überhaupt verhindern lassen.

3 Erläutert, wie eine gelungene Wiedergutmachung bei Justizopfern aussehen könnte.
TIPP S. 212

WAHLSEITE

2. Richter ohne Gesetz

Die Rechtsprechung ist in Deutschland den Gerichten vorbehalten. Aber auch andere Institutionen* wollen dieses für sich in Anspruch nehmen.

M 1 Paralleljustiz in Deutschland

Vor mehr als 10 Jahren machte der Fall der Ermordung eines sogenannten Friedensrichters in Berlin Schlagzeilen. Damals wurde erstmals eine breite Öffentlichkeit mit einem neuen Phänomen* konfrontiert. Abseits der Strukturen aus Polizei, Richtern und Staatsanwälten wird in manchen muslimischen Gemeinden Recht gesprochen, eine Form von Paralleljustiz. Friedensrichter, die vor allem in den Großstädten tätig sind, genießen hohes Ansehen. Oft sind es religiöse Führer einer islamischen Gemeinde, aber nicht nur. Auch Oberhäupter einer besonders angesehen Familie können bei Streitigkeiten angerufen werden. Gemeinsam ist beiden, dass sie Fälle klären, die nach deutscher Auffassung eigentlich vor Gericht gehören, wie Diebstähle, Körperverletzung oder Erbstreitigkeiten. Immer mehr kriminelle Clans dominieren die sogenannte „Paralleljustiz". Dabei geht es zum Beispiel bei Straftaten um die Einschüchterung von Zeugen und Opfern, mit dem Ziel, dass die reguläre Strafverfolgung gar nicht erst zum Zuge kommt. Ein typischer Fall: Ein junger Mann verletzt einen anderen mit einem Messer. Da die Familie des Täters „mächtiger" ist als die andere, wird das Opfer gezwungen, keine Anzeige zu erstatten, vielleicht gegen Zahlung eines Schmerzensgeldes. Erzwungene Falschaussagen, Rücknahme von Anzeigen, Auskunftsverweigerung – die Möglichkeiten, die eigene Rechtssicht durchzusetzen, sind zahlreich. Das Argument der „Ehre" wird vielfach genutzt, um Druck auszuüben. Nach den kulturellen Vorstellungen mancher Zuwanderer aus dem arabischen Raum, aber auch von Sinti und Roma, gelten viele Vorfälle als „Familienangelegenheit" und staatliche Rechtsprechung als Einmischung, derer man sich schämen müsse. Oft haben Einwanderer in ihrer Heimat bereits schlechte Erfahrung mit bestechlichen Polizisten und Richtern gemacht, weswegen sie den deutschen Behörden in manchen Fällen misstrauen.

Karin Schirner, www.br.de/nachrichten/paralleljustiz-integration-friedensrichter-100.html (Zugriff: 2.11.2016)

* **Selbstjustiz**
eine nicht erlaubte Handlung, bei der das Opfer oder Freunde des Opfers den Täter oder wen sie dafür halten, selbst bestrafen

* **Institution(en)**
Einrichtungen, die vom Staat, von Kirchen oder von gesellschaftlichen Gruppen eingerichtet werden, um beispielsweise Konflikte zu regeln

* **Phänomen**
ungewöhnliches Ereignis

M 2 Friedensrichter als Mediatoren

Friedensrichter versuchen, mittels Mediation die Streitparteien zu einer einvernehmlichen Lösung zu bewegen, wie der Islam- und Rechtswissenschaftler Osman Sacarcelik erklärt. Das passe durchaus ins deutsche Justizsystem, in dem solche Verfahren teils schon etabliert seien. Der Vergleich, die Schiedsgerichtsbarkeit und die Mediation seien Bestandteile der deutschen Rechtsordnung, sagte Sacarcelik – und sie entlasteten mitunter Gerichte. „Nicht schon jede Lösung, die jenseits der Justiz gesucht wird, ist auch gleich rechtlich problematisch oder unzulässig."

http://www.tagblatt.de/Nachrichten/Debatte-ueber-islamische-Friedensrichter-157603.html (Zugriff: 4.10.16)

1 Arbeite Vor- und Nachteile einer solchen „Paralleljustiz" aus dem Text M 1 heraus.

2 Gestaltet in Kleingruppen Plakate, auf denen ihr Werbung für den Rechtsstaat macht. Erklärt, warum nur die Justiz Vergehen – auch kleine – verfolgen soll.

3 Selbstjustiz wird in Deutschland hart bestraft. Erläutere, warum das so ist. TIPP S. 213

1 Löse das Kreuzworträtsel

1 Wenn man für seine Handlungen haftbar gemacht werden kann.
2 Ab 14 Jahren muss man für eine Straftat einstehen.
3 Gesetz, das sich um den Schutz der Jugendlichen kümmert.
4 Ein anderes Wort für Rache. Verg...
5 Wenn man Vorsorge trifft, um Straftaten in Zukunft zu verhindern.
6 Freiheitsstrafe, die bei Jugendlichen oder Heranwachsenden verhängt wird.
7 Gesetzgebung, die Ausführung der Gesetze und die Kontrolle, ob Gesetze eingehalten werden, müssen in einer Demokratie von unterschiedlichen Institutionen ausgeübt werden, um Machtmissbrauch zu verhindern.
8 Zwei Privatpersonen wollen eine Frage juristisch klären, z. B. zwei Nachbarn streiten um einen Zaun.
9 Gerichtsverfahren, bei dem eine Straftat verhandelt wird.
10 Wichtige Rechte, die im Grundgesetz einen besonderen Schutz genießen.

2 Ordne die Begriffe den einzelnen Personen im Strafprozess zu:

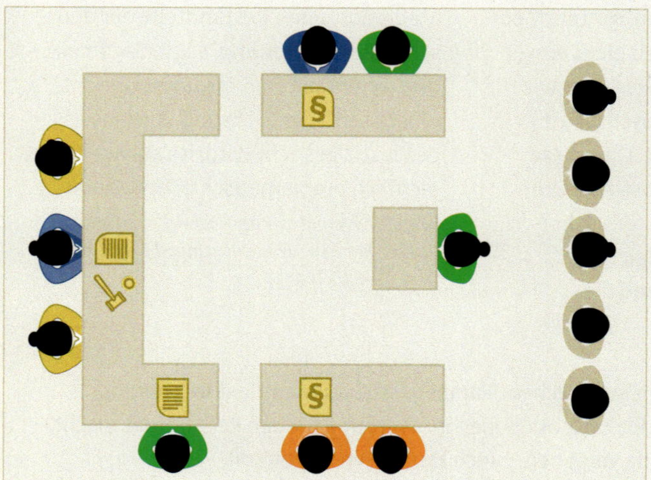

Protokollführerin,
Verteidiger,
Angeklagter,
Zeugenplatz,
Publikum,
Staatsanwalt,
Richterin,
Schöffen,
Nebenkläger.

M 1 Mit Drogen gehandelt: Jugendstrafe

In der Wohnung des 19-jährigen Mannes hatte die Polizei bei einer Hausdurchsuchung am 16. August 2012 gegen 19.25 Uhr insgesamt 440 Gramm Marihuana mit einem Wirkstoffgehalt von etwa zehn Prozent gefunden. Einnahmen in Höhe von 405 Euro stellte sie sicher.
Mit seinem Urteil, in das eine offene Strafe von zweieinhalb Jahren einbezogen wurde, blieb das vom Vorsitzenden Richter Volker Büchs geleitete Gericht zwischen den Anträgen der Prozessparteien: Staatsanwältin Liliana Cazacu hatte fünf Jahre und zehn Monate gefordert, Verteidiger Frank Häcker vier Jahre und acht Monate Jugendstrafe beantragt. Im Gefängnis soll der junge Mann eine Berufsausbildung absolvieren können.
Neben dem Drogenhandel wurde dem Angeklagten zur Last gelegt, dass er sich durch verschiedene Aktivitäten vor eventuell auftretenden Problemen geschützt hatte. Seine Wohnung war nicht nur mit einer drahtlosen Überwachungskamera gesichert. Griffbereit lagen im Wohnzimmer: auf der Lehne seines Sofas ein Elektroschocker, auf der Sitzfläche ein scharf geschliffenes Messer, in der Reisetasche ein Teleskopschlagstock.

Wolfgang Dreikorn, www.main-echo.de/regional/stadt-kreis-aschaffenburg/art3983,2539129 (Zugriff: 2.11.2016)

M 2 „Ich schlage Frauen! Hupt, wenn ich ein Drecksack bin"

Florida – Nachdem Alisha Hessler nach einem Streit in einer Disco von Gabriel Urena übel verprügelt wurde, stellte sie Anzeige bei der Polizei. Gleichzeitig machte sie dem Täter, den sie kannte, auf Facebook einen ungewöhnlichen Vorschlag. Entweder er setzt sich mit einem Schild „Ich schlage Frauen! Hupt, wenn ich ein Drecksack bin!" an eine belebte Kreuzung oder er muss sich vor Gericht verantworten. Wenige Tage später setzte sich der Übeltäter tatsächlich mit dem Schild an eine Kreuzung in Tampa. Frauenschutz-Organisationen halten das Vorgehen für gefährlich. Gewalt gegen Frauen sei eine schwere Straftat. Kein Täter dürfe glauben, dass die Sache nach ein paar Stunden mit Spott-Hut an einer Kreuzung erledigt sei.

csi, www.rp-online.de/panorama/ich-schlage-frauen-hupt-wenn-ich-ein-drecksack-bin-aid-1.3903585 (Zugriff: 2.11.2016)

Ich kann Informationen gewinnen und aufbereiten.

1 Lies dir den Text **M 1** durch und beschreibe, welche Taten dem jungen Mann zur Last gelegt werden.

2 Beschreibe, wer alles am Prozess beteiligt ist (**M 1**).

Ich kann Probleme und Konflikte analysieren.

3 Erkläre, warum der volljährige Mann nach dem Jugendstrafrecht verurteilt wurde.

4 Erläutere ausgehend von **M 1**, welche Funktion Strafe hat.

Ich kann mir ein begründetes Urteil bilden.

5 In **M 2** siehst du ein ungewöhnliches Beispiel eines Täter-Opfer-Ausgleichs aus den USA. Erörtere, inwieweit du das Vorgehen für richtig hältst.

Ich kann mitreden und aktiv werden.

6 Stell dir vor, du wärst dem Täter aus **M 2** mit Schild begegnet. Notiere deine Gedanken.

KAPITEL 7

Familie und Gesellschaft

Familie hat viele Gesichter. Welche Rolle spielt sie für dich?

In diesem Kapitel lernst du,
- *welche Formen des Zusammenlebens in Familien es gibt;*
- *was Familien ausmacht und welche Aufgaben sie übernehmen;*
- *wie und warum der Staat Familien fördert;*
- *wie sich das Familienbild verändert hat und weiter verändert.*

Menschen leben in Familien zusammen. Der Begriff „Familie“ kann aber viele Formen des Zusammenlebens beschreiben. Wer gehört dazu und wer lebt mit wem zusammen? Diese Fragen lassen sich nicht eindeutig beantworten und haben sich in der Vergangenheit auch immer wieder verändert.

M1 Familienfotos

Familie – was ist das eigentlich?

Der Begriff Familie leitet sich aus dem lateinischen Wort „familia“ ab und bedeutet „Hausgemeinschaft“, also alle Personen, die gemeinsam in einem Haus zusammenleben. Diese Form des Zusammenlebens gewährleistet vor allem der älteren und der jungen Generation Schutz, Versorgung und Unterstützung. Heute leben nicht mehr alle Generationen unter einem Dach und richtige Großfamilien* finden sich nur noch selten. Die Formen sind vielfältiger geworden.

* **Großfamilie**
Familienverband, der mit drei oder mehr Generationen in einem Haushalt lebt

M2 Familie ist

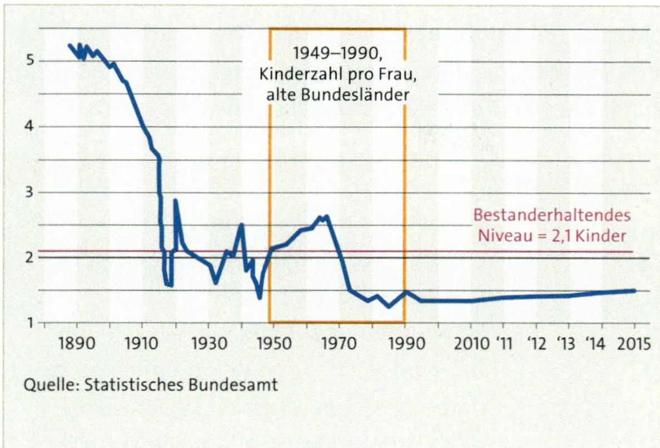

M3 Geburtenrate in Deutschland

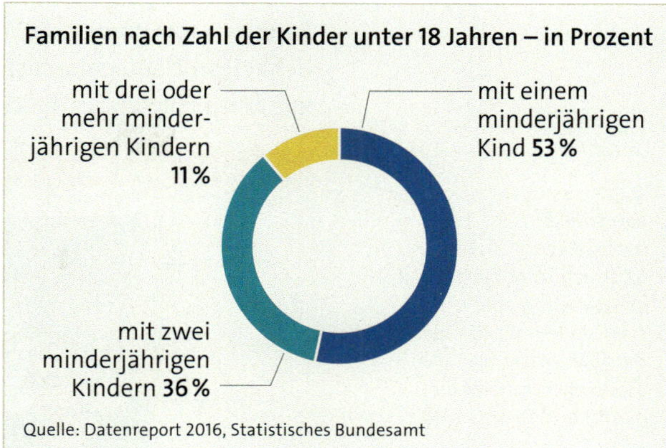

M4 Anzahl der Kinder pro Familie

M5 Familie. Die beste Bande der Welt

[...] Dass Familien zusammenhalten, ist keine Regel der Natur. Bei uns Menschen hat sie sich entwickelt, weil es eine Zeit gab, in der sie überlebenswichtig war: Wer nicht selber dafür sorgen konnte, genug zu essen auf dem Tisch und ein Dach über dem Kopf zu haben, war auf seine Familie angewiesen. Kranke, Schwache und alte Menschen mussten sich darauf verlassen können, dass die Verwandten sie durchfüttern. Heute hilft der Staat denjenigen Menschen, die in Not geraten sind: Wer in Deutschland seine Arbeit verliert oder krank ist, bekommt Unterstützung. Und wenn wir irgendwann nicht mehr arbeiten können, bekommen wir eine Rente. Wer das eigentlich bezahlt? Wir alle! Weil wir nämlich Steuern zahlen, also dem Staat etwas von unserem Geld abgeben. Und wie eine Art große Familie unterstützt der Staat dann mit einem Teil des Geldes diejenigen, die sich gerade nicht um sich selbst kümmern können.

Als sich der Staat noch nicht um solche Aufgaben gekümmert hat, waren die Familien viel größer. Damit die Familie über die Runden kam, mussten alle mit anpacken: Die Großeltern lebten oft mit im selben Haus, um ein wenig zu helfen und um später mal versorgt zu werden. Eltern bekamen viel mehr Kinder: Im Jahr 1900 kriegten die Frauen in Deutschland im Durchschnitt mehr als vier, heute ist es gerade mal eins. Ein Viertel aller Kinder haben keine Geschwister.

Aber es hat sich noch viel mehr verändert als nur die Familiengröße. Früher war es ganz klar, dass ein Paar erst heiratet und dann Kinder bekommt. Heute sind wir bei der Reihenfolge nicht mehr so streng. Manche Eltern heiraten gar nicht, oder sie lassen sich wieder scheiden und leben getrennt.

Moritz Baumstieger, ZEIT LEO 6/2013, S. 11–16, http://zfds.zeit.gaertner.de/content/download/421/2986/file/ZFS_ABKinderZEIT_210x297_Dez13_final.pdf (Zugriff: 25.10.2016)

Mehr zum Thema
Film: Demografischer Wandel ... einfach erklärt

Webcode PE652136-117

1 Die Bilder in **M1** zeigen verschiedene Familien. Beschreibe die Unterschiede und die Gemeinsamkeiten.

2 **a** Diskutiert, welcher Definition von Familie ihr am ehesten zustimmen würdet.
b Erstelle deine eigene Definition von Familie.

3 Untersuche die Schaubilder **M3** und **M4**. Welche Aussagen kannst du treffen und welche Entwicklungen kannst du aus ihnen ableiten?

4 Erarbeite mithilfe von **M5** Gründe, warum Großfamilien heute eher die Ausnahme sind.
TIPP *S. 213*

Was ist denn alles Familie?

Familie – das sind doch Vater, Mutter, Kind! Kann sein – muss aber nicht!! Die Wirklichkeit in Deutschland sieht viel bunter aus, denn hinter der Bezeichnung „Familie“ können sich ganz unterschiedliche Formen des Zusammenlebens verbergen.

★ **Kernfamilie**
bezeichnet das Zusammenleben von Vater, Mutter und den gemeinsamen, leiblichen Kindern, die in einem Haushalt zusammenleben. Diese Lebensform ist die häufigste in Deutschland.

★ **Patchworkfamilie**
Damit wird eine Familie bezeichnet, bei der mindestens ein Elternteil Kinder aus einer früheren Beziehung mit in die neue Familie gebracht hat. Patchwork bedeutet so viel wie „Flickwerk“. Wie bei Patchworkdecken, die aus verschiedenen Teilen zusammengenäht werden, besteht die Patchworkfamilie auch aus verschiedenen Teilen. Jede zehnte Familie in Deutschland ist eine Patchworkfamilie.

M 1 Steckbrief von Emil (13 Jahre): Meine Familie

Zu meiner Familie gehören: Mama, Stiefpapa Bernd, Stiefschwester Thea und meine Halbschwester Finja

So wohnen und leben wir: Als ich drei Jahre alt war, haben sich meine Mama und mein Papa scheiden lassen. Lange habe ich mit Mama alleine gewohnt, doch irgendwann war Bernd immer häufiger bei uns zu Besuch und brachte auch seine Tochter Thea mit. Sie ist etwa genauso alt wie ich, und wir haben viel miteinander gespielt. Vor sieben Jahren sind wir dann alle zusammen in ein Haus gezogen. Vor fünf Jahren haben sie Thea und mir erzählt, dass wir noch ein Geschwisterchen kriegen. Die kleine Finja hält uns ganz schön auf Trab.

Ich finde es cool, dass bei uns immer was los ist.

Mich nervt, dass ich nur Schwestern habe, ein Bruder hätte mir besser gefallen. Na ja, dann halten Bernd und ich eben zusammen.

M 2 Steckbrief von Sara (14 Jahre): Meine Familie

Zu meiner Familie gehören: Mama Ruth und Mama Katrin

So wohnen und leben wir: Ich lebe mit meinen Mamas in einem kleinen Haus mit Garten. Sie haben sich ineinander verliebt, als ich noch ganz klein war. Vor ein paar Jahren haben sie geheiratet und leben jetzt in einer sogenannten eingetragenen Lebenspartnerschaft.

Ich finde cool, dass ich mit meinen Mamas viel Spaß habe, wir spielen gerne und lachen viel. Sie sind gute Ratgeber für mich.

Mich nervt, dass ich manchmal von Lehrern und Mitschülern komisch angeschaut werde, wenn ich sage, dass ich zwei Mütter habe. Ich möchte das nicht immer erklären müssen, denn für mich ist meine Familie ganz normal.

M 3 Familie im Wandel

M 4 Steckbrief von Stefanie (10 Jahre): Meine Familie

Zu meiner Familie gehören: Mama Karin mit Roman und Papa Ralf mit Petra

So wohnen und leben wir: Als sich mein Papa und meine Mama vor fünf Jahren getrennt haben, war ich zuerst sehr traurig. Aber ich war auch ein bisschen froh, dass ich nicht mehr das Gestreite der beiden anhören musste. Heute haben beide neue Partner, das war am Anfang komisch für mich, doch mittlerweile finde ich es nicht mehr schlimm. Von Samstag bis Montag lebe ich bei meinem Papa, von Dienstag bis Freitag bei meiner Mama.

Ich finde cool, dass ich alles doppelt habe. Ich habe zwei Zimmer, fahre im Sommer zweimal in den Urlaub und feiere zweimal Weihnachten!

Mich nervt, dass ich manchmal viel Zeit mit Hin- und Herfahren verbringe.

M 5 Steckbrief von Leon (11 Jahre): Meine Familie

Zu meiner Familie gehören: Mama Simone und Papa Gregor, mein Bruder Anton, 9 Jahre, und meine kleine Schwester Tina, 6 Jahre.

So wohnen und leben wir: Ich lebe mit meiner Familie in einer Vierzimmerwohnung. Anton und ich teilen uns ein Zimmer, meine kleine Schwester hat ein eigenes, kleines Zimmer. Wir wohnen mitten in der Stadt.

Ich finde cool, dass wir mitten in der Stadt wohnen und ich viele Dinge schon alleine machen kann. Ich fahre zweimal in der Woche mit dem Rad zum Fußballtraining oder treffe mich mit Freunden in der Stadt. Wir Kinder haben alle denselben Schulweg und halten immer zusammen.

Mich nervt, dass ich kein eigenes Zimmer habe, manchmal möchte ich auch gerne mal die Türe zumachen können und für mich alleine sein. Manchmal streiten wir Geschwister auch, das gehört dazu, meint Mama.

* **Regenbogenfamilie**
Als Regenbogenfamilie bezeichnet man Familien, in denen Kinder mit zwei lesbischen Müttern oder zwei schwulen Vätern leben.

* **Ein-Eltern-Familie**
Jede fünfte Familie in Deutschland ist eine Ein-Eltern-Familie. Sie bezeichnet das Zusammenleben eines einzigen Elternteils mit mindestens einem Kind. Wenn nur ein Elternteil das Sorgerecht hat, nennt man ihn alleinerziehend.

1 Am Rand findest du verschiedene Formen von Familie. Untersuche die Steckbriefe und ordne sie den fettgedruckten Begriffen der Randspalte zu.

2 Analysiere die Karikatur M 3.

3 Fallen dir noch weitere Formen von Familie ein? Diskutiere, ob zu einer Familie immer auch Kinder gehören.

4 Anton sagt: „Zu meiner Familie gehören viel mehr, als mit mir in einer Wohnung leben." Erörtere diese Aussage.

Schaubilder helfen uns, die Ergebnisse einer Befragung oder Untersuchung anschaulich darzustellen. Um Aussagen und Informationen aus ihnen herauszulesen, gibt es aber ein paar wichtige Regeln zu beachten.Wie geht ihr vor?

Schritt 1: Um was geht's?

- Wie ist die Überschrift des Schaubildes?
- Worum geht es?

Schritt 2: Verschaffe dir einen Überblick und beschreibe!

- Manche Schaubilder verwenden bunte Farben, Hervorhebungen und zusätzliche Bilder. Das kann verwirrend sein. Suche nach der Kernaussage des Diagramms!
- Sind Bezugsgrößen vorhanden, also z.B. welche Personengruppe oder wie viele Personen an der Befragung teilgenommen haben?
- Sind dir alle Begriffe klar? Wenn nicht, schaue im Lexikon oder in Ähnlichem nach.
- Welche Art von Diagramm liegt vor? Die Arten von Diagrammen findest du unten.
- Wer hat das Schaubild verfasst und von wann stammen die Daten?

Schritt 3: Erkläre, was dargestellt ist!

- Versuche, die Zahlen in den Zusammenhang einzuordnen.
- Schau dir besondere Werte an: z.B. den höchsten Wert, den kleinsten Wert, ...
- Sind die Werte in Prozent, in absoluten Zahlen oder anderen Einheiten angegeben?
- Was fällt dir sonst noch auf?

Schritt 4: Bewerte das Schaubild!

- Welches ist für dich die wichtigste Aussage des Schaubilds?
- Welchen Sachverhalt kannst du daraus ableiten?
- Ist das Diagramm alleine aussagekräftig oder benötigst du noch mehr Informationen aus dem Sachtext, der das Schaubild umgibt?
- Woher stammen die Zahlen? Gibt es einen Zusammenhang zwischen dem Auftraggeber einer Studie und den Ergebnissen?

Welche Formen von Diagrammen gibt es?

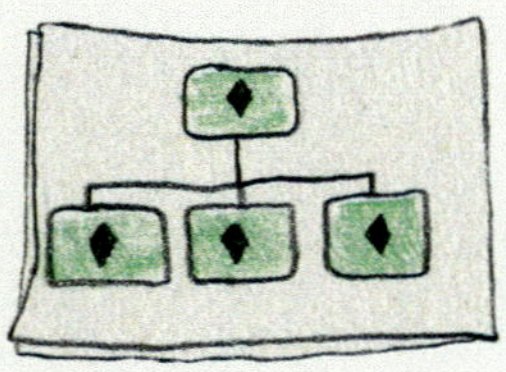

Baumdiagramm
zeigt die Beziehung zwischen den einzelnen Elementen auf

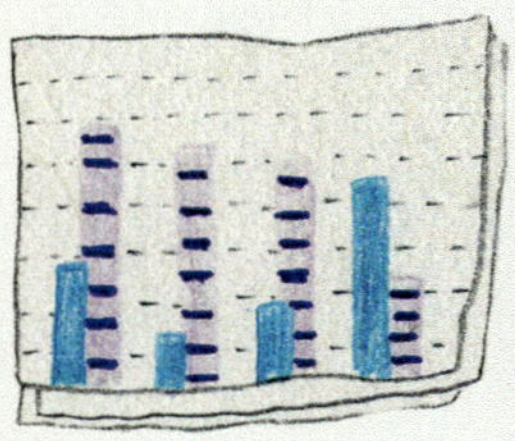

Säulendiagramm, Balkendiagramm
zeigen Veränderung von Daten im zeitlichen Verlauf auf

Zyklusdiagramm
stellt Abläufe von Prozessen dar

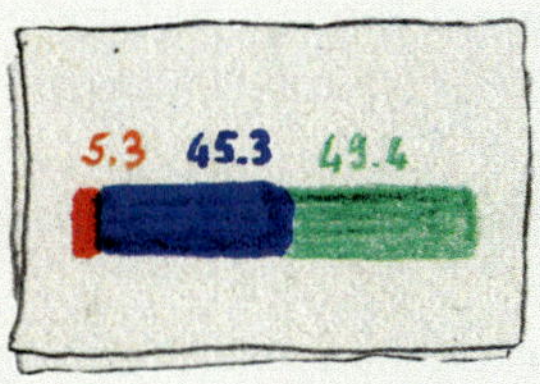

Stabdiagramm
zeigt die Mengenverteilung auf einem geteilten „Stab“

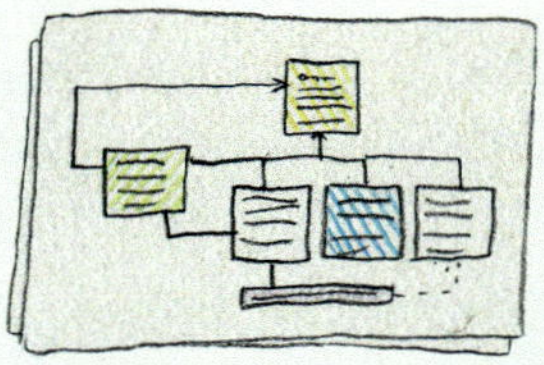

Flussdiagramm
veranschaulicht Abläufe, Prozesse und Entwicklungen, mit speziellen Formen, Pfeilen und Symbolen

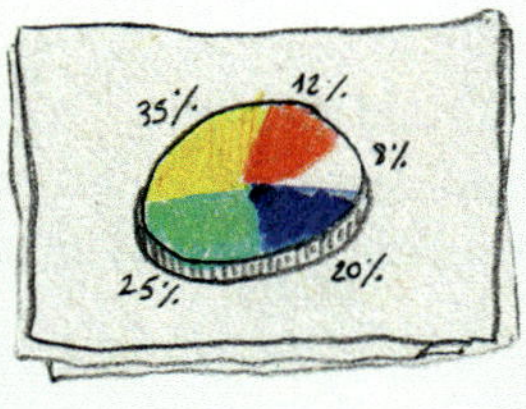

Kreisdiagramm
(auch Tortendiagramm) zeigt prozentuale Anteile von Elementen von einem Ganzen (100 %)

Pyramidendiagramm
zeigt Über- und Unterordnung, Schichtung und die Hierarchie in einem System

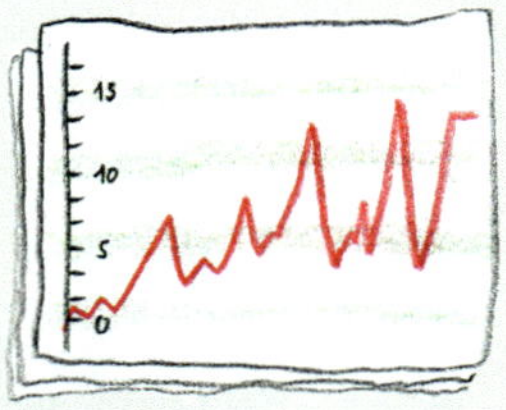

Linien- und Kurvendiagramme
veranschaulichen Entwicklungen über einen längeren Zeitraum

Venn-Diagramm
veranschaulicht Überschneidungen verschiedener Bereiche

Figurendiagramm (Piktogramm)
veranschaulicht Messzahlen durch Symbole

Beispiel / Aufgaben

1 Versuche nach den vier beschriebenen Schritten dieses Schaubild zu untersuchen.

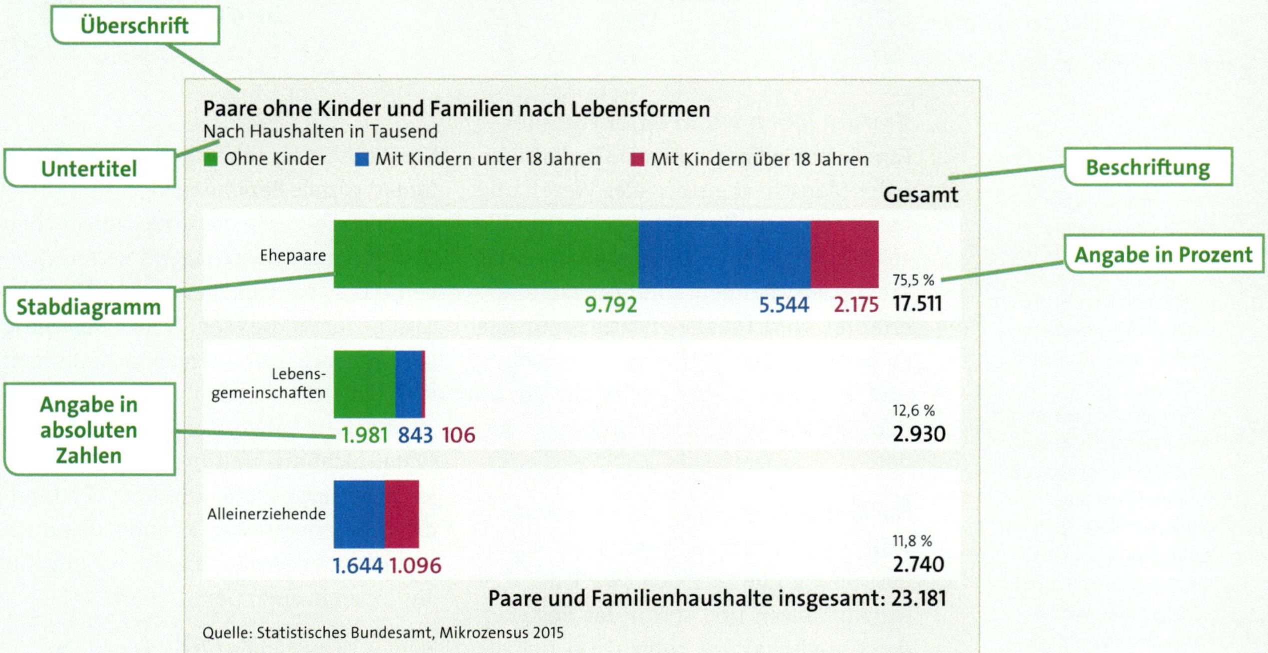

2 Überprüfe, welche dieser Aussagen sich aus dem Schaubild ablesen lassen:
- Das Schaubild zeigt, dass die meisten verheirateten Paare keine Kinder haben.
- Bei ca. 12 % aller Haushalte mit Kindern sind die Eltern nicht verheiratet.
- Die meisten Familien haben zwei Kinder.
- Bei etwa jedem zehnten Haushalt mit Kindern ist der Vater oder die Mutter alleinerziehend.
- Väter sind seltener alleinerziehend als Mütter.

Überall auf der Welt leben Menschen in Familien zusammen, unterschiedliche Formen von Familien haben wir ja bereits kennengelernt. Doch wieso tun sie das? Welche Aufgaben und Funktionen übernimmt die Familie?

M1 Plakat der Initiative „Gegen Gewalt in der Familie"

M2 Art. 6 GG

Aus dem Grundgesetz für die Bundesrepublik Deutschland

(1) Ehe und Familie stehen unter dem besonderen Schutze der staatlichen Ordnung.
(2) Pflege und Erziehung der Kinder sind das natürliche Recht der Eltern und die zuvörderst ihnen obliegende Pflicht. Über ihre Betätigung wacht die staatliche Gemeinschaft.
(3) Gegen den Willen der Erziehungsberechtigten dürfen Kinder nur auf Grund eines Gesetzes von der Familie getrennt werden, wenn die Erziehungsberechtigten versagen oder wenn die Kinder aus anderen Gründen zu verwahrlosen drohen.

Warum leben wir in einer Familie?

Familie befriedigt emotionale Bedürfnisse
Jeder Mensch ist ein soziales Wesen und hat emotionale Bedürfnisse. Die Familie soll ein Ort sein, wo Zuneigung, Liebe, Trost, Geborgenheit und Anerkennung erfahren wird. Dies ist wichtig für unsere körperliche und seelische Entwicklung und Gesundheit – ein vertrauter Ort, an dem Gefühle erfahren und gezeigt werden.

Familie dient dem Erhalt einer Gesellschaft
Nüchtern betrachtet kann man sagen, dass die Familie auch den Zweck hat, sich fortzupflanzen und so für das Bestehen der Gesellschaft zu sorgen. Sie hat die Aufgabe, die Kinder großzuziehen, und sichert sich gegenseitig Schutz und Versorgung zu. Im weiteren Sinne ist sie eine Art Wirtschaftsgemeinschaft, die ihren Mitgliedern den Bedarf an den täglichen Dingen, Wohnung, Kleidung und Nahrung deckt.

Familie ist eine Lebensgemeinschaft und fördert soziale Beziehungen
Auch wenn heute die unterschiedlichen Generationen überwiegend getrennt leben, halten sie doch meist engen Kontakt. Familie bietet die Möglichkeit, dass Jung und Alt sich miteinander austauschen und vielleicht auch mal unterschiedliche Sichtweisen haben. Konflikte bleiben da sicher nicht aus und manchmal braucht es gegenseitige Toleranz und Verständnis. Die Generationen können aber auch voneinander lernen, das ist wichtig für das Leben in einer Gesellschaft.

Familie ist zuständig für die Erziehung
Eine wichtige Aufgabe der Familie ist die Erziehung der Kinder. So sollen die Kinder befähigt werden, sich in der Gesellschaft zurechtzufinden, um so ihre Zukunft aktiv gestalten zu können. Dazu gehört die Vermittlung von Bildung und Unterstützung in der Entwicklung ihrer Persönlichkeit und Selbstständigkeit.

M3 Forschungen zum Hospitalismus* um das Jahr 1940

Rene Spitz (1887–1974), ein österreichischer Wissenschaftler, erforschte das Verhalten von Kleinkindern in Waisenhäusern, die ohne Beziehungsperson aufwuchsen. Die Kinder wurden ausschließlich gesundheitlich versorgt und erhielten Nahrung. Allerdings beschäftigte sich keine der Pflegerinnen mit ihnen. Die Kinder waren zunächst weinerlich und versuchten verzweifelt, sich an die Pflegerinnen zu klammern. Wurde ihnen weiterhin die Zuwendung verweigert, starrten sie nach ein paar Wochen nur noch teilnahmslos vor sich hin. In der Folge entwickelten sich diese Kinder weder geistig noch körperlich weiter, viele wurden krank und starben.

* **Hospitalismus**
neagtive körperliche und seelische Folgen eines Krankenhaus- oder Heimaufenthaltes

M4 Fünf Follower

M5 „Wie kann man nur so unselbstständig sein“

1 Erkläre die Aussage von M1. Schreibe mithilfe der ABC-Methode weitere Begriffe auf, die dir zum Thema „Familie bedeutet …“ einfallen. Sammelt an der Tafel.

2 Arbeite mithilfe des Autorentextes heraus, welche Aufgaben und Pflichten die Familie hat. TIPP S. 213

3 Lies den Text M3 und beschreibe, was den beobachteten Waisenhauskindern fehlte.

4 Beurteile das Vorgehen der Mutter in der Karikatur M5. Was denkst du darüber?

5 Bewerte die Karikatur M4 und nenne weitere Beispiele, bei der junge und ältere Generationen voneinander lernen können.

6 a Wer wacht darüber, ob Familien ihre Pflichten erfüllen? Kannst du dir Situationen vorstellen, in denen Familien dies nicht schaffen? Wer könnte dann helfen? (M2)

b Sind die in M3 beschriebenen Zustände auch heute noch denkbar? Recherchiert im Internet und berichtet in der Klasse. TIPP S. 213

Es gibt ganz unterschiedliche Modelle, wie Eltern versuchen, ihr Leben mit Kindern zu organisieren. Die klassische Rollenverteilung: Der Vater geht arbeiten, die Mutter kümmert sich um die Kinder. Doch manche Familien wagen einen Rollentausch: Sie geht arbeiten und er bleibt daheim!

Ein typisch weibliche Biografie?

Die meisten Mädchen spielen am liebsten mit Puppen und tragen gerne rosa. Später erlernen sie den Beruf der Arzthelferin oder Friseurin, bis sie irgendwann heiraten und Kinder bekommen. Ab dann sind sie Hausfrau und Mutter, sind ganz zu Hause oder arbeiten ein bisschen in Teilzeit*. Sie verzichten auf Karriere und haben nur wenig Einkommen, deshalb später auch wenig Rente und leben schließlich in Altersarmut. So weit das Klischee.

M1 Multitaskingfähig*

Vereinbarkeit Familie und Beruf

Diese Aussicht ist für viele Frauen nicht sehr vielversprechend und es gibt andere Wege. Staat und manche Arbeitgeber helfen dabei, Familie und Beruf besser miteinander zu vereinbaren. Teilzeitarbeit, Elternzeit, familienfreundliche Arbeitszeiten, staatliche und betriebliche Kinderbetreuung unterstützen Familien, ihre Berufstätigkeit und die Betreuung der Kinder zu organisieren. Die Angebote werden von Vätern noch eher selten genutzt.

* **Klischee**
Lässt sich vielleicht am besten mit dem Wort „Schubladendenken" übersetzen. Es bezeichnet eine Meinung, die nicht unbedingt mit der Wirklichkeit übereinstimmt. Die Klischees entstehen aus Vorurteilen, die viele Menschen über eine bestimmte Personengruppe haben.

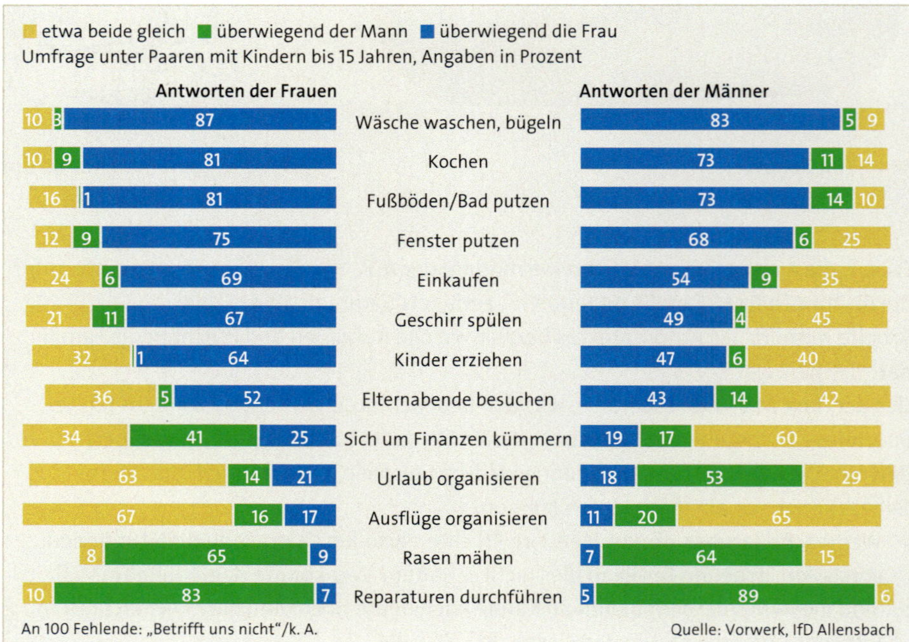

M2 Wer macht die Hausarbeit?

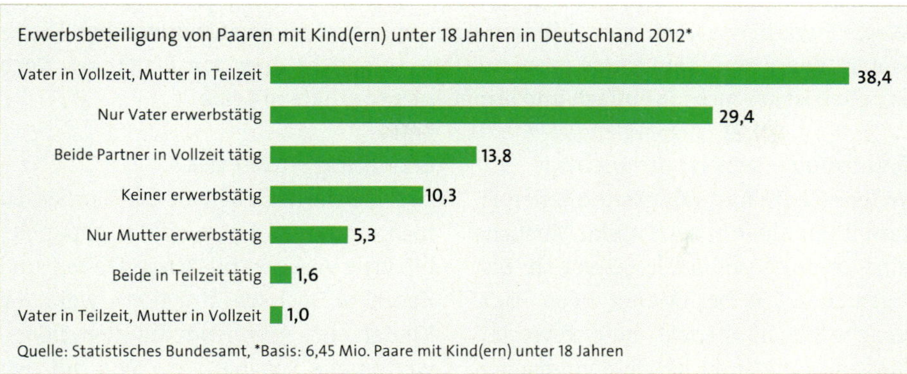

M3 Wer geht arbeiten?

M4 Ein Vater in Elternzeit – Keine Sekunde wird es langweilig

Wer plant eigentlich die Herren-Toiletten in Hotels und an Autobahnen? Väter sind es sicher nicht. Denn sonst wäre irgendjemand aufgefallen, dass es nicht so einfach ist, einem Kleinkind die Windel über dem Waschbecken zu wechseln – reinigen und anziehen inklusive. Wo immer ich als Mann während meiner sechs Monate Elternzeit in einer Herren-Toilette einen Wickeltisch gesucht habe: Ich bin enttäuscht worden.

[...] Tatort Supermarkt. Carla, so heißt das bezaubernde Wesen, das ich ein halbes Jahr Vollzeit gefüttert, gewickelt und geherzt habe, hatte ausnahmsweise einen nicht so sonnigen Tag. Hunger, Bauchweh, Windel voll, Eltern weg, schlecht geschlafen – viel mehr Gründe gibt es für ein Kind von acht Monaten eigentlich nicht, um schlecht drauf zu sein. Sie wand sich auf meinem Arm, während ich versuchte, sie mit einer Hand zu beruhigen und mit der anderen einen Plastikbeutel mit Obst zu verknoten. Carla schrie, Carla tobte. Und dann dieser Blick der älteren Dame im Rock. Er drückte Mitleid aus, nicht Tadel. Hätte ihr Blick sprechen können, hätte er gesagt: „Der arme Mann. Hat seine Frau ihn mit dem Kind ganz alleine gelassen. Der weiß doch gar nicht, was er machen soll."

Tobias Rösmann, http://www.faz.net/aktuell/rhein-main/frankfurt/ein-vater-in-elternzeit-keine-sekunde-wird-es-langweilig-11023733.html (Zugriff: 26.10.2016)

* **Teilzeitarbeit**
Die regelmäßige Wochenarbeitszeit wird herabgesetzt. Man arbeitet weniger, bekommt auch nur anteilig den Lohn.

* **multitaskingfähig**
bedeutet, mehrere Dinge gleichzeitig zu tun oder mehrere Aufgaben gleichzeitig zu bewältigen

M5 Traumjob. Nimm dir die Vaterzeit. Aus der Plakatausstellung „Neue Väter"

1 Beschreibe das Plakat **M1**. Wie ist das bei euch in der Familie? Wer macht was?
2 Arbeite heraus, welche Aufgaben vorwiegend Frauen bzw. Männer übernehmen. (**M2**)
3 „Frauen sollten nach Beendigung des Mutterschutzes möglichst schnell wieder in den Beruf zurückkehren!" Führt eine Pro-und-Kontra-Diskussion durch.
4 Analysiere mithilfe von **M3**, wie das Angebot der Teilzeitarbeit genutzt wird.
5 Erläutere mithilfe von **M4** und **M5**, mit welchen Problemen und Vorurteilen Väter in Elternzeit zu kämpfen haben.
6 Bewerte folgende Aussage: Der Staat hat sich nicht in die private Verteilung der Rollen von Mann und Frau einzumischen.

Erziehung ist kein Kinderspiel!

Wenn Erwachsene versuchen, Kindern und Jugendlichen lebensnotwendige Fähigkeiten, Werte und Kenntnisse zu vermitteln, so spricht man von Erziehung. Doch Erziehen ist gar nicht so einfach und bringt auch Konflikte mit sich.

Erziehung – was ist dir wichtig?

Welche Werte und Fähigkeiten sollen Eltern ihren Kindern vermitteln? Versuche eine Zeitreise und stelle dir vor, du bist irgendwann selber Mama oder Papa. Welche Erziehungsziele und Wertvorstellungen würdest du bei deinem eigenen Kind anstreben, was wäre dir wichtig?

Erziehung – aber wie?

Das Zusammenleben in der Familie ist nicht immer harmonisch, der Alltag bietet viele Anlässe für Streitigkeiten und Konflikte. Doch was tun Eltern, wenn die Kinder sich schreiend auf den Boden werfen, die Spaghetti vor Wut auf den Boden schmeißen oder sich weigern, ihr Zimmer aufzuräumen.

M1 Recht auf gewaltfreie Erziehung

Seit dem 2. November 2000 ist das Recht auf gewaltfreie Erziehung im Bürgerlichen Gesetzbuch (BGB) verankert:

§ 1631 Inhalt und Grenzen der Personensorge
(1) Die Personensorge umfasst insbesondere die Pflicht und das Recht, das Kind zu pflegen, zu erziehen, zu beaufsichtigen und seinen Aufenthalt zu bestimmen.
(2) Kinder haben ein Recht auf gewaltfreie Erziehung. Körperliche Bestrafungen, seelische Verletzungen und andere entwürdigende Maßnahmen sind unzulässig.

M2 Erziehungsziele

Was ist für dich in der Erziehung das wichtigste?	Das finde ich sehr wichtig!	Das finde ich wichtig!	Das finde ich nicht so wichtig!
Toleranz			
Kritikfähigkeit			
Selbstständigkeit			
Durchsetzungsvermögen			
Ehrlichkeit			
Ordentlichkeit			
Interesse an Kunst und Musik			
Höflichkeit			
Kreativität			
Sinn für Humor			
...			

M3 Erziehungsmaßnahmen

Umfrage zur Gewalt von Eltern in der Erziehung
In Prozent der 1003 befragten Eltern mit mindestens einem Kind bis 14 Jahre

Quelle: Eltern, Forsa, Stand: November 2011

M4 Dürfen Eltern ihre Kinder „ein bisschen“ schlagen?

Es ist Aufgabe der Eltern, dem Nachwuchs Werte und Manieren beizubringen und sie vor Gefahren zu schützen. Das bedeutet aber nicht, das Kind zu demütigen oder zu schlagen, denn Kinder haben ein Recht auf gewaltfreie Erziehung [...]. Während es früher als selbstverständlich angesehen wurde, sein Kind notfalls mit Prügel zu erziehen, hat der Gesetzgeber das sogenannte Züchtigungsrecht mittlerweile verboten. [...] Die Vorschrift verbietet Eltern aber nicht generell, ihre Sprösslinge bei Fehlverhalten zu bestrafen – schließlich muss ein Kind merken, dass es einen Fehler gemacht hat, um sich weiterentwickeln zu können.

Nach: Ass. Sandra Voigt: Ohrfeige, Klaps: Dürfen Eltern ihre Kinder „ein bisschen“ schlagen? – www.ksta.de/846280 (Zugriff: 26.10.2016)

„Ist dort amnesty international? Man mutet mir hier allen Ernstes die Entleerung des Mülleimers zu!“ Karikatur: Horst Haitzinger

M5 Karikatur

M6 Martinas Handy

Martina muss abends um 22 Uhr immer ihr Handy ihren Eltern abgeben. Ihre Eltern wollen damit verhindern, dass sie die ganze Nacht damit spielt. Sie findet das ungerecht, weil viele ihrer Freundinnen ihr Handy unbegrenzt nutzen dürfen. Deshalb gab es öfter Streit. Die Eltern wollen jedoch nicht nachgeben. Es ist ihnen wichtig, dass Martina genügend Schlaf bekommt und so in der Schule gut aufpassen kann. Einmal sind ihre Eltern abends nicht da und vergessen die Abgabe des Handys. Am Morgen verschläft Martina und ihr Vater stellt fest, dass sie bis um 1.49 Uhr online war ...

M7 Wie reagieren die Eltern?

Ignorieren

Erklären

Schimpfen

Bestrafungen

Befehlen, Drohen

Liebesentzug

Brüllen

Schlagen

Vorbild sein

Handy wegnehmen

Eigene Idee

Verbote

Hausarrest verordnen

M8 §1619 BGB Dienstleistungen in Haus und Geschäft

Das Kind ist, solange es dem elterlichen Hausstand angehört und von den Eltern erzogen oder unterhalten wird, verpflichtet, in einer seinen Kräften und seiner Lebensstellung entsprechenden Weise den Eltern in ihrem Hauswesen und Geschäft Dienste zu leisten.

1 Ergänze die Erziehungsziele der Tabelle M2 durch eigene Vorschläge. Führt im Anschluss eine Umfrage in der Klasse durch.
2 Werte die Ergebnisse der Umfrage aus.
3 Bewerte die aufgeführten Erziehungsmaßnahmen in M3.
4 Diskutiert, ob Gewalt gegen Kinder in Familien per Gesetz verhindert werden kann.
5 Beurteile den Gesetzestext M8 und die Karikatur M5.
6 Spielt die Situation M6 in Gruppen zu drei oder vier Schülern als Rollenspiel in zwei verschiedenen Varianten. Anregungen findet ihr in M7.

Konflikte in der Familie lösen – aber wie?

Dass Eltern und Kinder sich in der Familie nicht immer einig sind, ist völlig normal und kommt in den meisten Familien vor. Der Umgang mit Konflikten kann aber verschieden sein. Welche Erziehungsstile gibt es und worin liegen die Vor- und Nachteile?

M 1 Autoritärer Erziehungsstil

Dieser Erziehungsstil beruht auf Befehl und Gehorsam. Auf kindliche Bedürfnisse wird wenig oder keine Rücksicht genommen. Es gelten strenge Regeln, gutes Verhalten wird belohnt, Fehlverhalten wird mit Strafen und Sanktionen geahndet. Meist ist der Umgang nicht sehr von liebevollem Verhalten geprägt. Befehle wie „du musst ...“ oder „du machst jetzt sofort ...“ sind typisch.

M 2 Demokratischer Erziehungsstil

Die Eltern schenken ihren Kindern viel Aufmerksamkeit und das Kind wird in seinem Interesse bestärkt. Bei wichtigen Entscheidungen werden alle beteiligt. In der Familie gibt es Regeln und Grenzen. Bei deren Überschreitung folgen Konsequenzen, die vorher verhandelt wurden. Bei Konflikten wird nach Lösungen gesucht, bei denen alle Beteiligten zufrieden sind, wie z. B.: „Ich spiele gerne mit dir, wenn du dein Zimmer aufgeräumt hast ...“.

M 3 Permissiver Erziehungsstil

Eltern halten sich in der Erziehung total zurück. Grenzen und Regeln werden nicht vorgegeben. Eltern helfen nur, wenn das Kind die Hilfe selbst einfordert, und machen den Kindern keine Vorgaben. Kinder müssen keine Aufgaben in der Familie übernehmen, die Freiheit des Kindes ist das wichtigste Erziehungsprinzip: „Mach, wenn du möchtest“.

M 4 Erziehungsstile – Vor- und Nachteile

Erziehungsstil	Vorteile	Nachteile
autoritär		
demokratisch		
permissiv		

M 5 Finn

Finn interessiert sich für Computer und verbringt auch eine Menge Zeit damit auf seinem Zimmer. Er chattet mit seinen Freunden und spielt auch sonst mehrere Stunden am Tag, manchmal eben auch bis spät in die Nacht. Seine Eltern machen sich Sorgen um ihn. Er macht seit Monaten keinen Sport mehr und trifft sich nur noch selten mit Freunden. In der Schule läuft es zurzeit auch eher schlecht als recht ...

1 Lest den Text in M 5 durch und spielt die vorgegebene Situation mit den drei verschiedenen Erziehungsstilen (M 1–M 3) als Rollenspiel.
Beobachtungsaufgaben:
- Analysiere das Verhalten von Finn auf die Reaktionen der Eltern.
- Warum ist Finn auf seine Eltern wütend und warum seine Eltern auf ihn?
- Welche Reaktion oder welches Gefühl löst das Verhalten der Eltern bei Finn aus?
- Wer geht in der Lösung des Konflikts als Sieger hervor?

2 Bewerte die im Rollenspiel gezeigten Lösungsansätze.

3 Analysiere die Vor- und Nachteile der verschiedenen Erziehungsstile. Lege dazu eine Tabelle wie in M 4 an.

4 Entwickelt in Partnerarbeit eine aus eurer Sicht gute Lösung für das Fallbeispiel M 5. Stellt sie der Klasse vor.

5 Vergleiche die verschiedenen Erziehungsziele und erläutere, welchen Erziehungsstil du bevorzugen würdest.

Wie hilft der Staat?

Handy, neue Schuhe, Sportverein – deine Eltern unterstützen dich finanziell in vielen Bereichen. Auch die Politik unternimmt einiges, um deine Eltern und indirekt auch dich auf verschiedene Weise zu unterstützen. Welche staatlichen Leistungen erhält eigentlich deine Familie und wieso macht der Staat das?

M1 Maßnahmen des Staates zur Familienförderung

A ______________

Wer sich entscheidet, nach der Geburt des Kindes voll oder teilweise zu Hause zu bleiben, um sich um das Kind zu kümmern, hat Anspruch auf einen finanziellen Ausgleich vom Staat. Je nach vorherigem Einkommen schwankt die Höhe zwischen monatlich ca. 300–1800,– € und wird 12–14 Monate gewährt.

B ______________

Ab dem vollendeten ersten Lebensjahr hat jedes Kind einen Rechtsanspruch auf einen Betreuungsplatz in einer Kindertageseinrichtung oder in einer Kindertagespflege in der Umgebung. Damit soll es Eltern, erleichtert werden, arbeiten zu gehen und ihre Kinder gut betreut zu wissen.

C ______________

Diesen monatlichen Betrag erhalten Eltern für jedes ihrer Kinder steuerfrei und unabhängig vom Einkommen. Er beträgt monatlich jeweils 192 € für das erste und zweite Kind (2017) und wird von Geburt an bis zur Vollendung einer Berufsausbildung des Kindes bzw. längstens bis zur Vollendung des 25. Lebensjahres bezahlt.

D ______________

Eltern können sich bis zu drei Jahre von der Arbeit ganz oder teilweise freistellen lassen, um sich um das Kind zu kümmern. In dieser Zeit darf man nicht gekündigt werden, man erhält in dieser Zeit allerdings auch keinen Lohn.

(1) Elterngeld, (2) Elternzeit, (3) Kindergeld, (4) Anspruch auf einen Betreuungsplatz

M2 Eltern

M3 Warum macht der Staat Familienpolitik?

Auszug aus Art. 6 GG

(1) Ehe und Familie stehen unter dem besonderen Schutze der staatlichen Ordnung.

(2) Pflege und Erziehung der Kinder sind das natürliche Recht der Eltern und die zuvörderst ihnen obliegende Pflicht. Über ihre Betätigung wacht die staatliche Gemeinschaft.

(3) Gegen den Willen der Erziehungsberechtigten dürfen Kinder nur auf Grund eines Gesetzes von der Familie getrennt werden, wenn die Erziehungsberechtigten versagen oder wenn die Kinder aus anderen Gründen zu verwahrlosen drohen.

(4) Jede Mutter hat Anspruch auf den Schutz und die Fürsorge der Gemeinschaft.

In unserem Grundgesetz steht, dass Ehe und Familie unter besonderem Schutz des Staates stehen. Der Staat verpflichtet sich, Familien auf vielfältige Weise zu fördern und zu unterstützen. Doch welches Interesse hat der Staat daran, dass es den Kindern und Familien gut geht?
Kinder sind wichtig für den Fortbestand unserer Gesellschaft. Die Kinder von heute finanzieren, wenn sie in ein paar Jahren arbeiten, mit ihren Abgaben und Steuern die ältere Generation. Da Deutschland mit durchschnittlich nur 1,4 Kindern pro Frau eine sehr niedrige Geburtenrate hat, ist die Politik stark daran interessiert, Rahmenbedingungen zu schaffen, damit mehr Kinder geboren werden. Nun gibt es in Deutschland unterschiedliche Formen von Familien, mit ganz unterschiedlichen Lebensbedingungen und Problemen. Deswegen gibt es auch eine Menge von Verordnungen und Gesetzen, die Familien in der jeweiligen Situation unterstützen sollen. Insgesamt sind es 157 ehe- und familienbezogene Maßnahmen und Leistungen, für die der Staat jährlich ca. 200 Milliarden Euro ausgibt. Die Familien werden über direkte Zuschüsse oder indirekte steuerliche Erleichterungen gefördert.

Mehr zum Thema
Film: Frauenquote ... einfach erklärt

Webcode PE652136-131

M4 Beitrag der Familien

Es ist Aufgabe der Eltern, dem Nachwuchs Werte und Manieren beizubringen und ihn vor Gefahren zu schützen. Der Staat hat ein ureigenes Interesse daran, Familien zu unterstützen. Familien leisten mit der Kindererziehung nicht nur einen Beitrag für das Funktionieren des staatlichen Gefüges, der kaum zu überschätzen ist, sie spielen darüber hinaus für viele Politikfelder schon deshalb eine große Rolle, weil es in Deutschland über acht Millionen Familien mit minderjährigen Kindern im Haushalt gibt.

Sarah Lotz, Kühlen Kopf bewahren, S. 17, http://www.fluter.de/sites/default/files/kuehlen_kopf_bewahren.pdf (Zugriff: 26.10.2016)

M5 „Wohin geht's?"

1 a Ordne den Textkarten in M1 die passende Überschrift zu. Vergleicht mit eurem Nebensitzer.
  b Berichtet, welche dieser staatlichen Leistungen eure Eltern schon mal in Anspruch genommen haben oder noch nehmen.

2 Kennt ihr noch weitere staatliche Leistungen, die Familien vom Staat erhalten können?

3 Welche Formen der Unterstützung wünschen sich Familien? Nenne Beispiele, wie die Politik versucht, diese umzusetzen.

4 Begründe mithilfe des Textes und M3, warum der Staat an der Förderung von Familien interessiert ist.

5 „Familienpolitik ist eine Investition in die Zukunft!" Nimm Stellung zu dieser Aussage.

6 Erläutere mithilfe der Karikatur M5, vor welchen Schwierigkeiten die Frau steht und welche staatlichen Hilfsangebote ihr helfen können.

1. Von den guten, alten Zeiten …

„Männer und Frauen sind gleichberechtigt", so steht es im Grundgesetz. Die Wirklichkeit sieht oftmals jedoch anders aus. Es mag daran liegen, dass noch vor gar nicht so langer Zeit ein völlig anderes Frauenbild vorherrschte als heute. Ein kleiner Rückblick.

Zum Idealbild der 1950er-Jahre gehörte, dass sich die Frau in der Familie um die Kinder und den Haushalt kümmerte. Meistens ging sie keiner eigenen Erwerbstätigkeit nach und war somit wirtschaftlich von ihrem Ehemann abhängig. Sex vor der Ehe war undenkbar, die Frau verpflichtete sich ihrem Ehemann. Bis 1977 musste sie ihn um Erlaubnis fragen, wenn sie arbeiten gehen wollte, und er war sogar befugt, das Arbeitsverhältnis seiner Ehefrau zu kündigen. Erst gegen Ende der 1960er-Jahre vollzog sich unter dem Einfluss der Studentenbewegung ein Wertewandel. Die Frauen gaben sich selbstbewusster und kämpften um mehr Selbstbestimmung, was sich auch in der Mode widerspiegelte, der Minirock hielt Einzug. Sie wollten arbeiten, studieren und strebten nach Gleichberechtigung. Das traditionelle Familienbild wurde zunehmend infrage gestellt, ja sogar verpönt. Die Erfindung der Pille ermöglichte den Frauen die sexuelle Selbstbestimmung, weil sie von da an selbst entscheiden konnten, ob und wann sie Kinder bekommen möchten. Außerdem forderten sie das Recht zur Freigabe des Schwangerschaftsabbruchs. Kirche und Staat zogen zunächst nicht mit, erst seit 1995 bleibt unter bestimmten Voraussetzungen eine Abtreibung in Deutschland straffrei. Die Frauen hielten Einzug in alle gesellschaftlichen Bereiche, und das traditionelle Familienbild wird heute durch viele neue Formen von Familie ergänzt.

M1 Werbung aus den 1950er-Jahren

1. Beschreibe anhand von M 1, welche Rolle die Frau in der Familie hatte.
2. Was hat sich verändert? Vergleiche mithilfe einer Tabelle, wie sich die Aufgabenverteilung innerhalb der Familie im Vergleich zu früher verändert hat. TIPP S. 213
3. Gestalte einen „Zeitstrahl" zum Thema „Wertewandel in der Familie".
4. Diskutiert, in welchen Bereichen Männer und Frauen heute gleichberechtigt sind und wo es noch Verbesserungsbedarf gibt.
5. Recherchiere über Frauen, die sich in Deutschland für Frauenrechte und Gleichberechtigung eingesetzt haben, z. B. Elisabeth Selbert, Alice Schwarzer, Helene Lange, Else Kienle.

2. Hausbesuch bei einer Großfamilie

M 1 Yes, we clan

Wir schicken unsere Alten nicht ins Heim, sagt Familie Ramadani. Von den unschlagbaren Vorteilen einer Großfamilie – Ein Hausbesuch

In ihrem Dorf in Mazedonien ist der Sommer noch Sommer und der Winter noch Winter. Çhelopek, so heißt ihr Dorf in Mazedonien. Abdullah Ramadani sitzt in einer Erdgeschosswohnung in Hamburg-Farmsen, einem Stadtteil der roten Backsteinhäuser. Er sitzt auf einem Teppichboden, mit dem Rücken lehnt er am Wohnzimmerschrank, Stickkunst an der Wand, schwere Gardinen vor den Fenstern. Seine Familie sitzt um ihn herum, erste Generation, zweite Generation, dritte Generation: sein Sohn, der Fußballer, sein Vater, der Mann mit den Smarties, der aufrecht im Sessel sitzt und regelmäßig die Armbanduhr prüft, seine Mutter, Kopftuch, rote Wangen, seine Frau, zurückhaltend, die Frau seines Bruders, still, die Tochter seines Bruders, der Sohn seines Bruders, die zweite Tochter seines Bruders, seine Tochter, der zweite Sohn, der sich den Arm gebrochen hat, sein Bruder. Die Frauen zurückhaltender als die Männer.

Zwölf Menschen, die sich jedes Wochenende sehen und fast jeden Tag. Die Kinder rennen durch die Wohnung. Die Erwachsenen schauen Filme. Sie fahren bei gutem Wetter in den Heide-Park Soltau, zum Hamburger Dom, Autoscooter, Riesenrad, Fußball. Die Großmutter macht albanische Bohnensuppe, die Kinder wollen die Suppe nicht, sie wollen Nudeln. Das Prinzip der Familie Ramadani heißt: Jeder hilft, wo Hilfe nötig ist. Jeder tut, was er kann. Abdulla geht mit seinen Eltern auf die Ausländerbehörde, den Pass erneuern. Abdulla hilft seinem Vater bei der Suche nach einer guten Kfz-Versicherung, er füllt ihm die Formulare für die Krankenkasse aus. Sein Vater kann Deutsch, aber das Deutsch der Formulare ist ein anderes. Wenn sein Vater frühmorgens auf den Fischmarkt geht, bringt er Obst für die ganze Familie mit. Wenn einer der Brüder ein neues Auto kaufen will, leiht ihm der andere Bruder Geld. Wenn Winterreifen auf die Autos müssen, dann schrauben sie zu dritt. Und wenn eines der Kinder in Mathe Schwierigkeiten hat, dann fragen sie Zubejda, Abdullas Tochter, siebte Klasse, Gymnasium.

Deutschland, das ist das Land der kleinen Familien, der Scheidungen, der sinkenden Geburtenraten, der Singles, der Altenheime. Das Land, in dem Alleinstehende Lasagne in die Mikrowelle schieben, während Abdulla Ramadani mit zwölf Menschen in einem Raum sitzt, Verbindungen aus Blut und Liebe, jedes Wochenende, wie jetzt.

Was ist Familie? Die Familie schweigt: erste Generation, zweite Generation, dritte Generation. Sie sitzt im Wohnzimmer und schweigt. Dann sagt Zelfi , der Fußballer, 17 Jahre alt, drei Streifen auf der Trainingsjacke, ein strahlender Mensch: Familie ist, wenn immer jemand da ist. Dann sagt Abdulla, sein Vater: Wir schicken die Alten nicht in Heime. Das ist Familie.

Felix Dachsel, Yes we clan, S. 10 – 12, http://www.fluter.de/sites/default/files/yes_we_clan.pdf (Zugriff: 26.10.2016)

1 Erkläre die Vorzüge einer Großfamilie.
2 Beschreibe, welches Bild Herr Ramadani von Familien in Deutschland hat.
3 Erkläre, warum es für die Familie Ramandi besonders wichtig ist, starke familiäre Bindungen zu haben.
4 „Familie ist, wenn immer jemand da ist.“ Nimm Stellung zu dieser Aussage von Zelfi.

Das kann ich ...

Großfamilie	Patchworkfamilie	Hier leben Kinder mit zwei gleichgeschlechtlichen Partnern als eine Familie.	Familienverband, der mit drei oder mehr Generationen in einem Haushalt lebt.
Regenbogenfamilie	Elterngeld	Eltern können sich bis zu 36 Monate nach der Geburt des Kindes von der Arbeit freistellen lassen.	Kinder dieser Familie stammen auch aus früheren Beziehungen der Eltern.
Kindergeld	Betreuungsplatz	Die Eltern leben mit den gemeinsamen leiblichen Kindern in einem Haushalt.	Staatliche Leistung: wird bis zum Ende der Berufsausbildung gezahlt.
Elternzeit	Kernfamilie	Staatliche Leistung für Eltern, die für die Betreuung ihres Kindes gar nicht oder nur Teilzeit arbeiten.	Ab dem vollendeten ersten Lebensjahr besteht ein Rechtsanspruch darauf.

M1 Memory

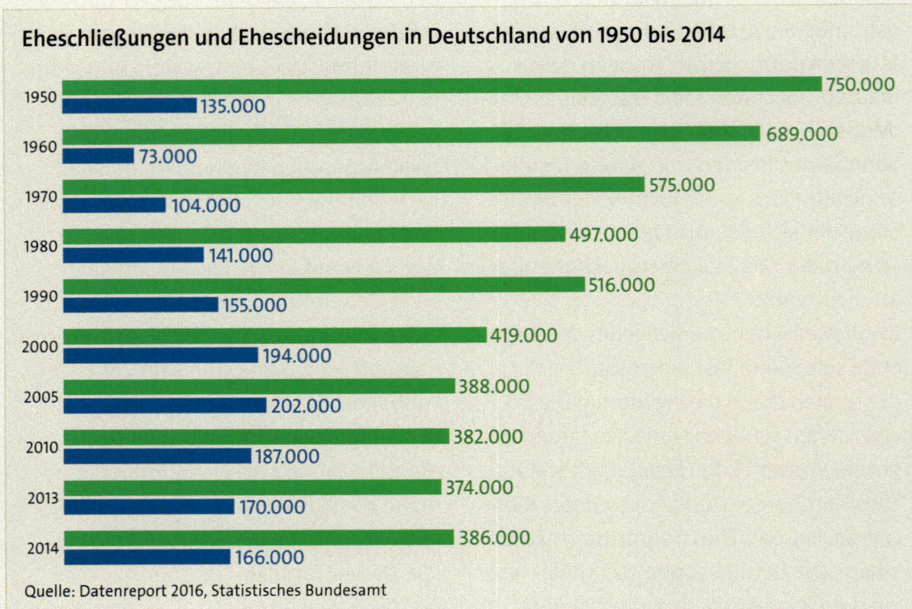

M2 Schaubild

1 Ordne die Memorykärtchen richtig einander zu (M1).

2 Fertigt aus M1 Memorykarten an und spielt in Gruppen zu dritt. Gerne dürft ihr eigene zusätzliche Karten mit Begriffen aus dem Kapitel erstellen.

3 a Wie genau wird diese Form von Diagramm (M2) bezeichnet?

b Woher stammen die Daten für das Schaubild?

c Analysiere das Schaubild und formuliere die Hauptaussage.

M 1 Im Fall der Trennung fallen viele Eltern in alte Rollenmuster zurück

Die Politik tut viel für die Gleichheit von Mann und Frau, zuletzt mit einem Vorstoß zur Lohngerechtigkeit. Auch das Familienleben hat sie mitverändert – mit Kitaplätzen, Elternzeit und Elterngeld. Mütter mit Jobs sind selbstverständlich, Väter in Teilzeit werden häufiger. [Der familiäre Fortschritt wird in Politikerreden gefeiert.] Doch werden die hohen Maßstäbe gehalten, wenn die Familie zerfällt? Dann haben Juristen das Wort, bei Trennung, Scheidung, Unterhalt. [...] *„Residenzmodell“*, heißt die derzeit noch am häufigsten gegebene Antwort auf die Frage nach dem Aufenthalt des Kindes nach der Trennung. Die Kinder haben einen festen Lebensmittelpunkt, meist ist er bei demjenigen, der bislang die meiste Zeit mit ihnen verbracht hat: der Mutter. Der Partner zahlt Unterhalt und erhält das Umgangsrecht. *„Wechselmodell“* heißt der Gegenentwurf, bei dem die Kinder ihren Aufenthalt bei Vater und Mutter in gleichen Maßen nehmen. Befürworter verweisen auf zahlreiche Studien, wonach sich Kinder in dieser Konstellation besser entwickelten. Kritiker warnen vor gespaltenen Gefühlen und Unruhe. Sicher ist, dass die Paare für doppelte Kinderzimmer sowie doppelte Bad- und Küchenausstattung mehr investieren müssen. [...]

Jost Müller-Neuhof, Tagesspiegel, 12.10.2016, S. 14

M 2 Ben (12 Jahre) wohnt im wöchentlichen Wechsel bei seiner Mutter und seinem Vater. Wann er wo ist, kann er im Kalender sehen, den seine Eltern angelegt haben.

April

Woche	Mo	Di	Mi	Do	Fr	Sa	So
13						1	2
14	3	4	5	6	7	8 Ben Geburtstag	9
15	10	11	12	13	14 Karfreitag	15	16 Ostern
16	17 Ostern	18	19	20	21	22	23
17	24	25	26	27	28	29	30
	Ben bei Papa						
	Ben bei Mama						

Väterrecht: Scheidungskinder sollen zwei Zuhause haben

Schluss mit dem „Besuchspapa“-Dasein: Scheidungskinder sollen bei beiden Eltern ein Zuhause haben, fordert der Europarat. Die Bundesregierung will aber zuerst prüfen, ob das dem Kindeswohl entspricht.

Sabine Menkens, Die Welt, 21.10.2015

M 3 Zeitungsartikel

Ich kann Informationen gewinnen und aufbereiten.

1 Erkläre, welchen „familiären Fortschritt“ Politiker laut **M 1** in ihren Reden feiern.

2 Beschreibe die in **M 1** genannten Betreuungsformen für Kinder getrennt lebender Eltern.

Ich kann Probleme und Konflikte analysieren.

3 Nach der Trennung ist das „Residenzmodell“ die häufigste Betreuungsform in Deutschland. Erläutere den Zusammenhang zur Überschrift von **M 1**.

4 Zeige (auch mithilfe von **M 2**) mögliche Vor- und Nachteile auf, die sich durch das „Wechselmodell“ für Väter, Mütter und Kinder ergeben.

Ich kann mir ein begründetes Urteil bilden.

5 Die Forderung in **M 3** zielt unter anderem auf die Gleichberechtigung der Väter ab. Nimm Stellung zum Verhalten der Bundesregierung.

Ich kann mitreden und aktiv werden.

6 a Wahlaufgabe: Erstelle eine Liste mit zehn Tipps für Eltern, die sich trennen wollen. Berücksichtige dabei insbesondere die Interessen der Kinder.

b Wahlaufgabe: Schreibe einen Brief an das Familienministerium, in dem du dich begründet für oder gegen das „Wechselmodell“ aussprichst.

KAPITEL 8

Politik in der Gemeinde

„Steh auf, sei laut, sei unbequem, bestimme mit.
Werde Jugendgemeinderat."
Nehmt Stellung zur Aufforderung des Plakats.

In diesem Kapitel lernst du,

- *welche Aufgaben eine Gemeinde leistet;*
- *wie Bürgerinnen und Bürger und Jugendliche ihre Interessen in der Gemeinde einbringen können;*
- *wer Entscheidungen in der Gemeinde trifft und wie die Macht in der Gemeinde verteilt ist;*
- *wie Konflikte in der Gemeinde gelöst werden und Entscheidungen zustande kommen.*

Politik – das ist nicht nur die „große Bühne“ mit Bundeskanzlerin, Berlin, Bundestag. Politik heißt auch: Bekommt eure Gemeinde ein neues Schwimmbad, ein Jugendzentrum, eine bessere Busverbindung? Das alles ist Kommunalpolitik, also Politik in der Gemeinde (Kommune*): direkt vor Ort, ganz nah dran an euch.

* **Kommune**
Von lateinisch *communis* – allgemein, gemeinschaftlich; das zugehörige Adjektiv lautet kommunal (die Gemeinde betreffend).

M 1 Politik in der Gemeinde – was geht mich das an?

Pascal diskutiert mit seinem Vater, Peter Berger, über aktuelle Pläne in der Gemeinde.

M 2 Die Aufgaben der Gemeinde

Die Aufgaben der Gemeinde unterteilen sich in drei Bereiche. Mithilfe ihrer Verwaltung (Rathaus) erfüllt die Gemeinde diese Aufgaben.

Pflichtaufgaben	Freiwillige Aufgaben	Weisungsaufgaben
Aufgaben, die die Gemeinde erfüllen *muss*. Beispiele: ▪ Schulen ▪ Straßenbau ▪ Feuerwehr ▪ Wasser- und Stromversorgung ▪ ...	Aufgaben, die die Gemeinde erfüllen *kann*, jedoch nicht muss. Beispiele: ▪ Sportanlagen ▪ Theater ▪ Jugendzentrum ▪ ...	Aufgaben, die die Gemeinde im Auftrag des Bundes oder des Landes* erfüllen *muss*. Beispiele: ▪ Meldewesen (Personalausweis) ▪ Standesamt ▪ ...

* Die Bundesrepublik Deutschland (BRD) besteht aus 16 Bundesländern. Hieran erkennt man, dass der Staatsaufbau in verschiedenen Ebenen gegliedert ist: **Bund** – **Länder** – Kommunen. Jede Ebene hat unterschiedliche politische Kompetenzen.

M 3 Das Ballonspiel: Die schweren Lasten der Gemeinde

Stellt euch vor, an eurem „Gemeinde-Ballon" hingen alle Aufgaben, die eure Gemeinde erfüllen muss bzw. kann. Das Problem ist: Alle Aufgaben kosten Geld. So hebt euer Ballon aber niemals ab – das heißt, ihr müsst „Ballast" abwerfen. Ihr dürft nun entscheiden, für welche Aufgaben eure Gemeinde Geld ausgibt. Nach und nach müsst ihr also Aufgaben „über Bord werfen". Wichtig: An die Unterscheidung von Pflicht-, Weisungs- und freiwilligen Aufgaben (siehe **M 2**) seid ihr dabei nicht gebunden.

Ablauf:
- Diskutiert in eurer Gruppe, welche Aufgaben ihr für besonders wichtig und welche eher für nebensächlich erachtet.
- Einigt euch, von welchen Aufgaben ihr euch in welcher Reihenfolge trennt.
- Begründet jeweils eure Entscheidungen.
- Notiert jeweils eure Entscheidungen.

1 „Kommunalpolitik – was geht mich das an?" – Führt ein Brainstorming durch und sammelt eure Gedanken.

2 Ordne die Interessen Pascals und seines Vaters den Aufgaben der Gemeinde zu (**M 1**, **M 2**).

3 Unterschiedliche Interessen führen oft zu Konflikten. Erkläre, weshalb sich Pascals Interessen im Zweifel schwerer durchsetzen lassen (**M 1**, **M 2**).

4 a Spielt das „Ballonspiel" (**M 3**). Stellt im Anschluss eure Entscheidungen der Klasse vor und diskutiert sie.

b Diskutiert, inwiefern es kritisch ist, von „Ballast abwerfen" zu sprechen. TIPP *S. 213*

5 „Kommunalpolitik – was geht mich das an?" – Sammelt erneut Gedanken hierzu und vergleicht mit eurem Brainstorming aus Aufgabe 1.

Ein Jugendzentrum im Wohngebiet – Wie kann der Bürger mitreden?

★ **Diktatur**
Herrschaftsform, in der eine einzelne Person (Diktator) oder eine kleine Gruppe von Personen die unbeschränkte politische Macht hat.

★ **Grundgesetz**
die geltende „Verfassung" Deutschlands; in ihm sind z. B. die Grundrechte sowie die wichtigsten Spielregeln des Staates festgelegt.

In einer Diktatur★ wäre die Frage schnell beantwortet: gar nicht. In unserem Grundgesetz★ steht aber: „Alle Staatsgewalt geht vom Volke aus." (Artikel 20 Absatz 2 GG) Die Beteiligung (Partizipation) der Bürgerinnen und Bürger ist ein zentrales Merkmal jeder Demokratie. Diese Partizipation kann auf unterschiedliche Art und Weise erfolgen.

M 1 Ein Jugendzentrum im Wohngebiet?

Liegt ein Jugendzentrum in einem Wohngebiet, so kann es zu Konflikten zwischen Jugendlichen und Anwohnern kommen. Während die einen das Jugendzentrum nicht nur nachmittags als Treffpunkt schätzen, sondern auch für Partys bis in die Nacht hinein, möchten viele Anwohner gerade in den Abendstunden ihre Ruhe haben. In vielen Fällen lässt sich durch Rücksichtnahme und gegenseitige Gespräche ein Kompromiss herbeiführen, beispielsweise indem sich die Jugendlichen nach 22.00 Uhr nicht mehr laut vor dem Jugendzentrum unterhalten und keinen Müll im Umfeld des Gebäudes hinterlassen. Manchmal scheitern jedoch die Vermittlungsbemühungen und beide Seiten versuchen, einseitig ihre eigenen Interessen durchzusetzen – die Frage ist, auf welchem Wege. Um ihren Forderungen Nachdruck zu verschaffen, gründen betroffene Anwohner manchmal eine Bürgerinitiative★.

★ **Bürgerinitiative**
Zusammenschluss von Bürgerinnen und Bürgern, die sich für ein bestimmtes, meist lokales Ziel einsetzen.

Beliebter Treffpunkt für Jugendliche: ein Jugendzentrum

M 2 Der Politikzyklus★ – wie läuft Politik in der Gemeinde ab?

★ **Politikzyklus**
Modell, in dem Politik als ein Kreislauf (Zyklus) aus verschiedenen Schritten verstanden wird. Mithilfe des Politikzyklus lassen sich alle politischen Prozesse analysieren.

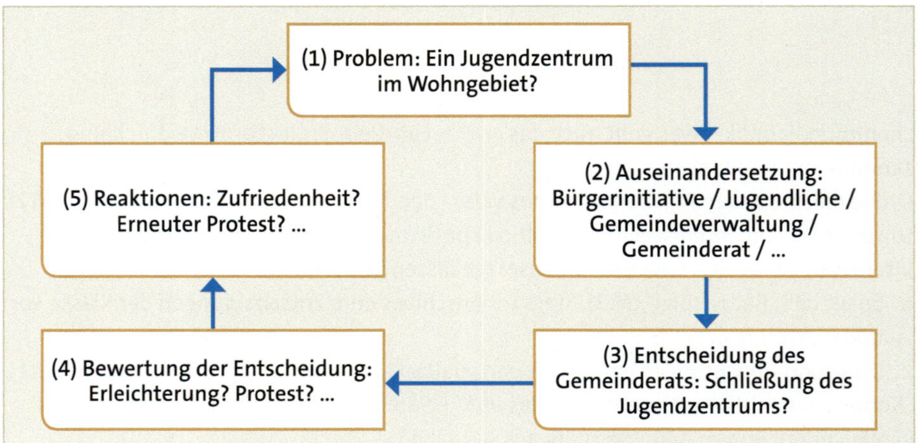

M 3 Wie können die Bürgerinnen und Bürger Einfluss nehmen?

Über die Gründung einer Bürgerinitiative hinaus beteiligen sich Bürgerinnen und Bürger in der Auseinandersetzung um das Jugendzentrum mit weiteren Mitteln:

- Anwohner starten eine **Unterschriftensammlung** für die Schließung des Jugendzentrums, Jugendliche sammeln Unterschriften für dessen Erhalt.
- Jugendliche **demonstrieren** für den Erhalt des Jugendzentrums.
- Bürgerinnen und Bürger verfassen **Leserbriefe** in der Lokalpresse – für und gegen das Jugendzentrum.
- In einer **Einwohnerversammlung** * stehen Gemeinderat und Bürgermeister den Bürgerinnen und Bürgern Rede und Antwort.
- Sowohl Jugendliche als auch Anwohner nutzen die **Bürgersprechstunde** * der Oberbürgermeisterin, um ihre Anliegen vorzutragen.
- Die Bürgerinitiative versucht, einen **Bürgerentscheid** * über das Jugendzentrum herbeizuführen.
- ...

* **Einwohnerversammlung**
vom Gemeinderat einberufene Versammlung, in der wichtige Themen gemeinsam mit den Bürgerinnen und Bürgern diskutiert werden

* **Bürgersprechstunde**
Viele Bürgermeister bieten eine regelmäßige Sprechstunde an, in der alle Bürgerinnen und Bürger Bitten, Fragen, Anregungen usw. vortragen können.

* **Bürgerentscheid**
Form der direkten Demokratie, bei der die wahlberechtigten Bürgerinnen und Bürger über eine Sachfrage selbst entscheiden (genauer Ablauf: vgl. S. 152 *f.*)

Jugendliche sammeln Unterschriften für den Erhalt des Jugendzentrums

1 Entscheidet spontan, wer im Konflikt um die Nutzung des Jugendzentrums ein Mitspracherecht haben sollte: Alle Bürger/-innen? Nur die Anwohner? Nur die Jugendlichen? Nur ihre Eltern? Der Bürgermeister? Der Gemeinderat? ... (**M 1**)

2 Beschreibe den in **M 2** dargestellten Ablauf.

3 Sammelt Argumente, die die Jugendlichen und die Bürgerinitiative in der Auseinandersetzung für bzw. gegen den Erhalt des Jugendzentrums einbringen könnten. TIPP *S. 214*

4 Diskutiert, ob die in **M 3** genannten Beteiligungsmöglichkeiten in der Auseinandersetzung um das Jugendzentrum erfolgversprechend erscheinen. TIPP *S. 214*

5 Der Gemeinderat muss in Phase 3 eine Entscheidung treffen (**M 2**). Spielt für beide Fälle – Erhalt und Schließung des Jugendzentrums – durch, wie die Bürgerinitiative die Entscheidung möglicherweise bewertet und darauf reagiert.

Gemeinderat und Bürgermeister – Wer hat die Macht?

Die Verkehrssituation an der Albert-Schweitzer-Schule ist für Radfahrer kritisch: Da bislang ein Radweg fehlt, müssen die Schülerinnen und Schüler auf die Straße ausweichen. Ob Bürgermeister, mehrere Gemeinderäte oder die Bauamtsleiterin – alle waren bereits vor Ort und haben das Problem erkannt. Jetzt soll endlich eine Lösung gefunden werden: Wer trifft jedoch die Entscheidung, wo genau der Radweg gebaut wird?

Gemeinderatssitzung in Kämpfelbach

M 1 Der Gemeinderat

Alle fünf Jahre wählen die Bürgerinnen und Bürger die Mitglieder des Gemeinderats (also die Gemeinde- bzw. Stadträte). Zusammen mit dem Bürgermeister trifft der Gemeinderat wichtige kommunalpolitische Entscheidungen, z. B.: Wo wird ein neuer Radweg gebaut?

Die wichtigsten Aufgaben des Gemeinderats sind darüber hinaus:
- Kontrolle des Bürgermeisters: Hält dieser sich an die Regeln*?
- Besetzung von Ausschüssen: Ausschüsse sind Gruppen von Gemeinderäten, die sich mit einem bestimmten Themengebiet befassen, z. B. für Sport, Schule, Verkehr.
- Aufstellung des Haushaltsplans: Wofür gibt die Gemeinde ihre Einnahmen aus?

* Wichtige **Regeln**, an die sich der Bürgermeister halten muss, stehen zum Beispiel in der Gemeindeordnung für Baden-Württemberg oder der Satzung der jeweiligen Gemeinde.

M 2 Der Bürgermeister

Der Bürgermeister – in größeren Städten der Oberbürgermeister – wird alle acht Jahre von den Bürgerinnen und Bürgern der Gemeinde direkt gewählt. Alle Wahlberechtigten ab 16 Jahren haben eine Stimme: Die Kandidatin oder der Kandidat, die/der mehr als die Hälfte der gültigen Stimmen erhält, ist gewählt (absolute Mehrheit). Schafft niemand die absolute Mehrheit, reicht es im zweiten Wahlgang aus, die meisten Stimmen zu gewinnen (relative Mehrheit). Die Direktwahl, die unabhängig von den Gemeinderatswahlen stattfindet, verleiht dem Bürgermeister eine starke Stellung. Diese zeigt sich auch an seinen drei Hauptfunktionen, denn der Bürgermeister ist
- stimmberechtigter Vorsitzender des Gemeinderats sowie aller Ausschüsse und leitet deren Sitzungen,
- Chef der Verwaltung (Rathaus),
- Vertreter der Gemeinde nach außen.

Nach wie vor gibt es in Baden-Württemberg nur eine sehr geringe Zahl von Bürgermeisterinnen (knapp 5 %, Stand 2013).

M 3 Die Verwaltung

Gemeinderat und Bürgermeister treffen politische Entscheidungen in der Gemeinde – doch wer setzt diese Entscheidungen um? Für die Ausführung der Beschlüsse ist die Verwaltung der Gemeinde zuständig, also z. B.: Wie und von wem wird der neue Radweg gebaut? Die Verwaltung sitzt im Rathaus, ihr Chef ist der Bürgermeister und damit auch der Vorgesetzte ihrer Mitarbeiter. Die Gemeindebediensteten werden vom Gemeinderat im Einvernehmen mit dem Bürgermeister ernannt*, eingestellt und entlassen.

* Als **Ernennung** bezeichnet man die Bestimmung einer Person zur Wahrnehmung einer Funktion als Amtsträger. Mit der Ernennung ist die Person legitimiert (also berechtigt), das jeweilige Amt – z. B. die Leitung des Bauamtes der Gemeinde – auszuüben. Auch der Bürgermeister wird nach seiner erfolgreichen Wahl in sein Amt noch offiziell ernannt; ohne die vorausgehende Legitimation per Wahl kann er aber nicht ernannt werden.

M 4 Ein Radweg – wie kommt es dazu?

Dass ein Radweg zur Albert-Schweitzer-Schule notwendig ist, darüber besteht Einigkeit. Strittig ist aber der genaue Streckenverlauf. Bis der Radweg endgültig eingeweiht werden kann, muss also noch ein längerer Prozess durchlaufen werden. Typischerweise lässt sich dieser Prozess in drei Phasen einteilen: Initiative, Entscheidung, Ausführung.

A
Das Bauamt schreibt den Auftrag zum Bau des Radwegs aus.

B
Verschiedene Streckenverläufe werden im Verkehrsausschuss diskutiert.

C
Der Gemeinderat stimmt über den Verlauf des Radwegs ab.

D
Schüler- und Elternvertreter sprechen mit dem Bürgermeister und Gemeinderäten über die Notwendigkeit des Radwegs.

E
Das Bauamt kontrolliert die ordnungsgemäße Anlage des Radwegs.

F
Der Gemeinderat diskutiert in einer ersten Sitzung die Streckenverläufe.

G
Der Schulleiter zeigt dem Bürgermeister die Mängel im bestehenden Radwegeplan*.

* **Radwegeplan**
Viele Gemeinden erstellen einen Radwegeplan. Damit soll u. a. das Fahrradfahren als umweltfreundliche Alternative gefördert werden.

Initiative	Entscheidung	Ausführung
...	...	...

1 Erstellt ein Schaubild, welches das Zusammenwirken von Gemeinderat, Bürgermeister und Verwaltung veranschaulicht. (**M 1–M 3**) Folgende Begriffe müssen enthalten sein: Bürgerinnen und Bürger – Gemeinderat – Bürgermeister – Ausschüsse – Verwaltung. TIPP *S. 214*

2 Ordnet die unterschiedlichen Schritte A–G in **M 4** den Phasen Initiative, Entscheidung und Ausführung zu. Notiert, welche Organe der Gemeinde – Gemeinderat, Bürgermeister, Verwaltung – jeweils beteiligt sind. (**M 1–M 4**)

3 Als einziges Organ ist der Bürgermeister an allen Phasen des Prozesses beteiligt. Diskutiert, inwiefern der Bürgermeister eine starke Stellung in der Gemeinde hat. TIPP *S. 214*

Zielsetzung – was bringt euch eine Expertenbefragung?

Warum solltet ihr eure Bürgermeisterin in den Unterricht einladen? Könnt ihr an Informationen über die Tätigkeit als Bürgermeisterin nicht über das Buch, die Webseite eurer Gemeinde oder ganz einfach über eure Lehrerin gelangen? Diese Wege sind natürlich ebenso möglich und wichtig, doch bietet eine Expertenbefragung entscheidende Vorteile:

- Die Expertin verfügt über Kenntnisse aus erster Hand.
- Als Insider kann sie „aus dem Nähkästchen plaudern", zum Beispiel: Wie laufen Sitzungen des Gemeinderats tatsächlich ab? Wie einigen sich die Parteien bei Streitigkeiten? Gibt es „Deals" zwischen den Gemeinderatsfraktionen und der Bürgermeisterin? Wie ist das Verhältnis zu den Stadträten?
- Wie steht die Bürgermeisterin persönlich einer wichtigen Entscheidung in der Gemeinde gegenüber? ...

Ihr seht: Diese Fragen lassen sich kaum ohne eine Expertin beantworten – es lohnt sich also, eure Bürgermeisterin in den Unterricht einzuladen. Wie ihr dabei vorgehen solltet, damit die Befragung auch erfolgreich verläuft, erfahrt ihr im Folgenden.

Hinweis: Falls ihr keinen Termin findet, an dem die Bürgermeisterin Zeit hat, könnt ihr natürlich auch ein Mitglied des Gemeinderats anfragen.

Eine Bürgermeisterin im Gespräch mit Schülerinnen und Schülern

Schülerinnen und Schüler bereiten sich auf eine Expertenbefragung vor

METHODE

Wie läuft eine Expertenbefragung ab?

Jede Expertenbefragung lässt sich in drei Schritte gliedern: die Vorbereitung, die Durchführung und die Auswertung.

1. Vorbereitung

Organisatorische Vorbereitung:

- Nehmt Kontakt mit der Bürgermeisterin auf.
- Informiert die Bürgermeisterin über: Alter, Größe und Zusammensetzung eurer Klasse, euer Vorwissen und das Ziel eurer Befragung.
- Termin? Dauer? Im Anschluss noch Diskussion mit eurer Klasse?
- Hilfsmittel (z. B. Beamer)?

Inhaltliche Vorbereitung:

Bildet mehrere Gruppen: eine für die Moderation, mehrere für die Fragenentwicklung und eine für die Entwicklung eines Beobachtungsbogens.

Gruppe „Moderation"

Überlegt euch, wie ihr die Expertenbefragung lebendig und zugleich zielgerichtet moderieren könnt. Dazu gehören:

- Zeitplanung
- Wie könnt ihr ein Abschweifen vom Thema vermeiden?
- Welche Fragen haben die Fragenentwickler vorbereitet?
- Wer stellt die Fragen? Legt eine Reihenfolge fest.

Gruppen „Fragenentwicklung"

Ihr übernehmt den inhaltlichen Kern der Vorbereitung – ohne euch kann die Expertenbefragung keinen Erfolg haben.

- Verteilt zunächst zwischen den Gruppen thematische Schwerpunkte, z.B. Arbeit als Bürgermeisterin, persönliche Meinung zu kommunalpolitischen Themen.
- Sammelt nun Fragen an die Bürgermeisterin.
- Informiert die Moderationsgruppe über eure Fragen.

Gruppe „Beobachtungsbogen"

Eure Vorarbeit ist vor allem für die spätere Auswertung sehr wichtig – meist erinnert man sich später nur noch schwer.

- Überlegt euch sinnvolle Beobachtungsaufträge und ordnet diese nach Schwerpunkten, zum Beispiel nach Bürgermeisterin, Moderator/-in und Fragensteller/-in.
- Entwerft einen klar strukturierten Beobachtungsbogen.

2. Durchführung

- Begrüßung und Vorstellung der Bürgermeisterin durch die Moderatoren
- Bei den Fragen: Reihenfolge einhalten
- Beobachter/-innen: Beobachtungen protokollieren
- Verabschiedung der Expertin, Dank für ihren Besuch

3. Auswertung

- Welche wichtigen Informationen habt ihr erhalten?
- Vergleicht diese Informationen mit euren bisherigen Kenntnissen bzw. Einschätzungen.
- Diskutiert, ob das Ziel der Befragung erreicht wurde bzw. was ihr beim nächsten Mal anders machen würdet.

nach: Methodentraining I für den Politikunterricht, Themen und Materialien, 3. Auflage, hg. von der Bundeszentrale für politische Bildung, Bonn: 2007.

Männlich, älter, wohlhabend? – Wer sitzt im Gemeinderat?

★ **Organ**
(hier im rechtlichen Sinne)
Für die Gemeinde handeln die sogenannten Organe Gemeinderat und Bürgermeister.

Der Gemeinderat ist das wichtigste Organ★, das die Interessen der Bürgerinnen und Bürger einer Gemeinde vertritt. Viele Menschen wünschen sich, dass der Gemeinderat ein Spiegelbild der Gesellschaft ist, dass also alle Bevölkerungsgruppen etwa gleichmäßig vertreten sind. Die Realität sieht jedoch meist anders aus.

M 1 Karikatur

Karikatur von Gerhard Mester

M 2 Der Gemeinderat – ein Spiegelbild der Gesellschaft?

Passiv wahlberechtigt, also wählbar, sind alle Bürgerinnen und Bürger, die folgende Merkmale erfüllen:

- Deutsche Staatsbürgerschaft oder Unionsbürgerschaft (EU)
- Vollendetes 18. Lebensjahr
- Mindestens drei Monate Hauptwohnsitz in der Gemeinde

Schaut man sich nun die knapp 19 000 Gemeinderatsmitglieder in Baden-Württemberg an, so zeigen sich jedoch bestimmte Auffälligkeiten (Stand: 2016):

- 23,9 % sind Frauen, 76,1 % sind Männer.
- Am stärksten ist die Gruppe der 50- bis 60-Jährigen vertreten.
- Am schwächsten sind die unter 30-Jährigen und die über 70-Jährigen vertreten.
- Viele Personen mit einem hohen Bekanntheitsgrad in der Gemeinde, z. B. Selbstständige wie Ladenbesitzer, Gastwirte, Handwerker
- Viele Personen mit gesellschaftlich angesehenen Berufen, wie z. B. Ärzte, Rechtsanwälte, Architekten
- Nur sehr wenige Arbeiter

M 3 Unser Gemeinderat in ....

Gesamtzahl der Mitglieder					
Frauen	Zahl:		in %:		
Männer	Zahl:		in %:		
Alter	18–25 J.	26–35 J.	36–49 J.	50–60 J.	> 60 J.
Berufe	Handwerker	Ärzte	...	...	...

Bei eurer Recherche können euch die Webseiten des Gemeinderats sowie der dort vertretenen Parteien bzw. Wählervereinigungen als Grundlage dienen. Vielleicht müsst ihr aber auch beim Gemeinderat bzw. den Gemeinderatsfraktionen* um Auskunft bitten.

* **Fraktion**
Zusammenschluss von Gemeinderatsmitgliedern derselben Partei oder Wählervereinigung

M 4 Frauen und Jüngere – warum sitzen so wenige im Gemeinderat?

Sind Frauen und jüngere Menschen zu wenig an Politik interessiert und kandidieren deshalb erst gar nicht? Erschweren die Parteien und Wählervereinigungen Frauen und Jüngeren die Kandidatur für den Gemeinderat? Haben die Wählerinnen und Wähler weniger Vertrauen in die Fähigkeiten von Frauen und Jüngeren und wählen deshalb lieber ältere, männliche Kandidaten? Die Frage, warum Frauen und Jüngere nach wie vor schwach in den Gemeinderäten Baden-Württembergs repräsentiert sind, ist nicht leicht zu beantworten. Sicherlich spielen verschiedene Ursachen zusammen eine Rolle.

1 Nenne Eigenschaften und Fähigkeiten, die ein Kandidat oder eine Kandidatin für den Gemeinderat besitzen sollte. Vergleiche anschließend mit deinem Banknachbarn bzw. deiner Banknachbarin.
2 Erläutert die Aussage der Karikatur **M 1**.
3 Vervollständigt den folgenden Satz: „Der typische Gemeinderat ist ...“ (**M 2**)
4 Recherchiert die Zusammensetzung des Gemeinderats eurer Gemeinde (**M 3**).
5 Erläutert Ursachen, weshalb Frauen und Jüngere nur einen geringen Anteil der Gemeinderäte ausmachen. (**M 4**)
6 Diskutiert Maßnahmen, die bewirken könnten, dass die Gemeinderäte tatsächlich ein Spiegelbild der Gesellschaft werden. TIPP *S. 214*
7 Diskutiert, ob der Gemeinderat überhaupt ein Spiegelbild der Gesellschaft sein muss. TIPP *S. 214*

Kumulieren & Panaschieren – Wie wird der Gemeinderat gewählt?

Kumulieren? Panaschieren? Was soll denn das sein? Zwei wichtige Begriffe, die du brauchst, um zu verstehen, wie die Wahl des Gemeinderats funktioniert. Aber keine Sorge: Nachdem du diese Doppelseite bearbeitet hast, weißt du Bescheid – und kannst anderen erklären, was man bei der Gemeinderatswahl beachten muss.

★ **Aktives Wahlrecht**
Recht, sich an einer Wahl aktiv durch Stimmabgabe beteiligen zu dürfen, also wählen zu dürfen.

★ **Passives Wahlrecht**
Recht, sich bei einer Wahl als Kandidat/-in aufstellen zu lassen und gewählt zu werden.

M 1 Wer darf den Gemeinderat wählen – und wer darf gewählt werden?

Das *aktive Wahlrecht* haben alle Deutschen und EU-Bürgerinnen und -Bürger, die das 16. Lebensjahr vollendet haben und seit mindestens drei Monaten ihren Hauptwohnsitz in der Gemeinde haben. In seltenen Fällen kann das Wahlrecht per Gerichtsurteil aberkannt werden. Das *passive Wahlrecht* haben alle aktiv Wahlberechtigten, die das 18. Lebensjahr vollendet haben.

Hélène Bodin, 29 Jahre, Angestellte, französische Staatsbürgerin, lebt seit 4 Monaten in Heilbronn

Harald Sauter, 57 Jahre, Frührentner, deutscher Staatsbürger, lebt seit 15 Jahren in Heilbronn

Kubilay Askin, 22 Jahre, Student, türkischer Staatsbürger, lebt seit 5 Jahren in Heilbronn

Maja Hoffmann, 15 Jahre, Schülerin, deutsche Staatsbürgerin, lebt seit 15 Jahren in Heilbronn

M 2 So funktioniert die Wahl des Gemeinderats

Alle fünf Jahre finden in Baden-Württemberg Gemeinderatswahlen statt. Die Parteien oder Wählervereinigungen (z. B. Freie Wähler) stellen Kandidatinnen und Kandidaten auf, die als ihre Wahlvorschläge (sog. Listen) jeweils auf einen Stimmzettel gedruckt werden. Alle Bürgerinnen und Bürger haben so viele Stimmen, wie Gemeinderatssitze zu vergeben sind (zwischen acht und 60). Je nach Stimmenanteil bekommen die Parteien bzw. Wählervereinigungen eine entsprechende Anzahl von Sitzen. Innerhalb der Listen ziehen die Kandidatinnen und Kandidaten mit den meisten Stimmen in den Gemeinderat ein. Alle Wahlberechtigten erhalten alle Wahlvorschläge, also Listen/Stimmzettel.

Man wählt einen Stimmzettel aus und hat nun mehrere Möglichkeiten:

- Man gibt den Stimmzettel unverändert ab. Dann erhalten alle aufgelisteten Kandidatinnen und Kandidaten genau eine Stimme.
- Man kann Kandidatinnen und Kandidaten bis zu drei Stimmen geben. Dies nennt man **kumulieren** („häufeln"). Achtung: Man darf nicht mehr Stimmen vergeben, als es Gemeinderatssitze gibt, sonst ist der Stimmzettel ungültig.
- Man kann auch Kandidatinnen und Kandidaten anderer Parteien wählen. Hierzu überträgt man einfach deren Namen in die freien Zeilen des verwendeten Stimmzettels. Dies nennt man **panaschieren** („mischen").

M 3 Stimmzettel – gültig oder nicht?

Der Gemeinderat in „Wahlingen" hat 18 Sitze. Somit haben alle Bürgerinnen und Bürger 18 Stimmen.

Amtlicher Stimmzettel
für die Wahl des Gemeinderats in Wahlingen am 25. Mai 2014
Unabhängige Wähler Wahlingen (UW) X

101	**Zabel, Wilfried** Gastwirt, Hohe Straße 9	
102	**Dr. Steinhilber, Peter** Arzt, Kollegiengasse 14	
103	**Weber, Otto** Buchhändler, Mittelstraße 26	
104	**Schettler, Franziska** Bankangestellte, Frischweid 6	
105	**Lichtenberger, Reinhold** Einzelhandelskaufmann, Buchhalde 17	
106	**Helle, Andreas** Unternehmensberater, Konrad-Adenauer-Straße 1	
107	**Dürr, Sonja** Fotografin, Edith-Stein-Straße 10	
108	**Fischer, Jochen** Studienrat, Fuchsbrühl 3	
109	**Fetzer, Holger** Krankenpfleger, Schalmenweg 30	
110	**Faulmüller, Gerhard** Industriemeister, Ellerbachstraße 15	
111	**Marquardt, Christina** Hausfrau, Hauptstraße 7	
112	**Herrgoth, Peter** Malermeister, Ellerbachstraße 15	
113	**Marx, Melanie** Kunsttherapeutin, Kennerweg 11	
114	**Brenneisen, Jochen** Schreinermeister, Riedstraße 18	
115	**Fritz, Holger** Musikalien-Händler, Irisweg 2	
116	**Weigel, Gilbert** Diplom-Ingenieur, Bücklestraße 86	
117	**Sonderhausen, Hans-Joachim** Buchhändler, Eichbühlstraße 11	
118	**Müller, Eleonore** Sonderschullehrerin, Bismarcksteig 13	
	Kontrollsumme:	

Amtlicher Stimmzettel
für die Wahl des Gemeinderats in Wahlingen am 25. Mai 2014
Christlich Demokratische Union Deutschlands (CDU)

201	**Maier, Bernd** Kaufmann, Jordanstraße 2	2
202	**Dr. Werner, Hans** Studiendirektor, Bühlstraße 21	1
203	**Schmidt, Natalie** Betriebswirtin, Kromerstraße 43	
204	**Rak, Theo** Lokomotivbetriebsinsp. a.D., Schmiedsgasse 17	
205	**Stoll, Jutta** Hausfrau, Johann-Sebastian-Bach-Straße 12	3
206	**Schäufele, Otto** Richter, Oberriedweg 16	
207	**Maier, Klemens** Landwirt, Ehrensberg 6	
208	**Wild, Angela** Diplomverwaltungswirtin (FH), Orffstraße 17	2
209	**Arens, Karl** Gartenbauarchitekt, Mühlwiesenstraße 9	
210	**Dr. Seeger, Wilfrid** Internist, Schillerstraße 46	
211	**Kiefer, Wilhelm** Zahntechniker, Eichenweg 11	1
212	**Kulisch, Frieder** Einzelhandelskaufmann, Marktplatz 3	
213	**Harlebis, Barbara** Studentin, Junkergasse 24	
214	**Klink, Wilhelm** Schlosser, Schlossgasse 2	3
215	**Schinder, Ernst** Lehrer, Merowingerweg 7	
216	**Winzer, Heidi** Erzieherin, Stadthauweg 10	2
217	**Woller, Willi** Kriminalbeamter, Lindenstraße 26	
218	**Kotz, Stephan** Elektriker, Kernerstraße 6	
	Scholz, Franziska	3
	Gehr, Heidi	3
	Kontrollsumme:	

Amtlicher Stimmzettel
für die Wahl des Gemeinderats in Wahlingen am 25. Mai 2014
Sozialdemokratische Partei Deutschlands (SPD)

301	**Kerber, Inge** Dipl.-Pädagogin, Reußenbachstraße 38	3
302	**Holderich, Frank-Thomas** Verwaltungsjurist, Beethovenweg 37	2
303	**Scholz, Franziska** Studiendirektorin, Am Albblick 7	2
304	**Geisel, Anton** Angestellter, Münzgasse 9	
305	**Gutholz, Jörg** Betriebsleiter, Münzgasse 18	
306	**Hohlweck, Susanna** Technische Assistentin, Eichendorffweg 38	X
307	**Lang, Inga** Studentin, Marktplatz 3	
308	**Dold, Sven** Anwendungsentwickler, Amselweg 10	
309	**Weber, Udo** Journalist, Albert-Schweizer-Straße 3	3
310	**Mathiessen-Felber, Erika** Hauptschullehrerin, Saarstraße 36	
311	**Weller, Robert** Grafiker, Obertorstraße 18	X
312	**Junge, Herbert** Pfarrer, Kastellstraße 53	2
313	**Dr. Berger, Gerhard** Arzt, Lussstraße 8	X
314	**Hörsch, Jürgen** Krankenpfleger, Wiesengrund 102	
315	**Junge, Jürgen** Dreher, Haydnweg 22	
316	**Klein, Martin** Schlosser, Oberziegelbacher Straße 16	3
317	**Wilhelm, Bernd Christian** Bäcker, Am Rohrbach 27	
318	**Lang, Hilde** Referentin, Franzstraße 10	
	Kontrollsumme:	

In: Politik und Unterricht aktuell 17, Kommunalwahlen in Baden-Württemberg, Materialien zur Wahl am 25. Mai 2014; hg. von der Landeszentrale für politische Bildung, S. 21

1 Begründet, welche der Personen in **M 1** an den Kommunalwahlen in Heilbronn aktiv teilnehmen dürfen.

2 Begründet, welche der in **M 3** abgebildeten Stimmzettel gültig sind. TIPP *S. 215*

3 Gestaltet einen Flyer für Erstwählerinnen und -wähler an eurer Schule, auf dem ihr die Besonderheiten der Gemeinderatswahl verständlich und anschaulich erklärt. (**M 1, M 2**)

4 Diskutiert, ob das Wahlrecht auf Nicht-EU-Ausländer/-innen, die in der Gemeinde leben, ausgeweitet werden sollte. (**M 1**) TIPP *S. 215*

Seit 2013 dürfen in Baden-Württemberg Jugendliche bereits ab 16 Jahren aktiv an Kommunalwahlen teilnehmen, also vor allem auch den Gemeinderat und den Bürgermeister wählen. War die Entscheidung, das Wahlalter auf 16 Jahre abzusenken, sinnvoll?

M1 Karikatur

Karikatur von Gerhard Mester

M2 Wahlbeteiligung von Jugendlichen bei den Kommunalwahlen 2014

Bei den Gemeinderatswahlen 2014 in Baden-Württemberg durften 16- und 17-Jährige erstmals aktiv teilnehmen. Im Landesschnitt lag die Wahlbeteiligung dieser Altersgruppe bei ca. 40 %, die Beteiligungsquote der 18–25-Jährigen dagegen beispielsweise nur bei ca. 30 %. Die Wahlbeteiligung älterer Personen lag wiederum höher. Die gesamte Wahlbeteiligung betrug 49,1 %, d. h., im Schnitt ging nur etwa jede/-r zweite Wahlberechtigte wählen.
Verschiedene Organisationen, u. a. die Landeszentrale für politische Bildung Baden-Württemberg*, hatten im Vorfeld der Wahl eine Kampagne* für Erstwähler/-innen gestartet. Auf diese Weise sollten Jugendliche informiert und zur Wahlteilnahme ermuntert werden.

* **Landeszentrale für politische Bildung (lpb)**
überparteiliche staatliche Einrichtung zur Förderung der politischen Bildung, die u. a. auf ihrer Webseite – www.lpb-bw.de – viele interessante und nützliche Informationen und Angebote bereithält.

* **Kampagne**
zeitlich befristete Aktion, die sich ein bestimmtes Ziel setzt.

1 Wählen ab 16? Führt eine spontane Abstimmung in der Klasse durch und notiert das Ergebnis.
2 Erläutere die Aussage der Karikatur **M1**. TIPP S. 215
3 Begründet, ob ihr die Wahlbeteiligung der Jugendlichen für hoch oder niedrig erachtet. (**M2**)
4 Ergänzt die Argumente in **M3** durch eigene Argumente.
5 Führt anschließend eine Pro-und-Kontra-Diskussion durch.
6 Wiederholt die Abstimmung vom Beginn der Stunde (siehe Aufgabe 1). Hat sich das Ergebnis verändert? Begründet eventuelle Veränderungen.
7 „Es wäre nur konsequent, wenn Jugendliche ab 16 Jahren jetzt auch als Kandidaten für den Gemeinderat oder das Amt des Bürgermeisters antreten dürften.“ – Beurteilt diese Aussage. TIPP S. 215

M 3 Wählen ab 16 – Pro & Kontra

Pro-Argumente	Kontra-Argumente
PRO Jugendliche zahlen auch Steuern, z. B. als Auszubildende – dann sollten sie auch mitentscheiden dürfen, wofür das Geld verwendet wird.	**KONTRA** Das Wahlalter von 18 Jahren hat sich seit Langem sehr bewährt.
PRO …………………………………………	**KONTRA** …………………………………………
PRO …………………………………………	**KONTRA** Jugendliche lassen sich oft leicht beeinflussen, zum Beispiel von Eltern oder Freunden.
PRO Viele Entscheidungen betreffen stark die Zukunft der jungen Generation – somit sollte diese auch darüber mitbestimmen dürfen, schließlich geht es um die Folgen für ihr späteres Leben.	**KONTRA** Die Volljährigkeit setzt in unserem Land nun einmal erst mit 18 Jahren ein.
PRO Die Politiker müssten viel stärker auf die Interessen von Jugendlichen Rücksicht nehmen.	**KONTRA** …………………………………………
PRO …………………………………………	**KONTRA** …………………………………………

Bloß keine Windräder!? – Sollen die Bürger selbst entscheiden?

Mit der Wahl des Gemeinderats und des Bürgermeisters entscheiden die Bürgerinnen und Bürger einer Gemeinde, wer sie in kommunalpolitischen Entscheidungen vertritt. Darüber hinaus können die Bürgerinnen und Bürger teilweise auch selbst abstimmen – nirgendwo ist die direkte Demokratie* stärker als auf kommunaler Ebene.

* **Direkte Demokratie**
In jeder Demokratie dürfen sich die Bürger/-innen an der Politik beteiligen. In der direkten Demokratie stimmen sie unmittelbar über politische Fragen ab, entscheiden also selbst. In der *repräsentativen Demokratie* hingegen wählt das Volk Abgeordnete, die dann politische Entscheidungen treffen.

M 1 Windräder in Schömberg? Ein Fallbeispiel

Die Gemeinde Schömberg im Nordschwarzwald möchte eine Windkraftanlage bauen. Der Gemeinderat fasst einen entsprechenden Beschluss, damit steht dem Bau der Windräder nichts mehr im Wege – oder vielleicht doch? In Teilen der Bürgerschaft regt sich Unmut, einige Bürgerinnen und Bürger wollen keine Windräder in ihrer Gemeinde. Sie sehen nicht ein, dass „ein paar Gemeinderäte" eine so weitreichende Entscheidung für 6 124 stimmberechtigte Bürgerinnen und Bürger treffen. Deshalb gründen sie eine Bürgerinitiative, um Einfluss auf Gemeinderat und Bürgermeister zu nehmen. Doch das reicht ihnen nicht: Sie würden gerne selbst entscheiden, ob die Windräder gebaut werden. Was können sie tun?

M 2 Bürgerbegehren und Bürgerentscheid – direkte Demokratie in der Gemeinde

In „wichtigen Angelegenheiten" dürfen die Bürgerinnen und Bürger auch selbst Entscheidungen treffen. Die repräsentative Demokratie wird also ergänzt durch direkte Demokratie. Hierzu stehen den Bürgerinnen und Bürgern zwei Instrumente zur Verfügung:

1. **Bürgerbegehren:** Mit einem Bürgerbegehren können die Bürgerinnen und Bürger einen Bürgerentscheid herbeiführen. Sie „begehren", in einer bestimmten Frage später selbst abstimmen zu dürfen. Voraussetzungen: Mindestens 7 % der wahlberechtigten Bürgerinnen und Bürger unterstützen das Bürgerbegehren per Unterschrift, zudem muss das Bürgerbegehren schriftlich beantragt werden.
2. **Bürgerentscheid:** Ein Bürgerentscheid kann entweder durch ein Bürgerbegehren oder durch einen Beschluss des Gemeinderats herbeigeführt werden; hierbei muss der Gemeinderat mit einer Mehrheit von zwei Dritteln der Stimmen aller Mitglieder beschließen, dass ein Bürgerentscheid durchgeführt wird.

Mehr zum Thema
Film: Volksentscheid einfach erklärt

Webcode PE652136-153

M3 Ablauf eines Bürgerentscheids

Stimmzettel	Abstimmung	Nach der Abstimmung
Ist die Frage klar mit „Ja / Nein“ zu beantworten? →	(1) Mehrheit entscheidet, entweder für Ja oder Nein. (2) Die Mehrheit muss zudem mind. 20 % der Stimmberechtigten betragen (sog. Quorum*). →	Quorum erreicht: Entscheidung bindend für Gemeinderat und Verwaltung Quorum verfehlt: Gemeinderat entscheidet über die Angelegenheit

* **Quorum**
notwendige Anzahl von Stimmen, die erreicht sein muss, damit eine Abstimmung Gültigkeit erlangt.

M4 Windräder – ja oder nein? Der Bürgerentscheid vom 8. Februar 2015

Knapp 1 000 Unterschriften für ein Bürgerbegehren hatte die Schömberger Bürgerinitiative gesammelt. Am 8. Februar 2015 kam es folglich zum Bürgerentscheid. Die Abstimmungsfrage lautete – bitte achte genau auf den Wortlaut: „Lehnen Sie es ab, dass die gemeindeeigenen Flächen Schömbergs zur Windkraftnutzung verwendet werden?“ Im Klartext: Wer „Ja“ ankreuzte, war gegen Windräder; wer „Nein“ ankreuzte, war für Windräder.

Ergebnis:

- Stimmberechtigte: 6 124 Bürger/-innen
- Abstimmungsbeteiligung: 3 262 Bürger/-innen
- Ja-Stimmen: 1 383
- Nein-Stimmen: 1 879

Protestplakat gegen den Bau von Windrädern in Ortsnähe

1 Entscheidet spontan: Sollten die Bürgerinnen und Bürger selbst über Windräder in ihrer Gemeinde abstimmen dürfen?

2 Eine Bürgerinitiative wehrt sich gegen die Entscheidung des Gemeinderats, Windräder in Schömberg zu bauen. Sie möchte deshalb einen Bürgerentscheid herbeiführen – ihr sollt sie hierbei beraten.
Gestaltet eine detaillierte Ablaufskizze, wie die Bürgerinitiative einen Bürgerentscheid herbeiführen kann (**M1, M2**). **TIPP** *S. 215*

3 Werden in Schömberg nun Windräder gebaut? Begründe deine Antwort mithilfe von **M3**. **TIPP** *S. 216*

4 Sollen die Bürgerinnen und Bürger über so umstrittene Fragen wie Windräder selbst abstimmen dürfen? – Vergleicht die Entscheidungsfindung durch repräsentative und direkte Demokratie. **TIPP** *S. 216*

Der Jugendgemeinderat – nur mitreden oder auch mitentscheiden?

In vielen Gemeinden Baden-Württembergs haben Jugendliche inzwischen eine eigene Vertretung und können sich so aktiv in die Kommunalpolitik einbringen. Wie weit die Rechte der Jugendvertretung dabei reichen, ist je nach Gemeinde unterschiedlich geregelt – was teilweise auch für Diskussionen sorgt.

M1 „Wahlsätze" – kurze Statements von Kandidatinnen und Kandidaten zur Jugendgemeinderatswahl 2015 in Filderstadt

Rosa C., 17 J.: Ich möchte mich für mehr Treffpunkte für die Jugendlichen einsetzen.

Trung B., 17 J.: Als Jugendgemeinderat möchte ich mich für die Interessen aller Jugendlichen in Filderstadt einsetzen. Mir liegt dabei der Sport ganz besonders am Herzen.

Ronani A., 17 J.: Mein Ziel ist es, gemeinsam mit den Jugendlichen aus Filderstadt eine Organisation zu erstellen, die den Flüchtlingskindern zugutekommt.

Maurizio P., 17 J.: Die Möglichkeiten für Freizeitaktivitäten ausbauen, um unsere Jugendlichen zu vereinen.

Maximilian K., 18 J.: Die bereits gute Infrastruktur Filderstadts möchte ich vor allem im Bereich von Abend und Nacht weiter ausbauen.

Amtsblatt Filderstadt Nr. 47/2015, http://www.filderstadt.de/site/Filderstadt-Internet/get/params_E-1205189000/11637099/Amtsblatt%20KW%2047,%2020.%20November.pdf (Zugriff: 28.2.2016)

M2 Ein „Super-Tag" für den JGR

„Heute ist ein Super-Tag", strahlte vergangenes Wochenende Sarmed Munir beim Blick auf eine neue Freizeitanlage in Filderstadt: den öffentlichen Mini-Court an der Seestraße in Sielmingen. Sarmed Munir, [...] ehemaliges Mitglied des Jugendgemeinderats (JGR), hatte im Sommer 2012 die Idee des Mini-Courts erstmals im Nachwuchsgremium vorgestellt. Der Wunsch: eine Anlage, die auch ohne Leistungsdruck bespielt werden kann. Darauf galt es, echte Überzeugungsarbeit zu leisten – in den Reihen des Gemeinderats, der Stadtverwaltung sowie bei potenziellen Sponsoren. Parallel dazu sammelten die JGRler sage und schreibe 640 Unterschriften, die dem Vorhaben der jungen Leute zusätzlich Rückenwind verliehen. „Sie alle haben sich mächtig ins Zeug gelegt. Ihnen ist es gelungen, die entscheidenden Köpfe für dieses Projekt zu begeistern", lobte Oberbürgermeisterin Gabriele Dönig-Poppensieker das unermüdliche Engagement der Jugendgemeinderäte. [...] Dönig-Poppensieker: „Heute können wir den Mini-Court offiziell eröffnen." [...]

Silke Köhler, Stadtverwaltung Filderstadt, 2014

Einweihung des Mini-Courts

M 3 Der Jugendgemeinderat Filderstadt

Aufgaben und Zielsetzung
Die Aufgabe des Jugendgemeinderats (JGR) ist es, in allen Jugend betreffenden Angelegenheiten mitzuwirken und zum Teil mitzubestimmen. Die Beschlüsse des JGR gelten als Vorschläge für Gemeinderat und Verwaltung und werden dort je nach Zuständigkeit behandelt.

Zusammensetzung und Wahlen
Der JGR besteht aus 20 Mitgliedern. Wählbar und wahlberechtigt sind alle in Filderstadt wohnhaften Jugendlichen zwischen 14 und 18 Jahren, unabhängig von der Staatsangehörigkeit. Die Wahlen zum JGR finden alle zwei Jahre statt. Jede Wählerin, jeder Wähler hat insgesamt 20 Stimmen, pro Kandidatin, pro Kandidat können maximal drei Stimmen abgegeben werden (kumulieren).

Arbeitsweise
Der JGR tagt etwa drei- bis viermal pro Jahr. Der Oberbürgermeister leitet die Sitzungen. Die Mitglieder des JGR diskutieren eigene Anträge und stimmen darüber ab Mehrheitlich gefasste Beschlüssen werden je nach Zuständigkeit entweder vom Oberbürgermeister in den Gemeinderat oder einen Ausschuss des Gemeinderats eingebracht oder von der Verwaltung bzw. vom JGR selbst (z. B. Sportturnier) verwirklicht. Oberbürgermeister und Gemeinderat garantieren dem JGR ein Antragsrecht.
Die Organe der Stadt haben sich verpflichtet, Beschlüsse des JGR zu beraten. Drei Mitglieder des JGR haben das Recht als offizielle Vertretung an Gemeinderatssitzungen und an Ausschusssitzungen teilzunehmen. Sie haben ein allgemeines Rederecht und erhalten eine ehrenamtliche Entschädigung.

Leicht verändert nach: http://www.filderstadt.de/,Lde/start/service/Sitzungen.html (Zugriff: 8.2.16)

* **Indirektes Antragsrecht**
Dies bedeutet, dass der Jugendgemeinderat seine Anträge – z. B. für einen Mini-Court – nur indirekt, nämlich über den Oberbürgermeister, in den Gemeinderat einbringen kann, nicht aber selbst einen Antrag im Gemeinderat stellen darf.

M 4 Mehr direkte Demokratie – das Reutlinger Jugendforum

Das „Jugendforum Reutlingen" ist eine neue lokalpolitische Beteiligungsplattform für Jugendliche, die auf breite Zustimmung stößt. Das Modellprojekt war 2014 so erfolgreich, dass auch 2016 wieder Themen diskutiert wurden, die jungen Reutlingern zwischen 14 und 18 Jahren auf den Nägeln brennen. Die Themen werden in einem Online-Voting ermittelt, und die beteiligten Jugendlichen erarbeiten danach bei einer eintägigen Veranstaltung konkrete Umsetzungsvorschläge. Dazu suchen sie sich Paten im Stadtrat und in der Verwaltung, die ihr Projekt bis zur Fertigstellung begleiten. Das Jugendforum soll sich als niederschwellige Beteiligungsform, in Kooperation mit dem Jugendgemeinderat, etablieren.

1 Sammelt ausgehend von **M 1** mögliche Motive und Ziele von Jugendlichen, sich im Jugendgemeinderat zu engagieren.

2 Sammelt Ziele, für die ihr euch persönlich in eurer Gemeinde einsetzen würdet.

3 2014 wurde der Mini-Court in Filderstadt eingeweiht – bis dahin war es ein langer Weg. Analysiert, wie diese Idee wohl verwirklicht werden konnte. (**M 2, M 3**) TIPP *S. 216*

4 Recherchiert, ob es in eurer Gemeinde einen Jugendgemeinderat gibt, und erstellt einen Steckbrief. TIPP *S. 216*

5 Der Jugendgemeinderat Filderstadt besitzt im Gemeinderat „nur" ein Rederecht. Diskutiert, ob dieses Rederecht ausreicht, um die Interessen von Jugendlichen zu vertreten. TIPP *S. 217*

6 Vergleicht die Entscheidungsfindung im Filderstädter Jugendgemeinderat mit jener im Reutlinger Jugendforum. (**M 3, M 4**)

7 Der Jugendgemeinderat Filderstadt – ein Erfolgsmodell? Diskutiert diese Frage.

1. Politik, nein danke!?

★ **Politikverdrossenheit** meint eine negative Einstellung der Politik gegenüber. Sie kann sich in Desinteresse gegenüber politischen Prozessen, geringer Beteiligung an politischen Aktivitäten (z. B. Wahlen) und Ablehnung von Politik äußern.

★ Eine **Petition** (von lateinisch petitio: Bittschrift) ist ein Schreiben an eine zuständige Stelle, z. B. den Gemeinderat oder den Bürgermeister, in dem man als Bürger/-in Anregungen, Beschwerden oder Bitten äußern kann. In Deutschland ist das Petitionsrecht als Grundrecht in Art. 17 GG verankert.

M 1 Wahlen zum Jugendgemeinderat Filderstadt: Wahlergebnisse seit 1987

Wahljahr	Kandidatenzahl	Wahlbeteiligung	gewählte Mädchen : Jungen
1987	49	25 %	7 : 13
1989	25	23 %	8 : 12
1991	27	27 %	7 : 13
1993	35	42 %	9 : 11
1995	27	33,60 %	9 : 11
1997	32	43,10 %	11 : 9
1999	28	37,20 %	10 : 10
*2001	32	20,61 %	9 : 11
2003	46	39,85 %	8 : 12
2005	41	38,31 %	9 : 11
2007	30	33,64 %	11 : 9
2009	28	37,10 %	14 : 6
2011	36	33,55 %	8 : 12
2013	32	36,91 %	6 : 14
2015	27	32,89 %	10 : 10

**2001: Die Wahl erfolgte über das Internet.*
http://www.filderstadt.de/,Lde/start/service/Wahlen.html (Zugriff: 8.2.2016)

M 2 Kommunalpolitische Beteiligungsformen – Einschätzungen der Jugendlichen (2014)

Die Beteiligungsform …	… sehe ich als sehr gut / gut an.	… sehe ich als schlecht / sehr schlecht an.
Beteiligung an Gemeinderatswahlen	78,4 %	4,8 %
Beteiligung an Bürgerbegehren und -entscheiden	78,1 %	4,0 %
Mitarbeit in Kinder- und Jugendparlamenten	72,0 %	9,5 %
Unterschriftenaktionen	64,8 %	14,0 %
Demonstrationen	60,8 %	17,5 %
Leserbriefe	43,0 %	23,7 %
Onlinebeteiligung	40,7 %	36,2 %

Eigene, gekürzte Darstellung nach:
www.lpb-bw.de/fileadmin/publikationen/bis/2016/pdf/politische_partizipation_jugend.pdf (8.4.2017)

1 Filderstadt – ein Einzelfall? Recherchiert Wahlergebnisse von JGR-Wahlen aus eurer Region und vergleicht sie mit den Ergebnissen oben.

2 Führt eine anonyme Umfrage in eurer Klassenstufe durch: Wer würde wählen gehen? Wertet die Umfrage aus und vergleicht die Ergebnisse mit der Tabelle **M 1**.

3 Erklärt mögliche Ursachen für die vergleichsweise geringe Wahlbeteiligung in **M 1**. TIPP *S. 217*

4 Diskutiert Möglichkeiten, die Wahlbeteiligung in den kommenden Jahren zu steigern. TIPP *S. 217*

5 „Wer wählt mit 16 noch den Jugendgemeinderat, wenn er doch bereits den ‚richtigen' Gemeinderat wählen darf? Dieser darf entscheiden, der Jugendgemeinderat darf nur reden." Bewertet diese Aussage. TIPP *S. 217*

6 „Politik, nein danke!?" – Überprüft mithilfe von **M 1** und **M 2**, ob man von einer Politikverdrossenheit unter Jugendlichen sprechen kann.

2. Wir haben keinen Jugendgemeinderat – noch nicht!?

M1 Gemeindeordnung Baden-Württemberg, § 41a: Beteiligung von Kindern und Jugendlichen

(1) Die Gemeinde soll Kinder und muss Jugendliche bei Planungen und Vorhaben, die ihre Interessen berühren, in angemessener Weise beteiligen. Dafür sind von der Gemeinde geeignete Beteiligungsverfahren zu entwickeln. Insbesondere kann die Gemeinde einen Jugendgemeinderat oder eine andere Jugendvertretung einrichten. Die Mitglieder der Jugendvertretung sind ehrenamtlich tätig.

(2) Jugendliche können die Einrichtung einer Jugendvertretung beantragen. Der Antrag muss [je nach Einwohnerzahl von mindestens 20 bis 250] in der Gemeinde wohnenden Jugendlichen unterzeichnet sein. [...]

(3) [Es ist] die Beteiligung von Mitgliedern der Jugendvertretung an den Sitzungen des Gemeinderats in Jugendangelegenheiten zu regeln; insbesondere sind ein Rederecht, ein Anhörungsrecht und ein Antragsrecht vorzusehen.

(4) Der Jugendvertretung sind angemessene finanzielle Mittel zur Verfügung zu stellen. [...] Über die Verwendung der Mittel ist ein Nachweis in einfacher Form zu führen.

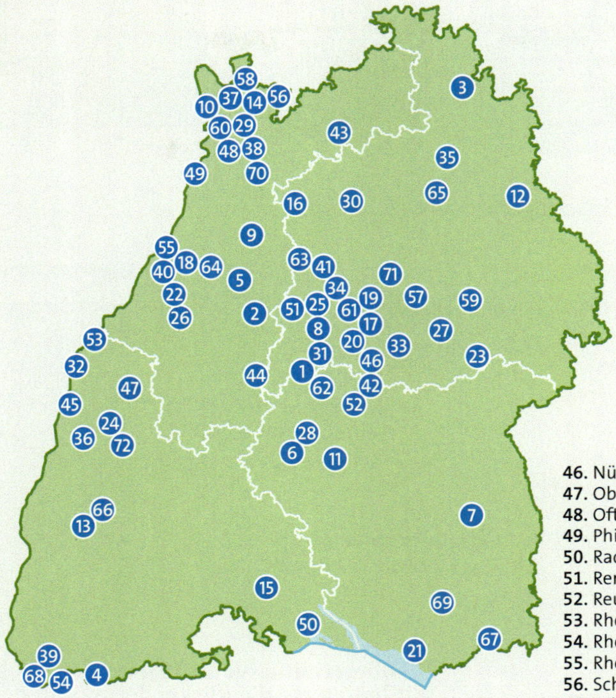

1. Ammerbuch
2. Bad Liebenzell
3. Bad Mergentheim
4. Bad Säckingen
5. Birkenfeld
6. Bisingen
7. Biberach/Riß
8. Böblingen
9. Bretten
10. Brühl
11. Burladingen
12. Crailsheim
13. Denzlingen
14. Dossenheim
15. Engen
16. Eppingen
17. Esslingen
18. Ettlingen
19. Fellbach
20. Filderstadt
21. Friedrichshafen
22. Gaggenau
23. Geislingen a.d. Steige
24. Gengenbach
25. Gerlingen
26. Gernsbach
27. Göppingen
28. Hechingen
29. Heidelberg
30. Heilbronn
31. Holzgerlingen
32. Kehl
33. Kirchheim u. Teck
34. Korntal-Münchingen
35. Künzelsau
36. Lahr
37. Ladenburg
38. Leimen
39. Lörrach
40. Malsch
41. Markgröningen
42. Metzingen
43. Mosbach
44. Nagold
45. Neuried
46. Nürtingen
47. Oberkirch
48. Oftersheim
49. Philippsburg
50. Radolfzell
51. Renningen
52. Reutlingen
53. Rheinau
54. Rheinfelden
55. Rheinstetten
56. Schönau
57. Schondorf
58. Schriesheim
59. Schwäbisch Gmünd
60. Schwetzingen
61. Stuttgart
62. Tübingen
63. Vaihingen/Enz
64. Waldbronn
65. Waldenburg
66. Waldkirch
67. Wangen
68. Weil am Rhein
69. Weingarten
70. Wiesloch
71. Winnenden
72. Zell a.H.

Quelle: http://jugendgemeinderat.de/

M2 Jugendgemeinderäte in Baden-Württemberg, Stand: 2013

1 Arbeitet die wesentlichen gesetzlichen Grundlagen für die Einführung eines Jugendgemeinderats heraus (M1).

2 Sammelt Argumente, die für die Einführung eines Jugendgemeinderats sprechen. Ordnet diese Argumente nach Wichtigkeit.

3 Wählt zwischen den folgenden Aufgaben:
Gestaltet ...
- eine **Rede** (Adressat: der Gemeinderat), in der ihr die Einführung eines Jugendgemeinderats fordert.
- ein **Plakat**, mit dem ihr die Einführung eines Jugendgemeinderats fordert.
- ein kurzes Video, in dem ihr die Einführung eines Jugendgemeinderats fordert.

TIPP *S. 217*

CHECK UP

M1 Viel zu tun – die Aufgaben einer Gemeinde

M2 Schlagzeilen aus der Lokalpresse

Bürgerentscheid gegen Grillwiese gescheitert

Grillwiese – Lärm, Müll, Alkohol

„Wir sind es leid!“
Anwohnerin will klagen

Dauerbrenner Grillwiese:
Gemeinderat uneinig

Jugendgemeinderat:
„Grillwiese war unser Projekt!“

Bürgerinitiative sammelt
300 Unterschriften

Bürgerinitiative frustriert:
„Wir hatten nie die Rückendeckung des Gemeinderats!“

Anwohner kämpferisch:
„Wir geben nicht auf!“

M3 Hier stimmt doch was nicht ...

1 Das aktive Wahlrecht für die Wahl des Gemeinderats hat man ab 18 Jahren.
2 Kumulieren bedeutet, Kandidaten und Kandidatinnen aus einer anderen Liste auf den Wahlzettel zu übertragen.
3 Der Gemeinderat wählt die Bürgermeisterin.
4 Der Bürgermeister hat immer auch den Vorsitz in Bürgerinitiativen.
5 Die Wahl des Bürgermeisters gehört zur direkten Demokratie, da man ihn ja direkt wählt.
6 Jedem Bürgerbegehren geht ein erfolgreicher Bürgerentscheid voraus.

1 a Nenne den Unterschied zwischen Pflichtaufgaben und freiwilligen Aufgaben einer Gemeinde und ordne die Abbildungen in **M1** entsprechend zu.

b Erkläre, bei welchen Aufgaben eine Gemeinde im Falle von Geldknappheit meist besonders zu sparen versucht.

2 Ordne die Schlagzeilen in **M2** den typischen Phasen des Politikzyklus zu.

3 a Beteiligung an der Kommunalpolitik hat viele Gesichter: Die Bürgerinnen und Bürger können ...
- den Gemeinderat wählen
- ...

Sammle möglichst viele Beteiligungsmöglichkeiten und vergleiche mit deinem/deiner Nebensitzer/-in.

b Erklärt euch gegenseitig die jeweiligen Beteiligungsmöglichkeiten.

4 Korrigiere die falschen Aussagen in **M3**.

M1 Freude und Ärger über KSC-Stadion (20.7.2016)

Baut die Stadt für 113 Millionen Euro ein neues Stadion im Wildpark? Über diese Frage entschied am Dienstag der Karlsruher Gemeinderat. Aktuell belaufen sich die Gesamtkosten der Maßnahme auf rund 113,7 Millionen Euro. Das Land [Baden-Württemberg] bezuschusst das Projekt mit elf Millionen Euro. Der KSC soll durch Pachtzahlungen in den kommenden Jahren den Neubau mit 74,3 Millionen Euro [nachträglich finanzieren]. Im Vorfeld hatte sich vor allem bei den Karlsruher Grünen und der Linken Widerstand gegen das neue KSC-Stadion geregt. Die Karlsruher Grünen meldeten im Vorfeld, dass sie die finanziellen Risiken für den geplanten kompletten Neubau des Wildparkstadions für zu hoch halten. Die Karlsruher Linken forderten, die Bürger mittels eines Bürgerentscheides über das Projekt entscheiden zu lassen. Nach langer Diskussion entscheiden die Stadträte schließlich: Der KSC soll ein neues Stadion erhalten. Deutlich erleichtert zeigte sich Oberbürgermeister Frank Mentrup. Ihm sei ein riesiger Stein vom Herzen gefallen, erklärte er nach der Entscheidung. Er erwartet eine „spannende Phase bis September" – bis dahin muss der KSC seine Zustimmung gegeben haben. Mentrup zeigt sich zuversichtlich, dass die Stadt und der KSC bis September eine Lösung gefunden haben.

http://www.ka-news.de/region/karlsruhe/ksc-stadion./Freude-und-AErger-ueber-KSC-Stadion-Das-wird-in-einem-Fiasko-enden;art6066,1923363 (Zugriff: 10.8.2016)

Der Karlsruher Gemeinderat stimmt am 19.7.2016 mit Mehrheit „Ja" für den Stadionneubau ab.

Ich kann Informationen gewinnen und aufbereiten.

1 Lies dir **M1** durch und verschaffe dir einen groben Überblick über den Konflikt um den Bau des KSC-Stadions.

2 Recherchiere weitere Hintergrundinformationen zum Konflikt.

Ich kann Probleme und Konflikte analysieren.

3 Analysiere den Konflikt, indem du klärst (**M1**):
- Worin besteht der Konflikt?
- Welche Akteure sind beteiligt?
- Welche Interessen haben die Akteure?
- Welche Akteure haben Macht bzw. können eine Entscheidung treffen?

Ich kann mir ein begründetes Urteil bilden.

4 Die Karlsruher Linken forderten einen Bürgerentscheid über den Bau des Stadions. (**M1**) Erörtere, ob ein Bürgerentscheid in diesem Fall sinnvoll wäre.

Ich kann mitreden und aktiv werden.

5 Verfasse einen Leserbrief, in dem du Stellung zu der Entscheidung des Gemeinderats beziehst. (**M1**)

KAPITEL 9

Zuwanderung nach Deutschland

Betrachte das Foto. Beschreibe, was dir spontan einfällt. Lege dazu eine ABC-Liste an und schreibe hinter jeden Buchstaben mindestens einen Begriff. Tauscht euch in der Klasse aus.

In diesem Kapitel lernst du,
- *wie die Gesellschaft Deutschlands zusammengesetzt ist;*
- *welche Bedeutung die Zuwanderung für Deutschland hat;*
- *wie die Zuwanderungspolitik gestaltet werden kann.*

◄ *Flüchtlinge aus verschiedenen Herkunftsländern bei ihrer Ankunft am Hauptbahnhof in München, 5.9.2015*

Auf der Suche nach einer Zukunft – Zuwanderer erzählen

In den letzten Jahren sind viele Menschen auf der Flucht nach Deutschland gekommen. Hier erzählen drei von ihnen ihre Geschichte.

M1 Flüchtlinge* auf ihrem gefährlichen Weg über das Mittelmeer

M2 Doaa aus Syrien

Bevor der Bürgerkrieg in Syrien* sie zur Flucht zwang, war die 19-jährige Doaa eine ehrgeizige Schülerin. Dann floh sie mit ihrer Familie nach Ägypten. Ohne Arbeitserlaubnis lebte sie dort am Rande der Gesellschaft.
Gemeinsam mit ihrem Verlobten Bassem beschlossen sie, Sicherheit in Europa zu suchen, um sich dort ein gemeinsames Leben aufzubauen. Bassem gab sein ganzes Erspartes, 5000 Dollar, den Schmugglern, die sie auf ein überfülltes Fischerboot zwängten.
Doch nach drei Tagen auf See glaubte sie nicht mehr an eine sichere Ankunft und sagte zu Bassem: „Wir werden alle ertrinken." Am vierten Tag kam ein verrostetes Boot auf sie zu. Die Passagiere weigerten sich, in das seeuntaugliche Boot zu wechseln, woraufhin die wütenden Schmuggler ein Loch in das Fischerboot rammten und lachten. Innerhalb von Minuten kenterte und sank das Boot. Die 300 Menschen, die unter Deck gefangen waren, hatten keine Chance zu überleben. Bassem fand einen Rettungsring für Doaa, die nicht schwimmen kann. In der folgenden Nacht verloren viele Überlebenden die Kräfte und den Mut. Auch Bassem verließen kurz darauf die Kräfte und Doaa musste mit ansehen, wie er starb. Am vierten Tag im Meer sah Doaa ein Handelsschiff. Zwei Stunden schrie sie um Hilfe, bis die Suchscheinwerfer des Schiffes sie fanden. Über Italien fand Doaa schließlich den Weg nach Deutschland. Dort hat sie einen Antrag auf Asyl* gestellt.

https://www.uno-fluechtlingshilfe.de/fluechtlinge/fluechtlinge-erzaehlen/doaa-aus-syrien.html, verändert und gekürzt (Zugriff: 12.8.2016)

* **Flüchtlinge**
Als Flüchtling bezeichnet man jemanden, der aufgrund von Kriegen oder Hungersnöten, aber auch wegen politischer Verfolgung seine Heimat verlassen muss.

* **Bürgerkrieg in Syrien**
Seit März 2011 herrscht in Syrien ein brutaler Bürgerkrieg, der bereits Hunderttausenden Menschen das Leben gekostet hat. Millionen sind geflohen und haben in anderen Ländern, meist in der Region, Schutz gesucht. Auf der einen Seite kämpfen Regierungstruppen des Diktators Assad, auf der anderen Seite kurdische und teilweise islamistische Rebellengruppen.

* **Asyl**
Zuflucht für politisch Verfolgte. Nach Artikel 16a Grundgesetz hat jeder die Möglichkeit, in Deutschland einen Antrag auf Asyl zu stellen. Jedoch nur wer politisch verfolgt wird, hat Aussichten, dass sein Antrag auch Erfolg hat.

M3 Fasil aus Äthiopien

Fasil T. ist 19 Jahre alt und in Äthiopien aufgewachsen. Er hat seine Heimat verlassen, um dem Militärdienst dort zu entgehen. Im Juli sei er vom Sudan aus nach Europa aufgebrochen. „Ich gab einem Schleuser 1500 US-Dollar. Die Reise führte dann mit einem Laster nach Ägypten und mit einem Pkw nach Libyen." Dort sei er von Polizisten, die Geld erpressen wollten, ins Gefängnis gesteckt worden. „Meine Mutter hat mich aber freigekauft", sagt Fasil. Auf einem Holzboot sei er dann übers Mittelmeer gefahren, zusammen mit 150 anderen Flüchtlingen. Noch auf See seien die Flüchtlinge an die italienischen Behörden übergeben worden. Fasil fuhr nach Deutschland, wo er vor ein paar Wochen eingetroffen sei. Fasil hofft auf eine Wohnung. „Ich will Deutsch lernen und arbeiten."

http://www.fnp.de/lokales/frankfurt/Zwei-Fluechtlinge-aus-Afrika-erzaehlen-ndash-stell-vertretend-fuer-Tausende;art675,1058997, 1.10.2014 (Zugriff: 12.8.2016)

Jedes Jahr versuchen Tausende Flüchtlinge, vor allem aus Afrika und dem Nahen Osten, über das Mittelmeer nach Europa zu gelangen.

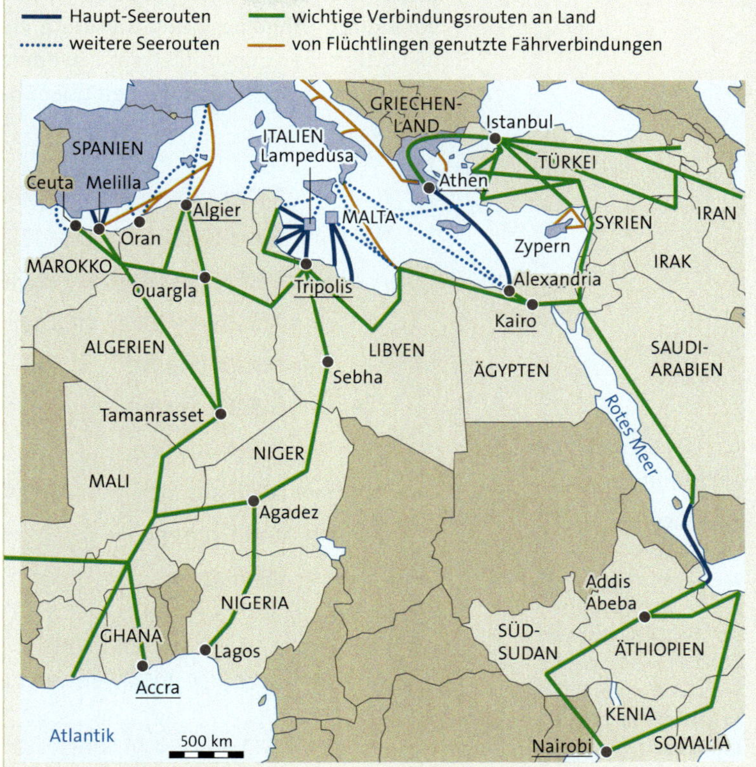

Quelle: i-Map, Stand Mai 2014

M5 Flüchtlingsrouten nach Europa

M4 Joy aus Nigeria

„Wir mussten fliehen, weil wir Christen sind, und die islamistische Terrorgruppe ‚Boko Haram'* verfolgt Menschen christlichen Glaubens in Nigeria. Ich bin Friseuse und mein Mann ist KFZ-Mechaniker. Unsere Flucht nach Deutschland war sehr, sehr hart, besonders weil ich schwanger war. Wir waren eben in Garmisch-Partenkirchen angekommen, da kamen unsere Zwillinge zur Welt. Unser Traum ist es, in Frieden hier mit unseren Kindern leben zu können."

http://www.huffingtonpost.de/veronika-rusch/schau-mir-ins-gesicht-20-beruhrende-schicksale-von-fluechtlingen_b_6660326.html#, Veronika Rusch, 12,2,2015 (Zugriff: 5.12.2016)

* **Boko Haram**
Boko Haram ist eine islamistische terroristische Gruppierung im Norden Nigerias. Sie setzt sich für die Einführung der Scharia in ganz Nigeria und das Verbot westlicher Bildung ein.

1 Lies dir die drei Geschichten von Doaa, Fasil und Joy durch und verfolge auf der Karte (**M5**) ihre Fluchtroute.

2 Beschreibe die Gründe, warum die drei Menschen ihre Heimat verlassen haben.

3 Versetze dich in die Lage von Joy und ihrem Mann aus Nigeria (**M4**). Sie leben jetzt in Garmisch-Partenkirchen in Bayern. Beschreibe, was sie vielleicht vermissen und welche Eindrücke ganz neu für sie sind.

4 Erläutere, welche Hoffnungen sich mit der Flucht nach Europa verbinden.

5 Gibt es in deiner Nähe eine Flüchtlingsunterkunft? Versucht über die Schule oder die Gemeinde Kontakt mit Flüchtlingen aufzunehmen und recherchiert ihre Geschichte.

6 Erörtere Möglichkeiten, um zu verhindern, dass Flüchtlinge die gefährliche Reise über das Mittelmeer in Angriff nehmen. TIPP S. 218

Keinem Menschen fällt es leicht, seine Heimat zu verlassen. Dort leben seine Familie, seine Freunde, dort ist man aufgewachsen, man spricht die Sprache und ist in seiner vertrauten Umgebung und Kultur. In vielen Teilen der Welt ist die Not aber so groß, dass Menschen gezwungen sind, in eine andere Region oder sogar in ein anderes Land zu fliehen. Zurzeit sind weltweit über 60 Millionen Menschen auf der Flucht.

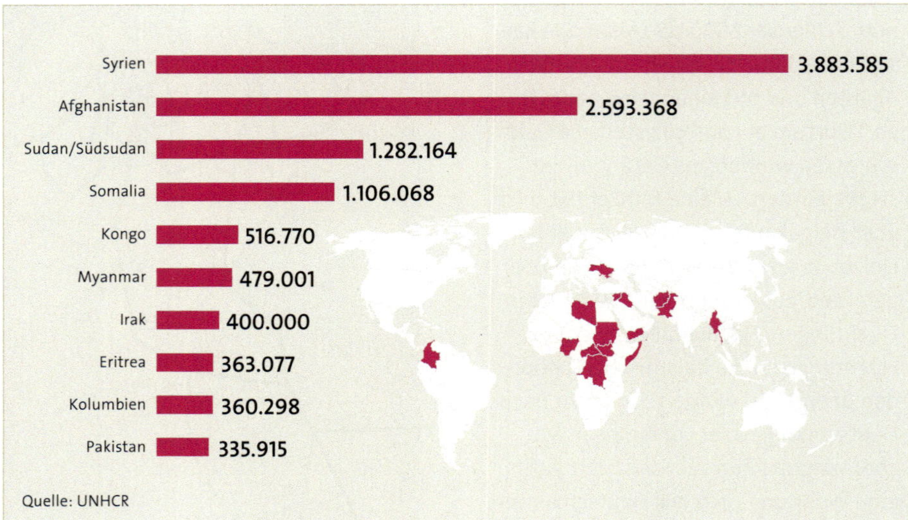

M2 Zahl der Flüchtlinge 2014 weltweit nach Herkunftsländern

M1 Push- und Pull-Faktoren

Push-Faktoren
Das sind Gründe, die Menschen dazu bringen, ihre Heimat zu verlassen. Häufig sind das politische Gründe wie Unterdrückung oder Krieg. Es gibt aber auch wirtschaftliche Gründe wie Arbeitslosigkeit, Armut oder Hunger. Die Zerstörung der Heimat durch Dürren, Flutkatastrophen, Erdrutsche oder Unwetter gehört ebenfalls zu diesen Faktoren.

Pull-Faktoren
Dazu gehören alle Aspekte, die Menschen dazu bringen, in eine andere Region oder ein anderes Land auszuwandern. Bessere Lebensbedingungen wie Sicherheit, Arbeitsplätze, die Möglichkeit auf Schulbildung oder die Aussicht, mit Familienmitgliedern zusammenzuleben, sind wichtige Gründe.

M3 Flüchtlinge weltweit

Menschen fliehen aus Not, weil sie Gefahren, Katastrophen oder Armut entgehen wollen. Viele Menschen fliehen, weil in ihrem Heimatland Krieg herrscht. Sie fürchten um ihr Leben und das Leben ihrer Kinder.
Sie fliehen, weil sie in Sicherheit und Frieden leben wollen. Andere Menschen werden in ihrer Heimat wegen ihrer Nationalität, ihrer Zugehörigkeit zu einer bestimmten Religion oder wegen ihrer politischen Ansichten verfolgt. Wieder andere fliehen, weil schwere Naturkatastrophen ihr Heimatland unbewohnbar gemacht haben oder wegen der schlechten wirtschaftlichen Verhältnisse in ihrer Heimat. In vielen Ländern fehlen jegliche Bildungsmöglichkeiten. So gehen 13 Millionen Kinder wegen der Konflikte im Nahen Osten und in Nordafrika nicht zur Schule.
Manche Menschen fliehen alleine, manche mit ihren Familien. Und viele tausend Kinder und Jugendliche machen sich sogar ohne ihre Eltern auf den Weg in ein sicheres Land. Menschen, die bei sich zu Hause von Feindseligkeiten und Kriegen bedroht sind, versuchen oft, in anderen Gegenden ihres Landes zu leben. Häufig gibt es aber im eigenen Land keinen sicheren Ort. Deshalb verlassen viele Flüchtlinge ihr Land.

Wieso leben viele Menschen in Flüchtlingslagern?
Ein großer Teil der Flüchtlinge findet Aufnahme in einem Flüchtlingslager eines Nachbarstaates. Im Libanon oder auch in der Türkei gibt es beispielsweise große Lager für Bürgerkriegsflüchtlinge aus Syrien.
In den Lagern ist das Leben schwer. Die Menschen leben in Zelten, sie haben keine Arbeit, die Kinder können nicht in die Schule gehen.

Warum kommen die Menschen nach Europa?
Es gibt keine Aussicht auf ein besseres Leben in den überfüllten Flüchtlings-

lagern. Darum machen sich viele Menschen auf den Weg nach Europa. Sie hoffen, dort mit ihren Familien in Sicherheit leben zu können.
Um mit dem Flugzeug nach Europa zu fliegen, brauchen Nicht-Europäer in den meisten Fällen ein Visum, eine Einreisegenehmigung. Es ist aber sehr schwer für Flüchtlinge, solche Visa zu bekommen. Deshalb bleibt den Menschen, die nach Europa wollen, oft nur die Möglichkeit, ohne vorherige Erlaubnis in ein europäisches Land zu fliehen. Dafür brauchen sie oft die Hilfe von Schleusern. Wenn die Flüchtlinge in einem sicheren Land angekommen sind, versuchen sie die Erlaubnis zu bekommen, dort zu bleiben.

https://www.hanisauland.de/spezial/flucht-fluechtlinge/flucht-kapitel-1-fluechtlinge-weltweit.html (Zugriff: 11.8.2016)

Mehr zum Thema
Film: Probleme von Flüchtlingen ... einfach erklärt

Webcode PE652136-165

M4 Warum Menschen nach Deutschland kommen

Adama aus dem Senegal: „Im Senegal können viele Menschen nicht so leben, wie sie wollen. Mehr will ich dazu nicht sagen. In Deutschland will ich ein freies Leben führen, hier habe ich das Gefühl, dass ich glücklich werden kann. Ich mag die deutsche Stabilität, die Ordnung. Davon war ich sehr überrascht, vorher kannte ich Deutschland nur durch den Fußball."

Beauty aus Nigeria: „Ich bin mit meinem Sohn David aus Nigeria gekommen. Mein Mann wurde in Italien von uns getrennt, ich weiß nicht, wie es ihm geht und wo er jetzt ist. In Nigeria ist Krieg, Boko Haram verfolgt die Menschen, tötet einfach so. Ich hoffe, dass wir in Deutschland Hilfe bekommen. Und irgendwann möchte ich gern wieder arbeiten. In Nigeria habe ich Haare geflochten, so etwas würde ich gern wieder machen."

www.huffingtonpost.de/2015/07/31/hier-erzahlen-fluchtlinge-warum-sie-wirklich-in-deutschland-sind_n_7910200.html (Zugriff: 12.8.2016)

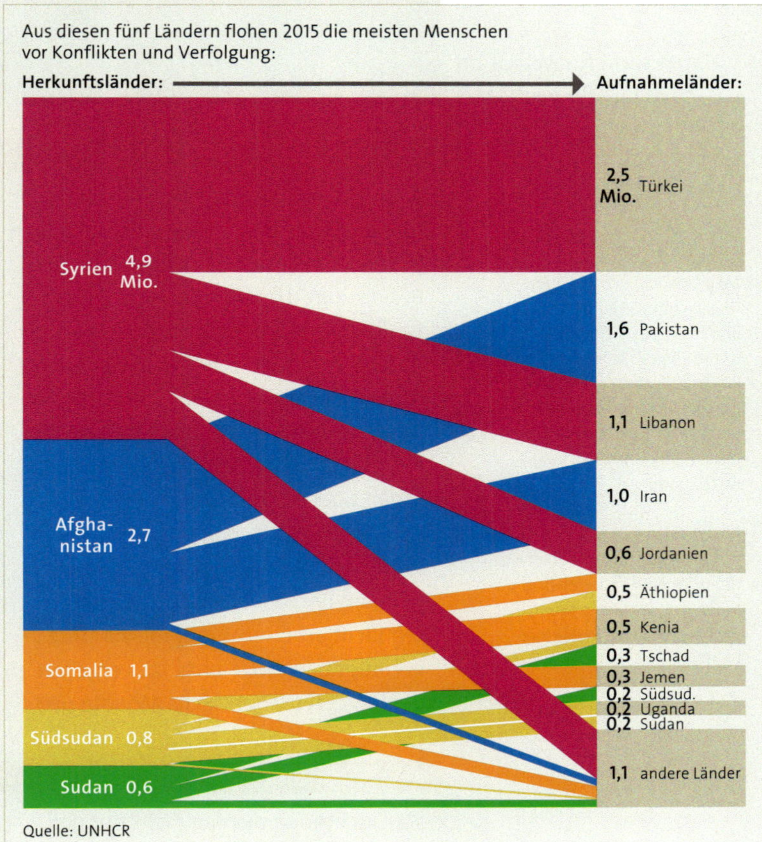

M5 Diese Länder nehmen die meisten Flüchtlinge weltweit auf.

1 Nennt mithilfe von **M2** und **M5** die Länder, aus denen weltweit die meisten Flüchtlinge kommen.

2 Beschreibt Gründe, warum Menschen ihre Heimat verlassen (Push-Faktoren). (**M1**, **M3**)

3 Beschreibt, was sich Adama und Beauty in Deutschland erhoffen (Pull-Faktoren). (**M1**, **M4**)

4 Viele Menschen hier denken, dass Europa besonders viele Flüchtlinge in den letzten Jahren aufgenommen hat. Überprüft mithilfe von **M5** diese Behauptung.

5 Erörtert Vor- und Nachteile einer Flucht nach Europa für Menschen aus Ländern Afrikas oder dem Nahen Osten. TIPP *S. 218*

Angekommen in Deutschland beginnt für viele Migranten ein langer Zeitraum mit Anträgen und dem Warten auf deren Erledigung. Das kann manchmal mehrere Jahre dauern, bis geprüft ist, ob diese Menschen in Deutschland bleiben dürfen oder nicht.

M1 Bundesamt für Migration und Flüchtlinge (BAMF)

M2 Asylbewerber

Auch jenseits humanitärer Hilfsaktionen fliehen Menschen auf eigene Faust nach Deutschland und beantragen Asyl. Das Bundesamt für Migration und Flüchtlinge (BAMF) bearbeitet ihre Anträge individuell. Sie müssen schildern, wie und warum sie verfolgt werden. Das BAMF entscheidet dann, ob ein Bewerber asylberechtigt ist, ob er den Flüchtlingsstatus erhält oder ob ihm beides verweigert wird. Bis die Entscheidung gefällt ist, dürfen die Menschen nur in Heimen wohnen und in den ersten neun Monaten nicht arbeiten. Bis ein Asylantrag genehmigt oder abgelehnt ist, vergehen in der Regel zwischen sechs Monate und zwei Jahre. Bei einer Ablehnung droht dem Antragsteller die Abschiebung.*

Asylberechtigter

Das Recht auf Asyl ist in Artikel 16a des Grundgesetzes geregelt. Asyl steht allen Menschen zu, die politisch verfolgt werden. Das bedeutet, dass sie von ihrem Staat wegen ihrer politischen Überzeugung so stark ausgegrenzt werden, dass ihre Menschenwürde verletzt ist. Allgemeine Notsituationen wie Armut oder Bürgerkrieg berechtigen hingegen nicht zu Asyl. Wenn der Asylantrag genehmigt ist, können Asylberechtigte aus den Heimen ausziehen und auch arbeiten.

M3 Flüchtlinge

Als Flüchtlinge werden nicht nur politisch Verfolgte anerkannt, sondern auch Menschen, denen wegen ihrer Herkunft, Religion oder Zugehörigkeit zu einer bestimmten sozialen Gruppe in ihrem Heimatland Gefahr droht. Anders als bei Asylberechtigten muss diese Gefahr nicht vom Staat ausgehen, sondern kann auch von Parteien oder Organisationen stammen. Auch die Einreise über ein Drittland* ist kein Problem. Wird ein Mensch in Deutschland als Flüchtling aufgenommen, hat er sofort die Erlaubnis zu arbeiten.

Unbegleiteter minderjähriger Flüchtling

Ob sie nach deutschem Recht „Flüchtlinge" sind, weil sie von ihrem Staat verfolgt werden und hierbleiben dürfen, muss geklärt werden. In jedem Fall sollen Jugendliche besonderen Schutz bekommen: durch das Jugendamt, durch Betreuer und einen Vormund. Standard ist das Kinder- und Jugendhilfegesetz.

* **Drittland**
Das sind die Länder, über die Menschen zu uns kommen. Also nicht das Herkunfts- und nicht das Zielland. Man unterscheidet sichere Drittländer, das sind eigentlich die meisten europäischen Staaten, v. a. unsere Nachbarstaaten, und unsichere Drittländer.

* **Abschiebung**
Ist ein Asylantrag unberechtigt oder wird er abgelehnt, droht den Antragstellern eine Ausweisung in das Herkunftsland.

M 4 Subsidiärer Schutz

Für diejenigen, die weder als Flüchtling anerkannt werden noch Asyl erhalten, gibt es noch die Möglichkeit des subsidiären (vorübergehenden) Schutzes. Dieser Aufenthaltsstatus wird Menschen gewährt, wenn ihnen im Heimatland Folter, Todesstrafe oder große Gefahr durch einen bewaffneten Konflikt drohen. Dann gilt ein Abschiebungsverbot und der Betroffene darf trotzdem eine Zeit lang in Deutschland bleiben.

M2–M4: nach: Anita Edenhofner, http://www.br.de/fernsehen/ard-alpha/sendungen/punkt/syrien-fluechtling-asylbewerber-100.html (Zugriff: 14.8.2016)

M 5 Mohammad hat Heimweh

Mohammad ist 17 Jahre alt und lebt in einer Flüchtlingsunterkunft in der Nähe von Stuttgart. Er ist einer dieser unbegleiteten Flüchtlinge, die in Deutschland Asyl beantragt haben. Wie er genau aus seinem Dorf im Osten Afghanistans* nach Deutschland gelangt ist, will er uns lieber nicht berichten. Auch aus Angst um seine Mutter, die noch dort lebt. Sie ist 48 Jahre alt. „Für Afghanistan ist das sehr alt." Sie verdient sich etwas Geld mit selbstgewebten Teppichen. Weil sie krank ist, macht er sich große Sorgen um sie. Vielleicht wird er sie nie wiedersehen. Denn zurück nach Afghanistan kann Mohammad nicht. Er ist sich sicher, dass er sofort getötet würde. Vor einem Jahr ist er aus seiner Heimat geflohen, weil dort seit Jahren ein blutiger Bürgerkrieg tobt und weil junge Menschen kaum Chancen auf eine Zukunft haben. „In der Schule war ich nie." So konnte er bis zu seiner Ankunft in Deutschland weder schreiben noch lesen, spricht aber drei verschiedene afghanische Sprachen und ein wenig Englisch. Eine deutsche Familie kümmert sich um ihn, kann ihm sein Heimweh aber kaum lindern. Wie es mit ihm weitergeht? Sein Asylantrag ist in Bearbeitung, solange ist er in Deutschland geduldet*. „Jetzt muss ich erstmal gut Deutsch lernen und vielleicht ist der Krieg irgendwann vorbei, dann möchte ich eigentlich wieder in mein Dorf zurück."

* **Afghanistan**
Ein Land in Südasien, zwischen Iran und Pakistan, in dem seit Jahrzehnten ein brutaler Krieg zwischen verfeindeten Volksgruppen tobt. Dieser Krieg hat das Land zu einem der ärmsten der Welt gemacht.

* **Duldung**
Das ist eine „vorübergehende Aussetzung der Abschiebung" von ausreisepflichtigen Ausländern. Das kann an einer Erkrankung des Antragstellers liegen oder weil bei einer Abschiebung der Tod oder andere unzumutbare Lasten drohen.

1 Beschreibe, was man unter Asylrecht in Deutschland versteht (M 2).

2 Begründe, worin sich Asylberechtigte und Flüchtlinge unterscheiden. (M 2, M 3)

3 Beschreibe, warum minderjährige unbegleitete Flüchtlinge besonders geschützt werden. (M 3)

4 Erläutere, warum abgelehnte Asylbewerber oder nicht anerkannte Flüchtlinge trotzdem oftmals nicht in ihre Heimat abgeschoben werden können (M 4).

5 Afghanistan ist ein armes, streng islamisch geprägtes Land in Südasien. Erläutere, welche Unterschiede zu seiner eigenen Familie Mohammad bei der deutschen Familie, die sich um ihn kümmert, am meisten aufgefallen sein dürften. TIPP *S. 218*

In Deutschland leben etwas mehr als 80 Millionen Menschen: Frauen und Männer, Kinder und ältere Menschen. Viele davon sind hier geboren und deutsche Staatsbürger, genau wie ihre Eltern. Andere sind aus anderen Ländern zugewandert oder Nachkommen von Zugewanderten. Auch sie haben teilweise die deutsche Staatsbürgerschaft. Alle zusammen bilden sie die Gesellschaft in Deutschland.

Mehr zum Thema
Film: Demografischer Wandel ... einfach erklärt

Webcode PE652136-169

M1 Jugendliche in Deutschland

M2 Altersstruktur der Bevölkerung in Deutschland

Seit den 1970er-Jahren sinkt in Deutschland die Geburtenrate. Das hat damit zu tun, dass viel mehr Frauen als zuvor gut ausgebildet und berufstätig sind. Auch das veränderte Rollenbild von Frauen und Familien sowie die Einführung der Pille zur Verhinderung ungewollter Schwangerschaften spielen eine Rolle. Gleichzeitig steigt aufgrund besserer Ernährung und medizinischer Versorgung die Lebenserwartung. Zwischen 1960 und 2013 reduzierte sich der Anteil der unter 20-Jährigen an der Bevölkerung von 28,4 auf 18,1 Prozent. Parallel stieg der Anteil der Personen, die 60 Jahre und älter waren, von 17,4 auf 27,1 Prozent.

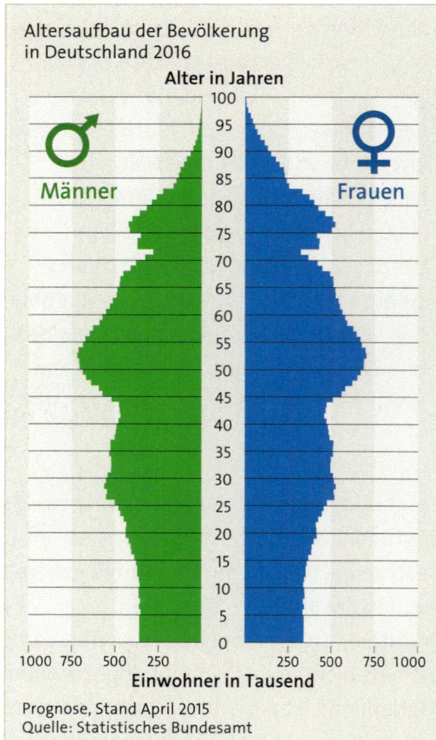

M3 Alterspyramide 2015

* **Migration**
Migration bedeutet eine dauerhafte Verlegung des Wohnsitzes über eine Grenze, das kann eine Landesgrenze sein, hinweg. Touristen bezeichnet man also nicht als Migranten, auch wenn sie eine Zeit lang im Ausland leben.

* **Bevölkerung mit Migrationshintergrund**
Seit 1950 nach Deutschland Zugewanderte und deren Nachkommen.
Man muss also keine eigene Migrationserfahrung haben, also nicht selber zugewandert sein, um zu dieser Gruppe zu gehören.

* **Emigration**
Auswanderung

* **Immigration**
Einwanderung

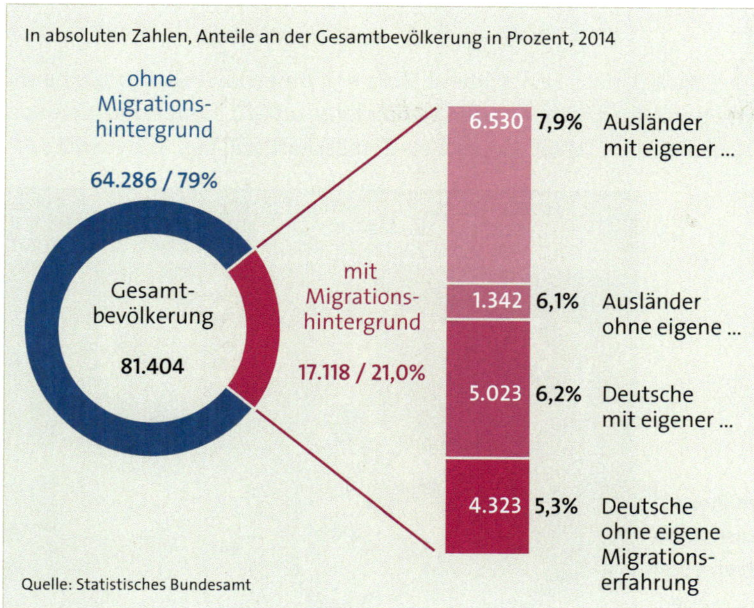

M4 Bevölkerung mit Migrationshintergrund

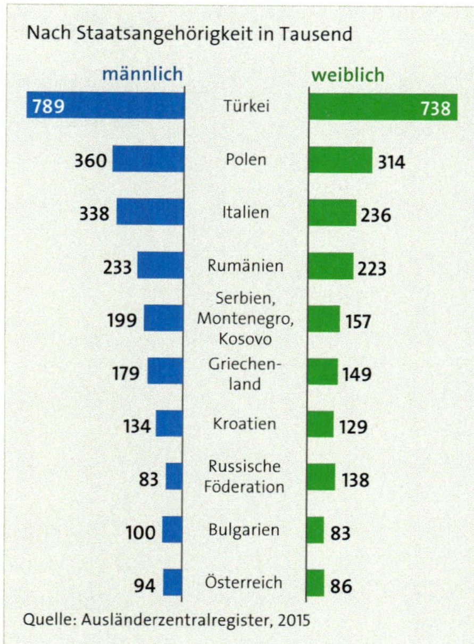

M5 Ausländische Bevölkerung 2014

M6 Zuwanderung nach Deutschland

Seit den 1950er-Jahren findet nach Deutschland Zuwanderung statt. Benötigte man nach dem Zweiten Weltkrieg zum Wiederaufbau und für die Wirtschaftswunderjahre Arbeitskräfte, sogenannte Gastarbeiter, die man in Italien, Spanien, Griechenland, Portugal und später auch in der Türkei angeworben hatte, so zogen seit den 1980er-Jahren vermehrt die Familien der ersten Zuwanderergeneration nach.
In den 1990er-Jahren kamen vor allem aus den Ländern des ehemaligen Jugoslawiens Bürgerkriegsflüchtlinge, aber auch Menschen aus Osteuropa, häufig mit deutschen Vorfahren, die hier eine neue Heimat fanden. In den letzten Jahren kommen Menschen aus Afrika und dem Nahen Osten, vor allem aus Syrien, nach Deutschland, die hier Schutz vor Krieg und Unterdrückung suchen.
Da in Deutschland weniger Kinder geboren werden, als Menschen sterben, wäre der Bevölkerungssaldo ohne Zuwanderung negativ und die Bevölkerung würde um etwa 200 000 Personen im Jahr abnehmen.

1 Beschreibe die Altersstruktur der Bevölkerung (**M2**, **M3**).

2 „Deutschland wird immer älter.“ Erkläre diese Aussage.

3 Beschreibe, wie die Bevölkerung in Deutschland sich im Hinblick auf den Migrationshintergrund zusammensetzt (**M4**, **M5**, **M6**).

4 Macht eine Umfrage in eurer Klasse: Wer hat einen Migrationshintergrund, wer vielleicht selbst Migrationserfahrung? Vergleicht eure Ergebnisse mit den Zahlen aus **M4** und **M5**.

5 „Deutschland braucht Zuwanderung.“ Erörtere ausgehend von den Materialien diese Aussage. TIPP *S. 218*

1. Die Anfänge

Sie kamen als Arbeitskräfte nach Deutschland. Viele von ihnen blieben. Damals nannte man sie Gastarbeiter. Man dachte, es seien Zuwanderer auf Zeit. Heute sind viele von ihnen und ihre Nachkommen Teil der deutschen Gesellschaft und hier verwurzelt.

M1 Der millionste Gastarbeiter (Armando Rodrigues) bekam 1964 als Geschenk ein Moped.

M2 Gastarbeiter – Die Anfänge

Mit dem Wirtschaftswunder der Bundesrepublik wurden immer mehr Arbeitnehmer gesucht, die auf dem inländischen Markt nicht mehr zu finden waren. Und so schloss die Bundesrepublik am 20. Dezember 1955 mit Italien das erste Anwerbeabkommen ab. Es folgten Abkommen mit Griechenland und Spanien (1960), der Türkei (1961), Marokko (1963), Portugal (1964), Tunesien (1965) und dem ehemaligen Jugoslawien (1968). Als mit dem Mauerbau* der Zustrom von ostdeutschen Arbeitskräften endete, war die Anwerbung noch dringlicher. 1964 wurde der millionste Gastarbeiter feierlich vom damaligen Bundesinnenminister begrüßt.
Sowohl die Bundesrepublik Deutschland als auch die „Gastarbeiter" gingen dabei von einem befristeten Aufenthalt aus.
Viele machten sich mit wenigen Informationen über das Land im Norden auf den Weg nach Deutschland.
Von den Behörden den Unternehmen zugewiesen, erlebten die Gastarbeiter einen ersten Schock: Einfache Holzbaracken in der Nähe ihrer Arbeitsstellen waren für die fast durchweg männlichen Arbeiter bereitgestellt worden.
Sprachprobleme, die fremde Umgebung, die zum Teil ungewohnte Arbeit sowie die aufeinandertreffenden unterschiedlichen Mentalitäten galt es zu meistern. Mit Lehrfilmen versuchte man, den Gastarbeitern die deutschen Lebensgewohnheiten nahezubringen. Das Heimweh blieb.

Gabriele Trost/Malte Linde, www.planet-wissen.de/geschichte/deutsche_geschichte/geschichte_der_gastarbeiter/index.html, gekürzt (Zugriff: 13.8.2016)

* **Mauerbau**
1961 wurden die Grenzanlagen von der DDR so verstärkt, dass eine Flucht von Ost nach West nahezu unmöglich wurde. In Berlin selbst wurde zwischen dem Ostteil und dem Westen eine Mauer errichtet, die den Bevölkerungsverlust stoppen sollte.

1 Versetzt euch in die Situation der frühen „Gastarbeiter". Schreibt eine kleine Szene, in der ihr Alltagsprobleme der Menschen nachspielt.

2 Recherchiert im **Internet** die Lebensgeschichte von Armando Rodrigues de Sá, Neven Subotic, Yared Dibaba , Wladimir Kaminer, Cem Özdemir oder anderen Prominenten, die ihr kennt, und gestaltet ein **Plakat**, das ihr eurer Klasse vorstellt.

3 „Wir riefen Arbeitskräfte, und es kamen Menschen." Erörtert das Zitat des Autors Max Frisch über Einwanderer.

WAHLSEITE

2. Die Gegenwart

Deutschland ist heute eine multikulturelle Gesellschaft* und nicht mehr mit dem Land zu vergleichen, das es in den 1950er/60er-Jahren war. Viele Zuwanderer haben das Leben hier mit ihrer Kultur bereichert.

* **multikulturelle Gesellschaft** aus vielen verschiedenen Kulturen bestehende Gesellschaft

M 2 Gastarbeiter – Die Gegenwart

1973 führte die sich abzeichnende Wirtschafts- und Energiekrise zum Anwerbestopp. Das „Gastarbeiterproblem" war damit aber keinesfalls gelöst: Zwar sank die Zahl ausländischer Arbeitnehmer, aber die Zahl der in Deutschland lebenden Ausländer stieg an.
Der Anwerbestopp wurde zum eigentlichen Beginn des Daueraufenthaltes der Gastarbeiter. Viele holten jetzt ihre Familien nach und begannen, sich auf eine längere Zeit in der Fremde einzurichten. Die Verbindungen zur Heimat reduzierten sich nach und nach, vor allem bei den Kindern, der zweiten Generation. Ein großer Teil der Gastarbeiter ist mit Familien und Nachkommen in Deutschland geblieben. Viele sind inzwischen deutsche Staatsbürger geworden. Es gibt bemerkenswerte Karrieren in allen Bereichen der Kultur, Wirtschaft und Politik – Namen wie Cem Özdemir, Feridun Zaimoglu und Kaya Yanar sind vielen bekannt.

M 1 Verkäuferin in einem türkischen Gemüseladen

M 3 Mesut Özil

Mesut Özil ist ein sehr bekannter Fußballprofi. Heute spielt er in England, davor war er in Spanien und in Deutschland. Geboren wurde er 1988 in Gelsenkirchen. Die Stadt liegt im Ruhrgebiet. Hier ging er auch zur Schule, die er mit der mittleren Reife abschloss. Auch sein Vater wuchs schon in Gelsenkirchen auf, denn Mesuts Großeltern und sein damals zweijähriger Vater zogen einst aus einer kleinen türkischen Stadt hierher. Seit dem Jahr 2006 spielte Mesut Özil für Schalke 04 in der Bundesliga. Damals war es nicht möglich, eine doppelte Staatsbürgerschaft – also in diesem Fall die deutsche und türkische – zu besitzen. Er legte mit 18 Jahren seine türkische Staatsangehörigkeit ab, um eingebürgert zu werden. Zur häufig gestellten Frage seiner nationalen Identität sagte Özil 2012: „Ich habe in meinem Leben mehr Zeit in Spanien als in der Türkei verbracht – bin ich dann ein deutsch-türkischer Spanier oder ein spanischer Deutsch-Türke? Warum denken wir immer so in Grenzen? Ich will als Fußballer gemessen werden – und Fußball ist international, das hat nichts mit den Wurzeln der Familie zu tun."

1 Beschreibe anhand von M 2, wie aus „Gastarbeitern" Mitbürger wurden.
2 Erörtert, ob die Lebensgeschichte von Mesut Özil im Vergleich zu anderen Deutschen mit Migrationshintergrund typisch ist.
3 Recherchiert in eurer Gemeinde. Befragt Menschen mit Migrationshintergrund nach ihrer Lebensgeschichte. Wann kam die Familie nach Deutschland? Wie heimisch fühlen sie sich heute in Deutschland? Wo sehen sie immer noch Schwierigkeiten?
4 Stellt eure Ergebnisse in einem Kurzvortrag der Klasse vor.

Zuwanderung – ein Gewinn für die Gesellschaft?

Die Folgen der Zuwanderung nach Deutschland sind vielfältig. Sie betreffen die Wirtschaft, die Kultur und das Zusammenleben der Menschen. Von manchen wird Zuwanderung als bereichernd empfunden, andere erfüllt der Zuzug vieler Menschen aus anderen Kulturkreisen mit Sorge.

M 1 Verschiedene Arbeitssituationen von Migranten in Deutschland

* **profitabel**
gewinnbringend

* **Sozialabgaben**
Dazu gehören Beiträge zur gesetzlichen Kranken-, Renten- und Arbeitslosenversicherung.

M 2 Profitabel für das Land

Eine der billigsten Phrasen an deutschen Stammtischen lautet: Ausländer kommen uns teuer zu stehen. Nun liegen Zahlen auf dem Tisch, die das Gegenteil beweisen. Als Einwanderungsland ist Deutschland ein profitables Unternehmen. Unterm Strich zahlen Ausländer mehr Steuern und Sozialabgaben, als sie jemals kassieren werden. Zudem werden sie als Arbeitskräfte dringend benötigt. Für die Zukunft lässt sich aus diesen Zahlen errechnen, wie unsere Einwanderungspolitik verändert werden müsste, damit sie sich noch mehr rentiert. Der Nettogewinn durch jeden, der sich hier niederlässt, ist umso höher, je besser qualifiziert der Migrant ist. Klassische Einwanderungsländer wie Australien oder Kanada haben das längst begriffen. Sie haben im Kampf um die besten Köpfe deswegen einen großen Vorsprung. Es spricht vieles dafür, die Einwanderung stärker zu kanalisieren und noch mehr Engagement zu entwickeln, damit kluge Nachwuchskräfte aus anderen Ländern sich für ein Studium oder eine Ausbildung in Deutschland entscheiden und im Anschluss daran auch hier heimisch werden. Das hat mit Multikulti-Fantasien wenig zu tun, sondern entspricht vielmehr unseren ureigenen ökonomischen Interessen. Einwanderung rechnet sich. Für die Staats- und Sozialkassen zahlt es sich aus, die Grenzen zu öffnen.

Armin Käfer, http://www.stuttgarter-zeitung.de/inhalt.folgen-von-zuwanderung-profitabel-fuer-das-land.844e3b66-61a9-4ae0-bf2a-3d8a-82b189a5.html (Zugriff: 13.8.2016)

M 3 Einstellungen gegenüber Zuwanderern

Manche denken, wer schlechte Erfahrungen mit Zuwanderern gemacht hat, wer Angst hat, ihretwegen seinen Arbeitsplatz oder seine Wohnung zu verlieren, wer Sorge hat, seine eigene Kultur oder Religion zu verlieren, wer sich von der Politik oder der Gesellschaft ungerecht behandelt fühlt, entwickelt negative Einstellungen zu Zuwanderern. Diese Punkte können alle eine Rolle spielen. Eine Studie aus dem Jahr 2016 zeigt: Wer mit seinem eigenen Leben unzufrieden ist, überträgt seine Frustration auf andere und eben auch auf Zuwandernde, vielleicht auch, weil die Erfolge anderer einen eigenen Misserfolg noch schmerzlicher offenbaren.

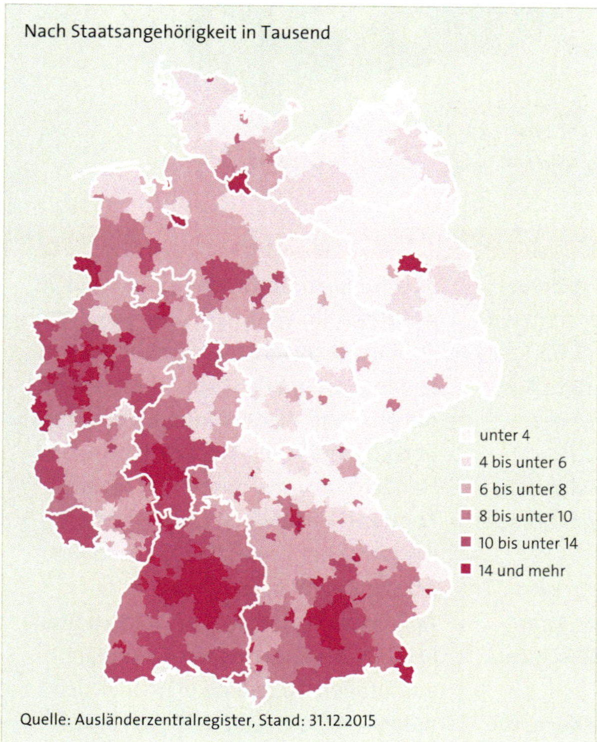

M 4 Anteil der ausländischen Bevölkerung an der Gesamtbevölkerung 2015

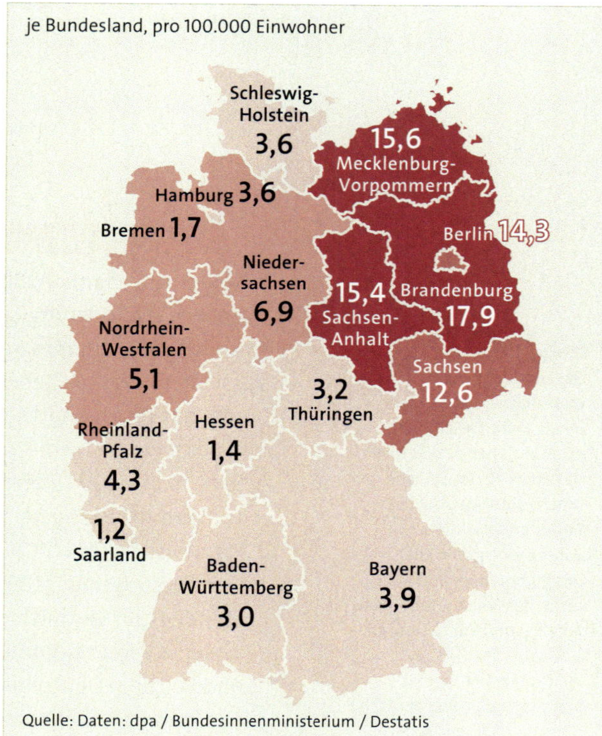

M 5 Erfasste fremdenfeindliche Straftaten 2015

1 Zuwanderung bedeutet für mich ... Vervollständigt den Satzanfang.

2 Tauscht euch mit eurem Banknachbarn über eure Erfahrungen mit Zuwanderern bzw. Einheimischen aus. Stellt eure Erfahrungen der Klasse vor.

3 Beschreibe positive Folgen der Zuwanderung für Deutschland **M 2**.

4 Beschreibe die Verteilung der ausländischen Bevölkerung in Deutschland (**M 4**).

5 Vergleiche deine Ergebnisse aus Aufgabe 4 mit der Karte **M 5**. Erläutere Ursachen der Fremdenfeindlichkeit. Beachte dabei auch die Aussagen von **M 3**.

6 Erörtert, ob Zuwanderung mehr positive oder mehr negative Folgen für die Gesellschaft in Deutschland hat. TIPP *S. 218*

M1 Karikatur

M 2 Integrationskurse

Mit dem am 1. Januar 2005 in Kraft getretenen Zuwanderungsgesetz steht ein Grundangebot zur Integration* für Spätaussiedler* und bleibeberechtigte Ausländer zur Verfügung. Die Kurse bestehen aus jeweils einem

- Sprachkurs (600 Unterrichtsstunden) zur Vermittlung ausreichender Sprachkenntnisse und
- Orientierungskurs (100 Unterrichtsstunden) zur Vermittlung von Kenntnissen zur Rechtsordnung, Geschichte und Kultur in Deutschland.

Hinzu kommen noch spezielle Kurse für Menschen, die noch nicht ausreichend Deutsch lesen und schreiben können, oder für bestimmte Zielgruppen, wie Jugendliche. Im Sprachkurs werden wichtige Themen aus dem alltäglichen Leben behandelt, zum Beispiel: Arbeit und Beruf, Aus- und Weiterbildung, Betreuung und Erziehung von Kindern, Einkaufen/Handel/Konsum, Freizeit und soziale Kontakte, Gesundheit und Hygiene/menschlicher Körper, Medien und Mediennutzung, Wohnen.
Außerdem lernt man, auf Deutsch Briefe und E-Mails zu schreiben, Formulare auszufüllen, zu telefonieren oder sich auf eine Arbeitsstelle zu bewerben.
Der Kurs schließt mit einem Test ab.

* **Integration**
Bedeutet, alle Menschen, die dauerhaft in Deutschland leben, in die Gesellschaft einzubeziehen. Dabei spielt das Erlernen der Sprache und Kenntnisse über die Kultur und die Verhaltensweisen eine große Rolle. Integration bedeutet aber nicht, dass man seine eigene Sprache und Kultur aufgibt.

* **Spätaussiedler**
Spätaussiedler sind deutsche Volkszugehörige aus den Nachfolgestaaten der ehemaligen Sowjetunion und anderen osteuropäischen Staaten.

M 3 Integration durch Bildung

Alle Kinder, die in Deutschland leben, sind vom Beginn des 6. bis zum 18. Lebensjahr schulpflichtig. Auch deswegen leistet die Schule einen großen Beitrag zur Integration. Hier lernen Kinder die deutsche Sprache, die Kultur und vor allem neue Freunde kennen, die ihnen helfen können, sich in Deutschland zurechtzufinden.

M 4 Integration durch Sport

Sportvereine leisten einen erheblichen Beitrag zur Integration von Einwanderern. Sie bieten Jugendlichen Möglichkeiten der Freizeitgestaltung, bei der die Sprachbarriere oft kein Problem darstellt. Hier besteht auch die Chance, viele neue Freunde kennenzulernen.

M 5 Karika-Tour

Zeichnung: Klaus Stuttmann

Zeichnung: Thomas Plaßmann

Zeichnung: Gerhard Mester

Zeichnung: Martin Erl

1 Beschreibe die Karikatur **M 1**. Erläutere, ob du dies unter einer gelungenen Integration verstehst. (siehe S. 40/41 Methode Interpretation einer Karikatur)

2 Beschreibe, welche Integrationsangebote es in Deutschland gibt (**M 2**, **M 3**, **M 4**).

3 Integrationskurse unterstützen Migranten dabei, in Deutschland zurechtzukommen. Erläutere weitere Möglichkeiten, die eine Integration erleichtern können.

4 Außer der Bereitschaft der Zuwanderer, sich integrieren zu wollen, gehören auch kulturelle Offenheit und Akzeptanz der Mehrheitsgesellschaft zu einem gelingenden Integrationsprozess. Erläutere die Behauptung.

5 Karikaturen
- **a** Betrachtet die Karikaturen in **M 5**. Notiert euch zunächst, was euch dazu einfällt.
- **b** Beschreibt und erläutert eine der Karikaturen in Gruppen genauer.
- **c** Stellt eure Ergebnisse in einem Kurzvortrag der Klasse vor.

6 „Was ist eigentlich deutsch?“ Erörtert in der Klasse diese Frage.

Wir fällen ein politisches Werturteil

Politische Werturteile unterscheiden sich von alltagssprachlichen Urteilen, weil es bei ihnen kein Richtig oder Falsch gibt. Es sind persönliche Urteile, die jeder danach fällt, welche Werte ihm besonders wichtig sind. Diese muss man aber benennen, sodass andere die Entscheidung nachvollziehen können.

M 1 Erfolgsmodell Integrationskurs? Die Deutschlehrerin Gülsen Landshuter geht mit Teilnehmern eines Integrationskurses im Bildungszentrum in Nürnberg eine Sprachübung durch. (12.8.2016)

In Deutschland ist für viele Zuwanderer die Teilnahme an einem Integrationskurs Pflicht. Aber sollte man die einzelnen Menschen nicht selbst entscheiden lassen, ob und wie gut sie Deutsch lernen und ob sie etwas über deutsche Rechtsordnung, Geschichte und Kultur erfahren möchten? Bewerte die Pflicht, einen Integrationskurs zu besuchen.

M 2 Wie fällt man ein politisches Werturteil?

[1] Was ist das Ziel der Aussage, des Vorschlags oder der Maßnahme?

Das Ziel, die Integrationskurse verpflichtend zu machen, ist, dass Zuwanderer schnell die deutsche Sprache und Kultur erlernen, damit sie ...

[2] Welche unterschiedlichen Personen, Gruppen oder der ganze Staat sind wie davon betroffen? Inwieweit betrifft die Entscheidung mich selbst?

Die Maßnahme betrifft vor allem Zuwanderer, die noch nicht lange in Deutschland sind, aber auch den Steuerzahler, der die Kurse finanzieren muss. Außerdem kann es sein, dass in Schulen ...

[3] Wird das beabsichtigte Ziel so erreicht? Sind die Kosten, die dadurch entstehen, gerechtfertigt?

Das lässt sich schwer sagen. Zwar lernen viele Teilnehmer die Sprache zumindest ein wenig, aber die Tests sind oft nicht allzu schwer und der Test ist auch umstritten, weil er Wissen abfragt, das oft Deutsche nicht haben, außerdem ...

[4] Wenn ich jetzt nochmal an die Auswirkungen auf alle Betroffenen denke und ob das Ziel erreicht wurde, zu welchem Ergebnis komme ich? Entspricht dies meinen Wertvorstellungen?

Zwar wird die **Freiheit** der Teilnehmer eingeschränkt, weil sie verpflichtet werden, den Kurs zu belegen, außerdem ...
Der Kurs ist aber wichtig, damit man sich dauerhaft in Deutschland zurechtfindet, eine Arbeit bekommt und damit wieder Steuern bezahlt. Insofern ist es **gerecht**, dass ...
Außerdem profitieren die Teilnehmer auch in Zukunft von dem Gelernten, es ist also **nachhaltig**, weil ...
Die Maßnahme erhöht auch die Möglichkeit, dass die Einwanderer am gesellschaftlichen und kulturellen Leben besser **teilhaben** können, da sie ...

M 3 Wertmaßstäbe

Freiheit	Hier geht es vor allem darum, dass Menschen über ihr Leben selbst entscheiden können. Ist dies gegeben?
Gleichheit	Gleichheit kann viele Bedeutungen haben: Sind alle vor dem Gesetz gleich? Sind alle mehr oder weniger gleich reich? Leisten oder bekommen alle gleich viel?
Gerechtigkeit	Wie bei der Gleichheit kann Gerechtigkeit ganz Unterschiedliches bedeuten. Gerecht ist z. B., dass dann, wenn jemand viel leistet, er auch viel bekommen soll. Man kann aber auch sagen: Wenn alle das Gleiche bekommen, ist es gerecht aufgeteilt. Manchmal ergibt es aber auch Sinn, jedem so viel zu geben, wie er benötigt. Das musst du bedenken.
Nachhaltigkeit	Wenn Entscheidungen dazu führen, dass etwas auch in Zukunft noch wirkt, ohne dass weitere Belastungen entstehen, spricht man von Nachhaltigkeit.
Teilhabe	Das kann politische Teilhabe über Wahlen sein, aber auch Teilhabe an kulturellen Veranstaltungen oder dem gesellschaftlichen Leben.
Sicherheit	Wenn man weniger Angst vor Bedrohung hat.
Frieden	Ein friedliches Zusammenleben zwischen den Menschen ist möglich.
...	...

Bei der Bewertung einer Aussage, eines Vorschlags oder einer Maßnahme sollst du nur die für dich wichtigsten Wertmaßstäbe berücksichtigen und nicht alle hier aufgeführten. Du sollst eine Auswahl treffen.

1 Ergänze bei den Schritten 1–4 die fehlenden Satzteile (**M 2**).
2 Begründe, welche der aufgelisteten Werte dir persönlich besonders wichtig sind. (**M 3**)

Wie wird man eigentlich Deutscher? Das Staatsbürgerschaftsrecht

Zuwanderer kommen aus unterschiedlichen Gründen nach Deutschland oder sind bereits Kinder oder Enkel von Zuwanderern. Deswegen ist ihr rechtlicher Status jeweils ein ganz anderer. Manche haben lediglich eine Duldung, andere eine befristete oder unbefristete Aufenthaltsgenehmigung und andere sind deutsche Staatsbürger.

M1 Deutsch-türkische Flagge

M3 Einbürgerungsaktion der Stadt Stuttgart

M2 PASS Auf, lass dich einbürgern!

Wer kann eingebürgert werden?

- Sie sind älter als 16 Jahre.
- Sie halten sich mindestens acht Jahre rechtmäßig und gewöhnlich in Deutschland auf. Soweit Sie einen deutschen Realschulabschluss oder das deutsche Abitur besitzen, genügt bereits ein Aufenthalt von sechs Jahren.
- Sie können Ihren Lebensunterhalt ohne Inanspruchnahme von Sozialleistung sichern beziehungsweise besuchen eine Schule, machen eine Ausbildung oder studieren.
- Sie haben keine gravierenden Straftaten begangen.
- Sie verfügen über gute Deutschkenntnisse und Kenntnisse der Rechts- und Gesellschaftsordnung in Deutschland.
- Sie vertreten die Werte und Ziele der freiheitlich-demokratischen Grundordnung des Grundgesetzes.
- Sie sind bereit, Ihre bisherige Staatsangehörigkeit aufzugeben (wird nicht verlangt bei Staatsangehörigen eines Mitgliedstaates der Europäischen Union und bei einigen weiteren Staaten).

Warum sollten Sie sich einbürgern lassen

- Sie können mitbestimmen, wer in Deutschland regiert.
  Sie dürfen wählen und auch gewählt werden.
- Sie haben freien Zugang zu allen Berufen.
- Sie genießen gleichberechtigten Schutz in allen Systemen der sozialen Sicherung.
- Sie genießen Reisefreiheit innerhalb der Europäischen Union.
- Sie können leichter eine Arbeit in anderen Ländern der Europäischen Union aufnehmen.
- Sie genießen Reise- und Visumserleichterungen für viele außereuropäische Staaten.
- Sie benötigen keine Aufenthaltserlaubnis mehr und müssen wegen der Passausstellung nicht zu ausländischen Konsulaten oder Botschaften.

www.stuttgart.de/einbuergerung (Zugriff: 2.11.2016)

M 4 Staatsbürgerschaftsrecht

Deutscher ist oder kann werden, wer einen deutschen Elternteil besitzt.

Wenn ein Elternteil seit mindestens acht Jahren in Deutschland lebt und ein unbefristetes Aufenthaltsrecht genießt, erwirbt das Kind die deutsche Staatsangehörigkeit.

Einbürgerung: Wer eingebürgert werden, also die deutsche Staatsangehörigkeit annehmen möchte, muss acht Jahre in Deutschland leben, ausreichende Deutschkenntnisse nachweisen und einen Einbürgerungstest bestehen.

Nach: http://www.spiegel.de/politik/deutschland/deutschtuerken-doppelte-staatsbuergerschaft-das-sind-die-fakten-a-1106363.html (Zugriff: 14.12.2016)

Nimmt ein deutscher Staatsbürger eine weitere Staatsangehörigkeit an, verliert er in der Regel seine deutsche Staatsangehörigkeit. Trotzdem ist Mehrstaatlichkeit Alltag in Deutschland. Denn Kinder, die einen deutschen und einen ausländischen Elternteil haben, erwerben in der Regel per Geburtsrecht beide Staatsangehörigkeiten – und können diese auch behalten. Gleiches gilt auch für Kinder ausländischer Eltern, die seit mindestens acht Jahren in Deutschland leben.
Ausnahmen gelten zudem für die Staaten der Europäischen Union und die Schweiz – nicht aber für die Türkei.
Wenn Türken sich in Deutschland einbürgern lassen wollen, dabei aber ihren türkischen Pass behalten möchten, müssen sie nachweisen, dass ihnen durch die Aufgabe der türkischen Staatsangehörigkeit in der Türkei unzumutbare Nachteile entstehen würden. 2011 wurde zum bislang ersten und einzigen Mal festgehalten, wie viele Deutsche mindestens einen weiteren Pass hatten – zum Stichtag waren das demnach knapp 4,3 Millionen Personen.
Deutschtürken mit zwei Pässen dürfen sowohl in Deutschland als auch in der Türkei wählen. Türken ohne deutschen Pass dürfen anders als EU-Bürger nicht einmal an Kommunalwahlen teilnehmen.

1 Beschreibe, welche Voraussetzungen es für eine Einbürgerung gibt (**M 2**, **M 4**).

2 Erläutere, welche Vorteile eine Einbürgerung mit sich bringen kann (**M 2**). Gibt es auch Nachteile?

3 Nicht-EU-Ausländer haben in Deutschland auch bei Kommunalwahlen kein Wahlrecht. Erörtere, ob alle Menschen, die in Deutschland länger als sechs Monate leben, bei Kommunal-, Landtags- oder Bundestagswahlen wahlberechtigt sein sollten.

Wie soll Zuwanderung in Zukunft gestaltet werden?

Viele Politikbereiche lassen sich heute nicht mehr im nationalen Rahmen regeln, sondern bedürfen europäischer Lösungen. Dazu gehört auch die Zuwanderungspolitik. Einerseits herrscht zwischen den meisten Staaten der Europäischen Union Freizügigkeit. Das heißt, dass es so gut wie keine Grenzkontrollen gibt. Andererseits kommen Einwanderer vor allem an den Außengrenzen, und hier insbesondere in Südeuropa, an. Aus diesen Gründen sind gemeinsame Lösungen aller Mitgliedstaaten nötig.

M1 Schlagbaum

M2 Dublin-Verordnung – was ist das?

Die Dublin-Verordnung regelt, welcher Staat für die Bearbeitung eines Asylantrags innerhalb der EU zuständig ist. So soll sichergestellt werden, dass ein Antrag innerhalb der EU nur einmal geprüft werden muss. Ein Flüchtling muss in dem Staat um Asyl bitten, in dem er den EU-Raum erstmals betreten hat. Dies geschieht besonders häufig an den EU-Außengrenzen, etwa in Italien, Griechenland oder Ungarn.
Tut er dies nicht und stellt den Antrag beispielsweise in Deutschland, kann er in den Staat der ersten Einreise zurückgeschickt werden – auch zwangsweise.

M3 Wo liegen die Probleme?

Besonders Mittelmeerstaaten wie Griechenland und Italien, aber auch Ungarn liegen an der EU-Außengrenze und sind bei einer großen Zahl ankommender Flüchtlinge oft überfordert. Die Folge sind dann überfüllte Erstunterkünfte, in denen teilweise unzumutbare Bedingungen herrschen, und die Antragsverfahren verlaufen schleppend. Die Flüchtlinge selbst versuchen, unerkannt und auf illegalem Weg weiter nach Norden zu gelangen. Deutschland kann, da es in der Mitte Europas liegt, theoretisch aus rein formalen Gründen viele Flüchtlinge abweisen, weil sie aus sicheren Drittstaaten kommen.

M 4 Wie könnte eine Alternative aussehen?

In absoluten Zahlen beantragen EU-weit die meisten Flüchtlinge in Deutschland Asyl.
Schon seit Jahren wird in der EU über eine Aussetzung oder Veränderung des Dublin-Verfahrens diskutiert. Bislang jedoch ohne Erfolg. Zuletzt machte die deutsche Regierung einen Vorstoß, die Flüchtlinge mittels Quoten, gemessen unter anderem an der Einwohnerzahl, gerechter zu verteilen. Viele EU-Staaten sperrten sich jedoch gegen eine solche Quote, da sie dann mehr Flüchtlinge aufnehmen müssten. Länder wie Italien, aber auch Deutschland würden durch diese Quote wohl entlastet. Schon Anfang vergangenen Jahres stellte der Sachverständigenrat deutscher Stiftungen für Integration und Migration ein Konzept vor, wie man die Flüchtlinge gemessen an der Einwohnerzahl und auch an Wirtschaftskraft und Arbeitslosenquote „fair" verteilen kann.

M2–M4: nach: Almut Cieschinger, www.spiegel.de/politik/ausland/fluechtlinge-so-funktioniert-die-dublin-verordnung-a-1029803.html (Zugriff: 14.8.2016)

M 5 Zuwanderungspolitik der EU

Bislang gibt es keine einheitliche europäische Zuwanderungspolitik. Jedes Mitgliedsland entscheidet selbst, wie viele Menschen aus Drittstaaten es einreisen lassen möchte. Dabei hat die Zuwanderung mit dem Ziel der Familienzusammenführung Vorrang.

M 6 Kanada möchte vor allem qualifizierte Einwanderer.

Die kanadische Einwanderungspolitik wendet sich – abgesehen von Flüchtlingen und Familiennachzug – vor allem an qualifizierte Arbeitskräfte. Die Qualifikation wird per Test und Punktesystem überprüft. Sprachkenntnisse und Bildungsgrad sind entscheidend, wer legal einwandern möchte, muss mindestens 67 von 100 Punkten erreichen. Wer schwere Verbrechen begangen oder ernsthafte finanzielle oder gesundheitliche Probleme hat, ist aus dem Rennen. Zusätzlich gelten aber auch noch Zielvorgaben, die Quoten ähneln. Die Regierung in Ottawa legt fest, wie viele qualifizierte Arbeitskräfte pro Jahr ins Land kommen dürfen und aus welcher Weltregion diese stammen sollen.

www.3sat.de/page/?source=/nano/gesellschaft/181156/index.html (Zugriff: 14.8.2016)

1 Interpretiere die Karikatur **M 1**.
2 Beschreibe das Dublin-Verfahren in eigenen Worten (**M 2**).
3 Begründe ausgehend von **M 4** und **M 5**, warum es keine europäische Quotenlösung in der Flüchtlingsfrage gibt.
4 Wie soll Zuwanderung in Zukunft gestaltet werden? Bewerte die Einwanderungspolitik Kanadas. Ist dies ein Modell für Europa?

M1 Wähle eines der fünf Kärtchen aus und halte deinem Banknachbarn einen Vortrag über die Themen.

1 Ursachen von Zuwanderung
- Push-Faktoren
- Pull-Faktoren

2 Zusammensetzung der Bevölkerung
- Migrationshintergrund
- Altersstruktur

3 Folgen der Zuwanderung für Deutschland
- Steuern und Sozialabgaben
- Einstellungen gegenüber Zuwanderern
- Multikulturelle Gesellschaft

4 Integration
- Integrationskurse
- Bildung
- Sport

5 Integrationspolitik
- Staatsbürgerschaftsrecht
- Dublin-Verordnung (EU)

M2 Beschreibe, was die einzelnen Piktogramme darstellen, und ordne sie den Push- und Pull-Faktoren zu.

M 1 Deutschland 2050 ohne Zuwanderung

M 2 Syrischer Flüchtling ist jetzt Bademeister in Tübingen

Aiham Shalghin (24) hat die Ärmel seines Stadtwerke-Tübingen-T-Shirts hochgekrempelt, steht mit ernstem Blick am Beckenrand und beobachtet das Gewusel im Wasser. Der Syrer ist Bademeister im Freibad, wo er in diesem Sommer wie gerufen kommt: Viele Flüchtlinge kommen zum Baden und brauchen Hilfe und Erklärungen. „Die Leute aus den arabischen Ländern kennen die Regeln für Deutschland nicht", sagt Shalghin. Er müsse etwa erklären, dass es verboten ist, vom seitlichen Beckenrand zu springen. Langsam hielten sich die Neulinge an die Vorschriften – für Shalghin ein Erfolg in seinem ersten Job in Deutschland.

Die Freizügigkeit in den Bädern sei für manche Neuankömmlinge ungewohnt, sagt er. „Viele Flüchtlinge kommen aus Dörfern und waren nie in einem gemischten Schwimmbad." In Damaskus, wo er auch schon als Bademeister gearbeitet und Wasserball gespielt hat, seien Frauen und Männer allerdings gemeinsam schwimmen gegangen – manche Frauen auch im Bikini.

Shalghin profitiert von dem Job in Festanstellung. Sein Deutsch ist wegen der Gespräche mit Kollegen und Badegästen besser geworden – nur „Sprungbrett" komme ihm noch schwer über die Lippen. „Es ist ein großes Problem, dass viele Flüchtlinge nur zu Hause sitzen und viel trinken. Sie werden traurig und denken an die Heimat." Er hatte sich bei den Stadtwerken beworben und hat weitere Pläne: Er will sein Studium der Rechtswissenschaften fortsetzen.

www.rp-online.de/panorama/deutschland/syrischer-fluechtling-ist-jetzt-bademeister-in-tuebingen-aid-1.6161901 (Zugriff: 14.8.2016)

Ich kann Informationen gewinnen und aufbereiten.

1 Erläutere die Karikatur **M 1**.

2 Beschreibe, welche Aufgaben Aiham Shalghin im Freibad in Tübingen übernimmt. (**M 2**)

Ich kann Probleme und Konflikte analysieren.

3 Erläutere anhand von **M 2**, vor welchen Aufgaben bei der Integration die Zuwanderer und die Stadtverwaltung Tübingen stehen.

Ich kann mir ein begründetes Urteil bilden.

4 Bewerte den Vorschlag, dass jährlich nicht mehr als 200 000 Menschen nach Deutschland zuwandern dürfen.

Ich kann mitreden und aktiv werden.

5 Frage bei deiner Gemeinde nach, welche Integrationsprojekte es bei euch gibt.

Grundgesetz für die Bundesrepublik Deutschland

Art. 13 GG
(1) Die Wohnung ist unverletzlich.
(2) Durchsuchungen dürfen nur durch den Richter, bei Gefahr im Verzuge auch durch die in den Gesetzen vorgesehenen anderen Organe angeordnet und nur in der dort vorgeschriebenen Form durchgeführt werden.

(4) Zur Abwehr dringender Gefahren für die öffentliche Sicherheit, insbesondere einer gemeinen Gefahr oder einer Lebensgefahr, dürfen technische Mittel zur Überwachung von Wohnungen nur auf Grund richterlicher Anordnung eingesetzt werden. Bei Gefahr im Verzuge kann die Maßnahme auch durch eine andere gesetzlich bestimmte Stelle angeordnet werden; eine richterliche Entscheidung ist unverzüglich nachzuholen.

Grundrechte

*Erläutere die **Karikatur**, berücksichtige dabei auch den Artikel 13 des Grundgesetzes.*

In diesem Kapitel lernst du,
- *welche rechtlichen Regelungen es zum Schutz der Grundrechte gibt;*
- *wie wichtig die Grundrechte für das Zusammenleben in Deutschland sind;*
- *welche Bedeutung die Grundrechte für den Einzelnen haben.*

Karikatur: Klaus Stuttmann

Stell dir für einen Moment eine Welt vor, in der Männer mehr Rechte haben als Frauen, in der du nicht frei deine Meinung sagen kannst, dich frei darüber informieren kannst, was in Politik, Wirtschaft und Gesellschaft vor sich geht. In dieser Welt könntest du nicht im ganzen Land frei herumreisen oder dir eine Arbeitsstelle suchen, die du möchtest. Du könntest nicht sicher sein, ob du vor Gericht dein Recht bekommst oder ob du deine Religion ausüben darfst. Keine schöne Vorstellung, doch leider ist das die Realität in vielen Ländern dieser Welt. In Deutschland garantieren die Grundrechte ein Leben in Gleichheit und Freiheit.

M1 Wordle aus den Artikeln 1 bis 4 des Grundgesetzes

M2 Aus dem Grundgesetz für die Bundesrepublik Deutschland

Art. 2 GG

(1) Jeder hat das Recht auf die freie Entfaltung seiner Persönlichkeit, soweit er nicht die Rechte anderer verletzt und nicht gegen die verfassungsmäßige Ordnung oder das Sittengesetz verstößt.

(2) Jeder hat das Recht auf Leben und körperliche Unversehrtheit. Die Freiheit der Person ist unverletzlich. In diese Rechte darf nur auf Grund eines Gesetzes eingegriffen werden.

Art. 3 GG

(1) Alle Menschen sind vor dem Gesetz gleich.

(2) Männer und Frauen sind gleichberechtigt. Der Staat fördert die tatsächliche Durchsetzung der Gleichberechtigung von Frauen und Männern und wirkt auf die Beseitigung bestehender Nachteile hin.

(3) Niemand darf wegen seines Geschlechtes, seiner Abstammung, seiner Rasse, seiner Sprache, seiner Heimat und Herkunft, seines Glaubens, seiner religiösen oder politischen Anschauungen benachteiligt oder bevorzugt werden. Niemand darf wegen seiner Behinderung benachteiligt werden.

Art. 4 GG

(1) Die Freiheit des Glaubens, des Gewissens und die Freiheit des religiösen und weltanschaulichen Bekenntnisses sind unverletzlich.

Art. 5 GG

(1) Jeder hat das Recht, seine Meinung in Wort, Schrift und Bild frei zu äußern und zu verbreiten und sich aus allgemein zugänglichen Quellen ungehindert zu unterrichten. Die Pressefreiheit und die Freiheit der Berichterstattung durch Rundfunk und Film werden gewährleistet. Eine Zensur findet nicht statt.

Art. 8 GG

(1) Alle Deutschen haben das Recht, sich ohne Anmeldung oder Erlaubnis friedlich und ohne Waffen zu versammeln.

Art. 10 GG

(1) Das Briefgeheimnis sowie das Post- und Fernmeldegeheimnis sind unverletzlich.

M 3 Grundrechte

Mehr zum Thema
Film: Meinungsfreiheit ... einfach erklärt

Webcode PE652136-187

1 In **M 1** siehst du ein Wordle aus den Artikeln 1 bis 4 des Grundgesetzes. Arbeite heraus, welche Begriffe besonders häufig (groß) verwendet werden.

2 Beschreibe, welches Bild dich besonders anspricht. (**M 3**)

3 Ordne den Bildern die Artikel 2–5, 8 und 10 des Grundgesetzes zu.

4 Überlege dir Beispiele, welche Bedeutung diese Grundrechte für dein Leben haben.

M 1 Artikel aus dem Grundgesetz

Art. 3	Gleichheit vor dem Gesetz, Gleichberechtigung, Diskriminierungsverbot
Art. 4	Glaubens-, Gewissens- und Bekenntnisfreiheit
Art. 5	Meinungs-, Informations-, Pressefreiheit, Freiheit von Kunst und Wissenschaft
Art. 8	Versammlungsfreiheit
Art. 9	Vereinigungs- und Koalitionsfreiheit
Art. 11	Freizügigkeit
Art. 12	Berufsfreiheit
Art. 14	Eigentum, Erbrecht, Enteignung
Art. 16 a	Asylrecht
Art. 17	Petitionsrecht
Art. 19	Rechtswegegarantie

M 2 Grundgesetz der Bundesrepublik Deutschland

M 3 Grundrechte im Grundgesetz

Die Grundrechte sind im Grundgesetz in den Artikeln 1 bis 19 festgelegt. Ihre Stellung gleich zu Beginn des Grundgesetzes unterstreicht ihre große Bedeutung.
Die Grundrechte lassen sich in Freiheits-, Gleichheits- und Anspruchsrechte unterscheiden. **Freiheitsrechte** schützen in erster Linie Leben, Freiheit und Eigentum vor staatlichen Eingriffen. **Gleichheitsrechte** garantieren die Gleichbehandlung der Bürger untereinander. **Anspruchsrechte** formulieren Forderungen an den Staat wie zum Beispiel gerechte Gerichtsverfahren.

Menschen- und Bürgerrechte
Grundrechte lassen sich auch in Menschen- und Bürgerrechte unterscheiden. **Menschenrechte** gelten für jeden, egal welche Staatsangehörigkeit er besitzt. Diese Rechte stehen jedem Menschen von Geburt an zu. Im Grundgesetz erkennt man sie z. B. an der Formulierung „jeder hat ...“.
Bürgerrechte dagegen gelten nur für deutsche Staatsbürger. Sie werden mit der Staatsbürgerschaft verliehen. Sie beginnen meist mit den Worten „alle Deutschen ...“.

Die Grundrechte sind nicht nur bloße Absichtserklärungen oder Zielsetzungen, sondern sie gelten unmittelbar. Zwar darf man die Formulierung der Grundrechte abändern, Art. 19 (2) GG verbietet jedoch, dass man eines der Grundrechte in seinem **Wesensgehalt**, also in seiner grundsätzlichen Bedeutung, ändern darf.
Die **Ewigkeitsgarantie** in Art. 79 (3) GG schützt darüber hinaus wichtige Verfassungsprinzipien wie die Gliederung der Bundesrepublik Deutschland in Bundesländer und deren Beteiligung bei der Gesetzgebung und die Artikel 1 und 20 GG.

Mit dieser Regelung wollte der Parlamentarische Rat, der das Grundgesetz nach dem Zweiten Weltkrieg verfasst hat, Entwicklungen wie während der nationalsozialistischen Gewaltherrschaft verhindern.

M 4 Einteilung der Grundrechte

Freiheitsrechte | Gleichheitsrechte | Anspruchsrechte

M 5 Aus dem Grundgesetz für die Bundesrepublik Deutschland

Art. 1 GG

(1) Die Würde des Menschen ist unantastbar. Sie zu achten und zu schützen ist Verpflichtung aller staatlichen Gewalt.

(2) Das Deutsche Volk bekennt sich darum zu unverletzlichen und unveräußerlichen Menschenrechten als Grundlage jeder menschlichen Gemeinschaft, des Friedens und der Gerechtigkeit in der Welt.

(3) Die nachfolgenden Grundrechte binden Gesetzgebung, vollziehende Gewalt und Rechtsprechung als unmittelbar geltendes Recht.

Art. 79 GG

(3) Eine Änderung dieses Grundgesetzes, durch welche die Gliederung des Bundes in Länder, die grundsätzliche Mitwirkung der Länder bei der Gesetzgebung oder die in den Artikeln 1 und 20 niedergelegten Grundsätze berührt werden, ist unzulässig.

M 6 Bundesverfassungsgericht in Karlsruhe

1 Erläutere, was man unter Freiheits-, Gleichheits- und Anspruchsrechten versteht, und ordne die Grundrechte aus **M 1** den Körben in **M 4** zu.

2 Erläutere die Begriffe Menschen- und Bürgerrechte und ordne ihnen die Artikel 2 bis 19 GG zu. Lege eine Tabelle an:

Menschenrechte	Bürgerrechte

3 Die Grundrechte können in ihrem Wesensgehalt nicht verändert werden. Erläutere mithilfe von **M 3** und **M 5**, warum das so ist.

4 Begründe, welche Art(en) von Grundrechten aus **M 3** dir besonders wichtig sind.

Eine gute Möglichkeit, vor allem an aktuelle Informationen zu gelangen, bietet das Internet. Man muss jedoch einige Hinweise bei der Recherche im Internet beachten, damit man Erfolg hat.

Nicht angemeldet Diskussionsseite Beiträg

2 Millionen Artikel

WIKIPEDIA
Die freie Enzyklopädie

Artikel Diskussion Lesen Bearbeiten Quelltext bearbeiten Versionsgeschichte Wikipe

Hauptseite
Themenportale
Von A bis Z
Zufälliger Artikel

Mitmachen
Artikel verbessern
Neuen Artikel anlegen
Autorenportal
Hilfe
Letzte Änderungen
Kontakt
Spenden

Werkzeuge
Links auf diese Seite
Änderungen an verlinkten Seiten
Spezialseiten
Permanenter Link
Seiteninformationen

Grundrechte

Grundrechte sind wesentliche Rechte, die Mitgliedern der Gesellschaft gegenüber Staaten als beständig, dauerhaft und einklagbar garantiert werden. In erster Linie sind sie Abwehrrechte des Bürgers gegen den Staat, sie können sich jedoch auch auf das Verhältnis der Bürger untereinander auswirken („Drittwirkung").

Inhaltsverzeichnis [Verbergen]
1 Rechtsquellen
2 Verhältnis Grundrechte und Menschenrechte
3 Regelung in einzelnen Staaten
4 Geschichte
4.1 England und Niederlande
4.2 USA
4.3 Frankreich
4.4 Deutschland
5 Grundrechtstheorie
5.1 Grundrechte als subjektive Rechte
5.2 Grundrechte als objektives Recht
5.2.1 Ausstrahlungswirkung und mittelbare Drittwirkung
5.2.2 Schutzpflichten

M1 Ausschnitt aus der Internetseite Wikipedia

Internetrecherche

Das Internet hat seinen Vorteil bei der Aktualität und dem fast unendlichen Umfang an Informationen. In vielen anderen Fällen ist ein Buch die bessere, schnellere und häufig verlässlichere Alternative. In jedem Fall solltet ihr bei Internetadressen immer darauf achten, von wem die Seite ist und wann die Informationen ins Netz gestellt wurden.

Suchen im Internet

Häufig sind in Zeitungen oder anderen Texten genaue Internetadressen angegeben. Dann ist die Suche leicht. Sucht ihr aber nach einem bestimmten Thema und ihr kennt die Internetadresse nicht, bieten sich drei Vorgehensweisen an:

1. Ihr sucht über eine Suchmaschine wie z.B. google.de nach Schlagworten. Je genauer ihr die Begriffe wählt, umso weniger Treffer bekommt ihr.
   Beim Suchbegriff „Grundrechte" erhaltet ihr 2 200 000 Treffer.
   Gebt ihr „Grundrechte Pressefreiheit" ein, so sind es nur noch 123 000.
   Die Suchbegriffe „Grundrechte Pressefreiheit 2016" halbieren wiederum das Ergebnis. So findet ihr genauer, was ihr sucht.
2. Ihr geht auf die Internetseite einer Tageszeitung und geht auf den Bereich „Artikelsuche". Dort findet ihr dann zu eurem Thema alle Artikel, die diese bestimmte Zeitung hat. Das werden oft nicht viele sein, aber die Quelle ist dann sehr verlässlich. Große überregionale Zeitungen oder Zeitschriften sind z. B.:
   spiegel.de
   sueddeutsche.de
   zeit.de
   faz.net
   fr-online.de
   welt.de
3. Online-Lexika bieten auch einen ersten Überblick über euer Thema, wie z. B.:
   wikipedia.de
   hanisauland.de/lexikon/

Verlässlichkeit der Quellen

Bei vielen Internetquellen lässt sich schwer sagen, wie zuverlässig sie sind oder ob der Verfasser bestimmte politische Interessen verfolgt.

Deswegen ist Folgendes wichtig:

- Informationen immer an mindestens zwei Quellen überprüfen.
- Die Quelle genau angeben: genaue Internetseite (nicht nur „google.de Suchbegriff Grundrechte").
- Lässt sich herausbekommen, von wann die Informationen sind, dann notiert euch das Datum.
- Da Internetseiten morgen wieder vom Netz genommen oder ständig verändert werden können, ist es wichtig, dass ihr das Zugriffsdatum notiert: Wann seid ihr das letzte Mal auf der Seite gewesen?

Wichtige Gesichtspunkte für die Bewertung einer Internetseite sind:

- Wie vertrauenswürdig ist die jeweilige Webseite?
- Welche Interessen verfolgen die Verfasser der Webseite?
- Wer ist der Verfasser?
  - Ist zum Beispiel über das Impressum oder „Wir über uns" erkennbar, ob es sich um eine wissenschaftliche Institution (Institut einer Universität, Bibliothek) oder eine regierungsnahe, offizielle Seite handelt?
  - Handelt es sich um einen kommerziellen Anbieter: Internet-Dienstleister, Medien – auch Printmedien, eine Firma, Werbung (Popup-Fenster, Banner)?
  - Oder handelt es sich um Privatpersonen (Hobby-Autor/-in)?

1 **a** Bildet Gruppen und recherchiert im Internet konkrete Grundrechtsverstöße in Deutschland, aber auch in anderen Ländern zu folgenden Themen:
- Pressefreiheit
- Meinungsfreiheit
- Gleichberechtigung
- Religionsfreiheit
- Diskriminierung aufgrund der Herkunft oder Sprache

b Recherchiert, wie in anderen Staaten mit diesen Rechten umgegangen wird.

2 Notiert euch genau, auf welche Quellen ihr Bezug nehmt.

3 Stellt eure Ergebnisse der Klasse in einem Kurzreferat vor.

Thema: Pressefreiheit

- Pressefreiheit bedeutet, ...
- Unsere Quellen: ...
- Folgendes Beispiel zeigt, wie die Pressefreiheit verletzt wurde ...
- Diese Organisationen machen auf Verletzungen der Pressefreiheit aufmerksam ...

Entstehung der Menschen- und Bürgerrechte

M 1 Magna Carta (1215) und Petition of Rights (1628)

Im Jahr 1215 regierte in England König Johann. Er überschätzte seine Macht und hielt sich nicht an Gesetze und Bräuche, mit denen England bis dahin regiert wurde. Da er ein eher schwacher Herrscher ohne viel Unterstützung im Adel war, konnten ihn seine Untertanen zwingen, die Magna Carta („der große Freibrief“) zu unterzeichnen. Der Kirche wurde das Recht garantiert, frei von staatlicher Einmischung zu sein. Alle freien Bürger erhielten das Recht, Eigentum zu besitzen und zu erben, und wurden vor zu hoher Besteuerung geschützt. Außerdem wurden die Grundsätze eines ordentlichen Gerichtsverfahrens und der Gleichheit vor dem Gesetz eingeführt. Es ist der erste Schritt zu einer Formulierung von Menschenrechten.

Der nächste große Schritt war die Forderung des englischen Parlaments – der Petition of Rights 1628 – an den englischen König Karl I. Sie verlangte unter anderem, dass ohne die Zustimmung des Parlaments keine Steuern erhoben werden dürfen, dass in Friedenszeiten kein Kriegsrecht gelten soll und dass kein Untertan ohne erwiesenen Grund inhaftiert werden darf.

M 2 Die Verfassung der Vereinigten Staaten von Amerika (1787) und die Bill of Rights (1791)

Die Verfassung der Vereinigten Staaten von Amerika wurde im Sommer 1787 verfasst. Ihre ersten zehn Zusatzartikel – die sogenannte Bill of Rights – wurden am 15. Dezember 1791 wirksam. Sie begrenzten die Machtbefugnis der Bundesregierung der USA. Die Bill of Rights schützt unter anderem die Redefreiheit, das Recht zum Besitz und Tragen von Waffen, die Religionsfreiheit, das Petitionsrecht und die Versammlungsfreiheit. Außerdem betont sie die Bedeutung eines ordentlichen Gerichtsverfahrens, dazu gehören bei Straftaten auf Bundesebene ein schnelles öffentliches Verfahren und eine unparteiische Jury. In der Bill of Rights werden die Freiheit des Einzelnen und seine Abwehrrechte gegenüber dem Staat betont.

M 3 Erklärung der Menschen- und Bürgerrechte (1789)

Bis 1789 regierten in Frankreich, wie in weiten Teilen Europas, absolute Herrscher. Als die Unzufriedenheit bei den Bürgern Frankreichs wuchs, kam es zur Revolution und zur Abschaffung der Monarchie. Als erster Schritt zu einer Verfassung wurde von der verfassungsgebenden Nationalversammlung die Erklärung der Menschen- und Bürgerrechte (Déclaration des Droits de l'Homme et du Citoyen) verabschiedet. Diese garantiert allen Bürgern das Recht auf Freiheit, Eigentum, Sicherheit und Widerstand gegen Unterdrückung. Außerdem werden rechtsstaatliche Prinzipien, Religions-, Meinungs- und Pressefreiheit sowie Volkssouveränität und Gewaltenteilung garantiert. Dies soll dem absolutistischen Machtanspruch des Königs entgegenwirken, der seine Stellung von Gott gegeben ableitet. Von nun an gilt: „Von ihrer Geburt an sind und bleiben die Menschen frei und an Rechten einander gleich.“

M 4 Die Allgemeine Erklärung der Menschenrechte (1948)

Nach dem Zweiten Weltkrieg (1939–1945) waren weite Teile Europas und Ostasiens zerstört. Millionen Menschen waren gestorben, verwundet oder auf der Flucht und suchten eine neue Heimat. Noch während der Krieg tobte, entstanden Pläne, wie eine Organisation der Vereinten Nationen in Zukunft Kriege verhindern könnte. Bereits am 24. Oktober 1945 wurde die Charta der Vereinten Nationen verabschiedet. In der UN-Menschenrechtscharta – oder offiziell der „Allgemeinen Erklärung der Menschenrechte" – bekennen sich die Vereinten Nationen zu den allgemeinen Grundsätzen der Menschenrechte. Diese wurde am 10. Dezember 1948 verkündet. Zum ersten Mal in der Geschichte sind die unveräußerlichen und für alle geltenden Menschenrechte in einem einzigen Dokument zusammengefasst. Die Mitgliedstaaten verpflichten sich, diese Rechte einzuhalten, auch wenn es sich nicht um einen völkerrechtlich bindenden Vertrag handelt. Das Dokument umfasst 30 Artikel, die die grundlegenden Ansichten über Rechte beinhalten, die allen Menschen zustehen „ohne irgendeinen Unterschied, etwa nach Rasse, Hautfarbe, Geschlecht, Sprache, Religion, politischer oder sonstiger Überzeugung, nationaler oder sozialer Herkunft, Vermögen, Geburt oder sonstigem Stand".

1 Bildet Vierer-Gruppen und bearbeitet jeweils einen der vier Texte gemeinsam. In jeder Gruppe gibt es einen
- **Fragensteller:** Du schreibst dir aus eurem Text wichtige Schlüsselwörter (wichtige Begriffe) heraus, formulierst Fragen zu den Schlüsselwörtern und stellst den anderen in der Gruppe deine Fragen.
- **Zusammenfasser:** Lies dir den Text durch und ergänze die Satzanfänge: Der Anlass für die dargestellte Entwicklung war ... Ein besonders wichtiger Punkt ist ... Fasse den Text für deine Gruppe mündlich zusammen.
- **Erklärer:** Lies deinen Gruppenmitgliedern besonders schwierige oder unklare Textabschnitte vor. Diskutiere mit deiner Gruppe, was mit diesen Textabschnitten gemeint ist.
- **Weiterdenker:** Lies dir den Text deiner Gruppe durch und überlege dir, welche Folgen sich für die Menschen der damaligen Zeit aus dem Dokument ergeben haben könnten. Stelle deine Vermutungen der Gruppe vor.

2 Stellt euer Gruppenergebnis in Form eines Plakats dar und präsentiert dies der Klasse.

Der Schutz durch die Grundrechte ist vor allem für Menschen oder Gruppen wichtig, die eine schwache gesellschaftliche Stellung haben oder zu Minderheiten gehören. Zu diesen Minderheiten gehören unter anderem die Sinti und Roma.

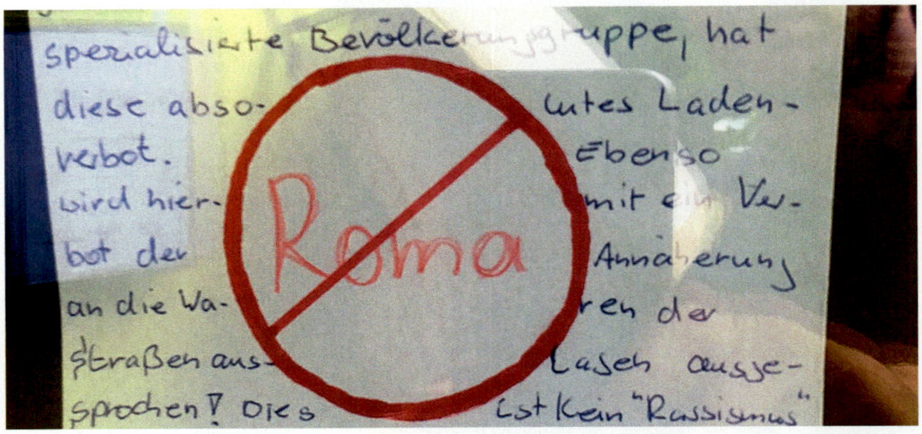

M1 Dieses Schild hing an der Tür eines Ladens im Berliner Stadtteil Neukölln

M2 Ladeninhaberin verwehrt Roma den Zutritt

Mit einem Schild an der Ladentür hat die Inhaberin eines Neuköllner Ladens Angehörigen der Volksgruppe der Roma den Zutritt verboten. „Der Staatsschutz* hat ein Ermittlungsverfahren wegen des Verdachts der Volksverhetzung* eingeleitet", sagte Polizeisprecher Michael Gassen am Mittwoch der Berliner Zeitung. Nachdem Polizisten am Mittwochmorgen die Ladenbesitzerin darauf ansprachen, entfernte sie das Schild. Seit etwa zwei Monaten werde sie von den Dieben heimgesucht, sagt die Inhaberin. „Sie vernichten meine Existenz!", sagt die Frau.
Eine Anzeige wegen Ladendiebstahls hat die Inhaberin nach Angaben eines Polizeisprechers nicht gestellt.
Romeo Franz von der Hildegard-Lagrenne-Stiftung für Bildung, Inklusion* und Teilhabe von Sinti und Roma in Deutschland hat das Foto an der Ladentür bei Facebook gesehen. Er wollte sich selbst ein Bild davon machen und ging zu der Ladenbesitzerin. Sie habe sich geweigert, das Schild abzunehmen, sagt er. Franz erstattete daraufhin Anzeige gegen die Ladenbesitzerin.
„Man darf Menschen nicht in Sippenhaft* nehmen, denn dann sind wir wieder in der Zeit des Nationalsozialismus", sagt er. Roma und Sinti seien genauso unterschiedlich und individuell wie die deutsche Mehrheitsgesellschaft. „Es gibt Anständige, es gibt welche, die stehlen und somit gegen das Gesetz verstoßen. Die Justiz muss alle Gesetzesverstöße ahnden. Ich will keine Diebe schützen."
Franz fügt hinzu: „Man stelle sich nur vor, die Ladenbesitzerin hätte anstatt Roma Moslems, Juden oder Homosexuellen den Zutritt verweigert. Dann wäre die Aufregung viel größer."

Aleksandar Zivanovic, www.berliner-zeitung.de/berlin/polizei/neukoelln-ladeninhaberin-verwehrt-roma-den-zutritt-24153006, (Zugriff: 21.11.2016)

M3 Wie kann man Vorurteile abbauen? Rat eines Sozialpsychologen

Wenn Menschen, die ich kenne und denen ich vertraue, mir von positiven Erfahrungen mit Flüchtlingen, behinderten Menschen oder Schwulen erzählen. Die Informationen, die wir von bekannten und nahestehenden Menschen bekommen, besitzen einen größeren Einfluss auf uns als Zeitungsartikel und Nachrichten. Auch indirekte Kontakte werden die Vorurteile nicht sofort abmildern,

* **Staatsschutz**
Abteilung der Polizei, die bei politisch motivierten Straftaten ermittelt, z. B. bei ausländerfeindlichen oder terroristischen Straftaten

* **Volksverhetzung**
Wer andere zum Hass gegen bestimmte religiöse Gemeinschaften, gegen Volksgruppen oder gegen Ausländer anstachelt, begeht unter Umständen eine Straftat, die man Volksverhetzung nennt.

* **Inklusion**
Dieser Begriff beschreibt den Versuch, alle Menschen in das gesellschaftliche Leben mit einzubeziehen, unabhängig von Alter, Geschlecht, Bildung, Herkunft, Religion oder einer eventuellen Behinderung. So sollen behinderte Kinder mit Gleichaltrigen dieselbe Schule besuchen können.

* **Sippenhaft**
Im Nationalsozialismus wurden Verwandte von verurteilten Straftätern ebenfalls verdächtigt und oftmals eingesperrt, auch wenn sie nichts getan hatten.

aber wenn das eigene Umfeld oft von positiven Erfahrungen berichtet, macht das schon etwas mit den Menschen.

Sozialpsychologe Andreas Zick, in: http://www.badische-zeitung.de/liebe-familie/experte-raet-so-kann-man-vorurteilen-begegnen--114490551.html (Zugriff: 22.11.2016)

Sinti und Roma

Der Begriff Roma ist der Oberbegriff für eine Reihe von Bevölkerungsgruppen. Dazu gehört auch die Gruppe der Sinti. Obwohl es sich hierbei eigentlich um eine Teilgruppe der Roma handelt, werden im deutschen Sprachgebrauch beide Namen zusammen verwendet: „Sinti und Roma". Die Roma verbindet eine gemeinsame Sprache und wahrscheinlich auch die Herkunft aus dem indischen Subkontinent. Seit etwa 700 Jahren sind sie in Mitteleuropa heimisch. In vielen europäischen Ländern bilden die Roma unterschiedlich starke Minderheiten. Oft werden sie aufgrund von Vorurteilen oder ihrer sozialen Verhältnisse ausgegrenzt. In manchen europäischen Staaten werden sie sogar verfolgt. In Deutschland wird auch der Sammelbegriff Sinti und Roma verwendet, vor allem zur Abgrenzung des früher verwendeten Begriffs „Zigeuner". Dieser wird von den Sinti und Roma als herabsetzend empfunden.

M4 Denkmal für die im Nationalsozialismus ermordeten Sinti und Roma

Das Denkmal für die im Nationalsozialismus ermordeten Sinti und Roma Europas befindet sich in einem Ausläufer des Berliner Stadtparks Tiergarten zwischen dem Reichstagsgebäude und dem Brandenburger Tor. Es soll an die bis zu 500 000 Menschen erinnern, die zwischen 1933 und 1945 unter der Herrschaft des Nationalsozialismus in Deutschland und anderen europäischen Ländern als „Zigeuner" verfolgt und ermordet worden waren.
Auf dem Rand des Brunnens ist auf Englisch, Deutsch und Romanes das Gedicht „Auschwitz" von Santino Spinelli zu lesen: „Eingefallenes Gesicht / erloschene Augen / kalte Lippen / Stille / ein zerrissenes Herz / ohne Atem / ohne Worte / keine Tränen". Am Boden rund um das Wasserbecken liegen flache Steine, die die Namen von Orten der NS-Verbrechen tragen. In der Nähe des Denkmals für die im Nationalsozialismus ermordeten Sinti und Roma Europas informieren gläserne Tafeln über Ausgrenzung und Massenmord an dieser Minderheit.

www.berlin.de/sehenswuerdigkeiten/3561926-3558930-sinti-und-roma-denkmal.html (Zugriff: 22.11.2016)

1 Beschreibe, was die Ladenbesitzerin veranlasst hat, das Schild anzubringen. (M1 und M2)
2 Nenne andere Möglichkeiten, die sie gehabt hätte, um ihr Ziel zu erreichen.
3 Überprüfe mithilfe der Artikel aus dem Grundgesetz (S. 186), welches Grundrecht in M1 nicht eingehalten wurde. TIPP S. 218
4 Begründe, warum der Schutz von Minderheiten ein wichtiges Grundrecht ist.
5 Beschreibe, was der Sozialpsychologe in M3 empfiehlt, um Vorurteile abzubauen.

Eine vierzehnjährige Schülerin postet auf Facebook ein Foto ihres Lehrers mit der Bemerkung „Behinderter Lehrer ever“ und muss sich vor Gericht verantworten. Die Grundrechte garantieren unsere persönliche Freiheit. Sie sollen uns ermöglichen, so zu leben, wie wir wollen. Der Staat muss sie achten. Sie sind jedoch kein abgehobenes Verfassungsrecht, sondern sollen in unserem Alltag ihren Sinn erfüllen.

M1 Welche Grundrechte werden verletzt?

(aus: Robert Feil, Wolfgang Hesse (Hg.), Miteinander leben, Stuttgart 2004, S. 4-2 f.)

M 2 Grundrechtsartikel des Grundgesetzes

Art. 2 GG:
(2) Jeder hat das Recht auf Leben und körperliche Unversehrtheit. Die Freiheit der Person ist unverletzlich. In diese Rechte darf nur auf Grund eines Gesetzes eingegriffen werden.

Art. 3 GG:
(1) Alle Menschen sind vor dem Gesetz gleich.

Art. 4 GG:
(2) Die ungestörte Religionsausübung wird gewährleistet.

Art. 5 GG:
(1) Jeder hat das Recht, seine Meinung in Wort, Schrift und Bild frei zu äußern und zu verbreiten und sich aus allgemein zugänglichen Quellen ungehindert zu unterrichten. Die Pressefreiheit und die Freiheit der Berichterstattung durch Rundfunk und Film werden gewährleistet. Eine Zensur findet nicht statt.

Art. 8 GG:
(1) Alle Deutschen haben das Recht, sich ohne Anmeldung oder Erlaubnis friedlich und ohne Waffen zu versammeln.

M 3 Ein Lehrer-Steckbrief

Eine Schülerzeitschrift veröffentlicht in jeder Ausgabe ein Porträt einer Lehrerin oder eines Lehrers: den Lehrer-Steckbrief. In der neuesten Ausgabe ist der Mathe- und Physik-Lehrer Herr Kleinmann an der Reihe. Manche Schülerinnen und Schüler nennen ihn „Schweißkerl“, weil er häufig schwitzt.

STECKBRIEF >DIETMAR KLEINMANN<

NAME:
Kleinmann

VORNAME:
Dietmar

Spitzname:
„Der Schweißkerl"

FÄCHER:
Erbsen zählen und Kräfte messen (Mathemathik und Physik)

GRÖSSE:
1750 mm (mit Schuhen)
1650 mm (ohne Schuhe)

AUGENFARBE:
Blau-grün (leider hinter der verschmierten Brille nicht zu sehen)

HAARFARBE:
(nicht mehr viele Haare da, die restlichen sind meist fettig)

FAHRZEUG:
VW-Passat Kombi (typisch Lehrer!) Mit dem kommt er bestimmt nicht mehr durch den TÜV.

GEBOREN:
16. Juli ???? (Wenn er so alt ist, wie er aussieht, müsste er schon in Pension sein.)

BESONDERE KENNZEICHEN:
Ohne Geodreieck geht der nirgends hin – nicht mal aufs Klo. Er isst am liebsten Paprikagemüse mit Zwiebeln und Knoblauch (was man auch riecht … würg). Er respektiert die Grundrechte seiner Schüler und kann sie besonders gut motivieren (siehe Zeichnung) Lacht gerne – besonders über Schüler.

ZITATE:
„Ich bin von lauter Nullen umgeben."
„Aus dir wird nie etwas."

(Kleinmann gibt eine Klassenarbeit zurück.) „Gratuliere, dieses Mal war's eine 6+."

„Nur weil du blond bist, musst du keine dummen Antworten geben."

(aus: Robert Feil, Wolfgang Hesse (2004), S. 4–11)

M 4 Art. 5 GG: Freiheit der Meinung, Kunst und Wissenschaft

(1) Jeder hat das Recht, seine Meinung in Wort, Schrift und Bild frei zu äußern und zu verbreiten und sich aus allgemein zugänglichen Quellen ungehindert zu unterrichten. Die Pressefreiheit und die Freiheit der Berichterstattung durch Rundfunk und Film werden gewährleistet. Eine Zensur findet nicht statt.
(2) Diese Rechte finden ihre Schranken in den Vorschriften der allgemeinen Gesetze, den gesetzlichen Bestimmungen zum Schutze der Jugend und in dem Recht der persönlichen Ehre*.

* Recht der persönlichen Ehre schützt z. B. vor Beleidigungen und Demütigungen

1 Die Zeichnungen in **M 1** zeigen Grundrechtsverletzungen. Nenne die Grundrechte, die hier verletzt werden, und ordne die einzelnen Zeichnungen den Grundrechten von **M 2** zu.

2 Grundrechte werden als Voraussetzung für eine demokratische Gesellschaft gesehen. Erkläre warum.

3 Überprüfe, ob der Lehrersteckbrief **M 3** das Grundrecht auf Meinungsfreiheit (**M 4**) verletzt. TIPP *S. 218*

4 Eine Schülerzeitschrift muss vor dem Druck dem Schulleiter vorgelegt werden, um sie auf dem Schulgelände verkaufen zu dürfen. Wie würdest du als Schulleiter entscheiden? Sollte der Artikel veröffentlicht werden? Begründe deine Ansicht.

5 Siehst du Grundrechtsverletzungen in deinem Alltag? Stelle sie der Klasse vor und überlegt gemeinsam, was zur Einhaltung der Grundrechte getan werden kann.

Mit dieser Frage beschäftigte sich das höchste deutsche Gericht, das Bundesverfassungsgericht, und kam zu einer anderen Entscheidung als der Bundesgerichtshof. Es ging um die Übernahme eines Musikschnipsels von zwei Sekunden in ein anderes Werk, wie das in der elektronischen Musik und insbesondere im Hip-Hop üblich ist.

M 1 Konzert der Gruppe Kraftwerk in Eindhoven, 2013

M 2 Worüber verhandelte das Bundesverfassungsgericht?

Dürfen Musiker kurze Fetzen aus fremden Liedern übernehmen, ohne um Erlaubnis zu fragen? Im Streit um die Verarbeitung einer fremden Rhythmussequenz hat der Komponist und Produzent Moses Pelham vor dem Bundesverfassungsgericht einen Etappensieg errungen.
Seine Verfassungsbeschwerde hatte Erfolg, der Fall muss neu entschieden werden, wie in Karlsruhe verkündet wurde. Um den zweisekündigen Beat streitet Pelham seit mehr als einem Jahrzehnt mit den Elektropop-Pionieren Kraftwerk. Im Jahr 1977 veröffentlichte die Band Kraftwerk ein Album, das den Track „Metall auf Metall" enthält. 20 Jahre später, 1997, produzierte Moses Pelham einen Song für die Sängerin Sabrina Setlur mit dem Titel „Nur mir".
Für diesen Song sampelte Pelham ein Stück von „Metall auf Metall" – er kopierte eine zwei Sekunden lange Rhythmussequenz aus dem Kraftwerk-Song und ließ sie als Loop in fortlaufender Wiederholung laufen. Um Erlaubnis hatte Pelham nicht gebeten, Kraftwerk klagte auf Unterlassung und Schadensersatz – es ging in dem Streit also um Grundsätzliches: Hip-Hop-Produzent Pelham sieht die Freiheit der Kunst in Gefahr, da Sampling ein entscheidender Teil des Hip-Hops ist. Kraftwerk berufen sich auf ihr Recht als Urheber der Originalaufnahmen; ihnen geht es also um ihr geistiges Eigentum.
[...] 2012 hatte Kraftwerk erreicht, dass „Nur mir" nicht mehr vertrieben werden darf. Dagegen legte Pelham eine Verfassungsbeschwerde ein, der sich auch andere Musiker anschlossen, darunter Sarah Connor, Bushido und Gentleman. Ihr Ziel ist es, dass die Verwendung fremder Beats in neuem musikalischen Kontext auch ohne Genehmigung möglich bleibt.

Aus: http://www.spiegel.de/kultur/musik/moses-pelham-verfassungsgericht-kippt-bgh-urteil-zum-sampling-a-1095019.html (Zugriff: 2.6.2016)

Wenn der Bundesgerichtshof (BGH) in einer Streitfrage eine Entscheidung trifft, ist in aller Regel der Fall juristisch geklärt. Der BGH hatte gegen den Produzenten Moses Pelham entschieden und das Eigentumsrecht der Band Kraftwerk an ihrer Komposition betont. Moses Pelham sah sich daraufhin in seinen Grundrechten, nämlich dem Recht auf künstlerische Freiheit, verletzt, weshalb er Verfassungsbeschwerde beim Bundesverfassungsgericht einlegte. Zwei Grundrechte, die durch die Verfassung ausdrücklich garantiert werden, waren also in einen Konflikt geraten: das Eigentumsrecht gegen das Recht auf künstlerische Freiheit. Welches Recht sollte Vorrang haben?

M 3 Zwei Grundrechtsartikel im Konflikt

Art. 5 GG:
(3) Kunst und Wissenschaft, Forschung und Lehre sind frei. [...]

Art. 14 GG:
(14) Das Eigentum und das Erbrecht werden gewährleistet. Inhalt und Schranken werden durch die Gesetze bestimmt.

M 4 Wie hat das Bundesverfassungsgericht entschieden?

[Die] Verfassungsbeschwerde von Pelham hatte nun Erfolg: Der Fall muss neu entschieden werden, verkündeten die Richter in Karlsruhe. Der Bundesgerichtshof muss den Fall nun noch einmal bewerten. Seine Urteile – zuletzt von 2012 – trügen der Kunstfreiheit nicht hinreichend Rechnung, sagte Vize-Gerichtspräsident Ferdinand Kirchhof. Er begründete die Entscheidung mit der Kürze der Sequenz. Daraus sei ein neues, eigenständiges Kunstwerk entstanden, ohne dass Kraftwerk dadurch wirtschaftlichen Schaden habe. Ein Verbot würde „die Schaffung von Musikstücken einer bestimmten Stilrichtung praktisch ausschließen", sagte er. [...] Die BGH-Richter hatten entschieden, dass ein fremder Beat – und sei er noch so kurz – nur dann einfach kopiert werden darf, wenn er nicht gleichwertig nachgespielt werden kann. Dieses Kriterium halten die Verfassungsrichter für ungeeignet. Für die Benutzung müsse auch nicht unbedingt Geld fließen. Die Richter weisen aber darauf hin, dass der Gesetzgeber auch eine Bezahlpflicht einführen könnte.

Aus: http://www.spiegel.de/kultur/musik/moses-pelham-verfassungsgericht-kippt-bgh-urteil-zum-sampling-a-1095019.html (Zugriff: 2.6.2016)

Der Fall muss also noch einmal vom Bundesgerichtshof (BGH) verhandelt werden, dabei muss dieser die Entscheidung des Bundesverfassungsgerichts berücksichtigen. Möglicherweise ist auch mit einer erneuten, dritten Entscheidung des BGH noch kein Ende in dem Rechtsstreit erreicht. Denn seit 2002 ist das Urheberrecht in der EU vereinheitlicht. Das bedeutet, dass der BGH den Europäischen Gerichtshof anrufen kann, wenn er die EU-Urheberrechts-Richtlinie nicht mit der Kunstfreiheit vereinbar hält. Und die gilt europaweit.

1 Beschreibe, worum es bei der Verfassungsbeschwerde des Produzenten Moses Pelham und anderen Musikern in **M 2** vor dem Bundesverfassungsgericht ging.

2 Um eine erste Meinungsbildung in eurer Klasse herbeizuführen, bildet eine Positionslinie. Wer der Meinung ist, das Verwenden von fremden Samples sollte in der Musik erlaubt sein, stellt sich an das eine Ende der Linie. Wer meint, unerlaubtes Sampeln ist Diebstahl, stellt sich ans andere Ende. Den Grad der Zustimmung zur jeweiligen Position könnt ihr auf der Linie durch Nähe oder Ferne zum Endpunkt ausdrücken. Begründet euren Standpunkt.

3 Gib den Inhalt der Grundrechtsartikel **M 3** mit eigenen Worten wieder und erkläre ihre Bedeutung für den Fall. TIPP *S. 218*

4 Diskutiert, ob ihr mit der Entscheidung des Bundesverfassungsgerichts einverstanden seid.

5 Informiert euch, ob und wie der Bundesgerichtshof erneut über das unerlaubte Sampling entschieden hat.

Das kann ich ...

CHECK UP

1 Suchrätsel: Finde die neun Begriffe im Buchstabensalat und erläutere sie. Die Begriffe sind senkrecht und waagerecht versteckt.

P	O	S	T	G	E	H	E	I	M	N	I	S	B
W	P	F	H	Y	S	V	B	H	E	H	Z	J	G
M	R	N	X	C	C	V	H	G	F	M	S	C	L
M	E	N	S	C	H	E	N	R	E	C	H	T	E
L	S	K	J	H	U	G	F	U	D	S	A	Q	I
Q	S	P	O	I	T	U	Z	N	T	R	F	W	C
W	E	E	R	T	Z	A	S	D	D	F	R	G	H
U	F	U	I	P	B	V	C	R	C	X	E	Y	E
G	R	U	N	D	G	E	S	E	T	Z	I	N	I
Z	E	U	F	G	H	J	K	C	L	M	H	M	T
M	I	N	B	V	C	X	Y	H	C	V	E	B	B
K	H	L	M	N	B	V	A	T	S	D	I	F	G
G	E	F	D	S	A	Y	X	E	C	V	T	J	H
M	I	N	D	E	R	H	E	I	T	E	N	B	V
W	T	E	R	T	Z	U	I	O	P	A	S	D	F

2 Richtig oder falsch? Suche die entsprechenden Artikel im Grundgesetz, um deine Antwort zu belegen.

	richtig	falsch	Artikel im Grundgesetz
1 Die Grundrechte garantieren jedem, dass er die Religion ausüben darf, die er möchte.			
2 Die Regierung darf Filme und Zeitungen nicht zensieren, d. h. nicht vorschreiben, was sie zeigen oder worüber sie berichten dürfen.			
3 Wenn ein Betrieb Mitarbeiter sucht, darf man Männer bevorzugt einstellen.			
4 Die Presse darf in Deutschland nicht kritisch über die Regierung berichten.			
5 Alle Deutschen dürfen sich ohne Anmeldung friedlich versammeln.			
6 Jeder darf E-Mails von anderen Menschen lesen, wenn er zufällig an dessen Computer sitzt.			

M 1 Muslimische Klägerin scheitert im Kopftuch-Streit

Das Kopftuchverbot für Lehrerinnen an allgemeinbildenden Schulen in Berlin hat weiter Bestand. Das geht aus einem Urteil des Berliner Arbeitsgerichtes hervor, das am Donnerstag über die Klage einer abgelehnten muslimischen Lehramts-Bewerberin zu entscheiden hatte. Die junge Muslima hatte gegen das Land Berlin geklagt, weil sie sich diskriminiert fühlt. Dabei hatte sie geltend gemacht, dass sie wegen ihres Kopftuchs nicht als Grundschullehrerin eingestellt worden war.

Das Gericht folgte ihren Argumenten jedoch nicht und verwies auf das Berliner Neutralitätsgesetz. Das Gesetz behandle alle Religionen gleich, sagte Richter Andreas Dittert. Danach dürften Lehrer, Polizisten und Justizbedienstete keine religiösen Symbole oder Kleidungsstücke tragen.

Eine Ausnahme macht das Gesetz für Lehrer an Berufsschulen, für sie gilt das Kopftuchverbot nicht. Zudem ist das Tragen eines Kreuzes etwa als Schmuckstück im Öffentlichen Dienst ebenfalls gestattet – diese Ausnahmeregelung gilt als Schwachstelle der grundsätzlich sehr strikten Regelung des Neutralitätsgesetzes. Zum Tragen von Kopftüchern an Schulen gibt es in den Bundesländern unterschiedliche Regelungen.

www.rbb-online.de/politik/beitrag/2016/04/berlin-kopftuch-streit-vor-arbeitsgericht-keine-guetliche-einigung.html (Zugriff: 9.12.2016)

M 2 Vorteil der Überwachung

Ich kann Informationen gewinnen und aufbereiten.

1 Lies dir den Text **M 1** durch und beschreibe, in welchem Grundrecht sich die junge Lehramtsanwärterin verletzt gefühlt hat.

2 Nenne den Grundgesetzartikel, auf den sie sich beruft.

Ich kann Probleme und Konflikte analysieren.

3 Begründe, warum das Berliner Arbeitsgericht zu dieser Entscheidung kam.

4 Erläutere, warum – wie in Berlin – Lehrer keine religiösen oder anderen weltanschaulichen Kleidungsstücke tragen dürfen.

Ich kann mir ein begründetes Urteil bilden.

5 Bewerte die Entscheidung des Berliner Amtsgerichts. Kannst du ihr zustimmen?

6 Erörtere, ob das Tragen religiöser Symbole in Schulen Baden-Württembergs auch für Lehrer und Schüler verboten werden sollte.

7 Die Karikatur **M 2** setzt sich kritisch mit der Überwachung von Privaträumen auseinander. Erörtere die Frage, wie stark der Staat in den privaten Raum der Bürger eindringen darf.

Ich kann mitreden und aktiv werden.

8 Sicher hast du zum in **M 1** beschriebenen Fall eine persönliche Meinung. Wie weit könntest du der Gegenseite entgegenkommen, damit ein Kompromiss gefunden werden kann? Begründe.

ABC-Liste

Du suchst zu einem Thema viele Begriffe, die damit zusammenhängen? Dann ist die ABC-Methode hilfreich.

So gehst du vor:

1. Schreibe zunächst die Buchstaben des Alphabets auf ein Blatt Papier.
2. Finde nun zu jedem Buchstaben einen Begriff, den du mit dem ausgewählten Thema verbindest.
3. Versuche in vorgegebener Zeit möglichst für jeden Buchstaben einen Begriff zu finden. Um Lücken zu füllen, kannst du dich im Anschluss mit deinem Sitznachbarn austauschen.

Wir führen ein Brainstorming durch

1. Schritt: Gedankensturm

Jede/-r Einzelne lässt die Gedanken zu einem Thema/Stichwort wenige Minuten (2–3) „stürmen" (brainstorming = engl.: Gedankensturm).

2. Schritt: Gruppenbildung

Aufteilung der Klasse in mittelgroße Gruppen (fünf bis zehn Mitglieder).

3. Schritt: Austausch und Aussortieren

In den Gruppen werden die Einzel-Ergebnisse zusammengetragen und verglichen. Gedanken werden zu Einheiten zusammengefasst/sortiert.

4. Schritt: Zusammenführung und Zielsetzung

Das Brainstorming ist ein erster spontaner Zugang zu einem Thema. Dabei wird davon ausgegangen, dass schnelle gedankliche Reaktionen ungefiltert erfolgen und so bereits eine aussichtsreiche Einstimmung auf ein Thema möglich ist. Am Ende eines Brainstormings sollte entschieden werden, in welche Richtung ein Thema verfolgt und bearbeitet wird.

Kartenabfrage

1. Bestimmt in der Klasse ein Thema, zu dem ihr eine Kartenabfrage durchführen wollt. Schreibt das Thema groß in die Mitte der Tafel.
2. Teilt euch in Gruppen zu etwa vier Schülern ein. Schreibt eure Gedanken auf Karten auf. Immer ein Gedanke pro Karte – schreibt groß und deutlich!
3. Wählt ein Moderatorenteam (zwei bis drei Schüler). Dieses Team sammelt nach etwa fünf bis zehn Minuten die Karten ein und heftet sie an die Tafel.
4. Sortiert nun gemeinsam die Karten. Findet Doppelungen und legt die Karten nach Unterthemen zusammen, denen ihr Überschriften gebt.
5. Mit dem Ergebnis könnt ihr nun weiterarbeiten: Ihr könnt zum Beispiel die einzelnen Themen in Gruppen genauer untersuchen.

Eselsbrücke

Du sollst eine Reihe von Fakten lernen und diese vielleicht auch noch in einer bestimmten Reihenfolge wiedergeben können? In solchen Situationen helfen bestimmte Techniken (auch Mnemotechnik genannt), die das Einprägen von Informationen erleichtern. Umgangssprachlich werden sie auch als Eselsbrücke bezeichnet.

Der Trick besteht darin, dass der neuen Information eine weitere Information angehängt wird, die uns das Einprägen erleichtert.

Beispiele:

- Merkspruch: **N**ie **o**hne **S**eife **w**aschen (Himmelsrichtungen: N/O/S/W)
- Reime: Drei – drei – drei, bei Issos Keilerei (Alexander der Große besiegte das hochüberlegene Heer des Perserkönigs Dareios III. im Jahr 333 v. Chr.)

Aber Achtung: Gute Eselsbrücken bleiben im Gedächtnis, die Zusammenhänge der Information unter Umständen nicht. Fragt beispielsweise eure Eltern, ob sie den hier aufgeführten Reim kennen. Wenn ja, fragt sie, ob die Schlacht vor oder nach Christi Geburt stattfand und worum es dabei eigentlich ging.

Flyer erstellen

Inhalte (z.B. eines Projekts) lassen sich sehr gut in Form eine Flyers präsentieren. Ihr könnte dabei so vorgehen:

1. Legt fest, wie viele Seiten der Flyer haben soll, und teilt anschließend Gruppen ein, die sich jeweils um eine Seite/ein Thema kümmern.
2. Verfasst kurze, informative Texte und erstellt, wenn möglich, kleine Darstellungen zum Text (z.B. Mindmap).
3. Fügt die einzelnen Seiten (z.B. mithilfe eines Computerprogramms) zusammen.

Gallery Walk

Ein **Gallery Walk** (Galerierundgang) eignet sich gut zum Präsentieren von Arbeitsergebnissen, beispielsweise einer Gruppenarbeit.

1. Die Ergebnisse werden im Klassenzimmer aufgehängt. In einem ersten Rundgang können sich alle Schüler/-innen einen Überblick über die Arbeitsergebnisse verschaffen.
2. In einer zweiten Phase können Gruppen gebildet werden, wobei jeweils ein Experte aus jeder Gruppe das Arbeitsergebnis den anderen Gruppen präsentiert.

Ideenkarussell

Mit einem Ideenkarussell könnt ihr viele Gedanken zu einem Thema in der Gruppe sammeln. Geht dabei wie folgt vor:

Ohne Autos werden wir ...
Energie gewinnen wir dann aus ...
Wenn es kalt wird, werden wir ...

1. Schreibt Satzanfänge zum Thema an die Tafel.
2. Schreibt weitere Satzanfänge hinzu.
3. Ergänzt sie, sodass vollständige Sätze entstehen. Wenn schon Ergänzungen da sind, lest diese, bevor ihr selbst schreibt.
4. Sprecht über die entstandenen Sätze.

Internetrecherche

▸ S. 190/191

Wir halten einen Kurzvortrag (ein Kurzreferat)

Ein Kurzvortrag ist eine mündliche Form der Präsentation, also der Darstellung eines Themas. Ein Kurzvortrag ist in drei Abschnitte (Schwerpunkte) gegliedert: Einleitung – Hauptteil – Schluss. Wenn ihr einen Kurzvortrag zu einem bestimmten Thema halten sollt, beachtet folgende Schritte:

1. Das Thema/Problem erfassen: Wie genau lautet das Thema eures Vortrages? Formuliert eine passende Überschrift oder Fragestellung.
2. Informationen recherchieren, sammeln und ordnen: Informationsquellen können euer Schulbuch, weitere Bücher aus Bibliotheken/Büchereien oder das Internet sein. Angesichts der Fülle der Informationen müsst ihr Schwerpunkte festlegen und das vorhandene Material sortieren.

3. Erstellt eine Gliederung für euer Referat. Bedenkt, dass es sich um einen kurzen Vortrag handelt (etwa fünf bis zehn Minuten).
4. Ihr könnt bei eurem Vortrag auch Anschauungsmaterial einsetzen: Bilder, Gegenstände, Tabellen, ein Poster oder Ähnliches sowie Schlüsselwörter an die Tafel schreiben.
5. Referate sollen frei vorgetragen werden. Dabei hilft euch eine Zusammenstellung der wichtigsten Stichwörter auf Karteikarten. Achtet auf eine gut lesbare und große Schrift. Beschränkt euch auf das Wesentliche. Vermeidet komplizierte und verschachtelte Sätze.
6. Damit euer Minireferat gelingt, müsst ihr den Vortrag üben. Es empfiehlt sich, erst einmal alles einem Freund oder einer Freundin oder der Familie vorzutragen.
7. Tipps für den eigentlichen Vortrag:
   - Stellt euch so hin, dass euch alle sehen können.
   - Versucht, frei zu sprechen.
   - Orientiert euch an euren Stichwörtern.
   - Schaut beim Sprechen die Zuhörer/Mitschüler an.
8. Nach dem Vortrag können die Zuhörer Rückfragen stellen, um Begriffe und Sachverhalte zu präzisieren.

Karikaturen analysieren

▸ S. 40/41

Lernpartnerschaft

Schritt 1: Geh beispielsweise mit deiner Banknachbarin oder deinem Banknachbarn zusammen und teilt euch die Arbeit auf.
Schritt 2: Lies dir zunächst dein Material durch und schreibe dir wichtige Informationen heraus.
Schritt 3: Befragt euch nun gegenseitig.
Schritt 4: Trefft euch danach noch mit weiteren Interviewpartnern aus eurer Klasse, um zu überprüfen, ob eure Antworten vollständig sind.
Schritt 5: Formuliert nun wieder zu zweit schriftlich ein Ergebnis, bei dem ihr auch die Antworten der anderen Interviewpartner berücksichtigt. Präsentiert eure Ergebnisse vor der Klasse.

Leserbrief

Wer ist der Empfänger?
Ein Leserbrief richtet sich wie jeder andere Brief oder eine E-Mail an einen bestimmten Empfänger, einen sogenannten Adressaten. Das kann ein Journalist sein, die Redaktion einer Zeitung oder beispielsweise ein anderer Leserbriefschreiber. Deswegen müsst ihr in der Anrede klarstellen, an wen sich euer Brief richtet. Kennt man den Namen nicht, kann man sich auch mit der Formulierung „Sehr geehrte Damen und Herren“ behelfen.

Worum geht es?
Macht in einem nächsten Schritt klar, um welches Thema es euch geht. Nehmt ihr beispielsweise Bezug zu einem Zeitungsartikel oder einem anderen Leserbrief, dann schreibt genau, um welchen Titel und welchen Verfasser es geht und an welchem Tag dieser Text erschienen ist. Geht es ganz allgemein um ein Thema, solltet ihr dies auch nennen.
Welche Argumente des Journalisten oder des Leserbriefschreibers findet ihr nicht überzeugend?
Schreibt diese auf.
Welche Position habt ihr?
Jetzt kommen eure eigenen Argumente. Was haltet ihr für richtig? Wie begründet ihr eure Aussage? Gibt es vielleicht ein gutes Beispiel, an dem man eure Position darstellen kann?
Schlussformel
Das Ende eines Briefes bildet immer eine Schlussformel. Bei so förmlichen Briefen, bei denen man den Adressaten nicht persönlich kennt, schreibt man meistens „Mit freundlichen Grüßen“ und unterschreibt mit seinem Vor- und Zunamen.

Mindmap

Eine Mindmap (= Gedankenkarte) anfertigen ist eine Arbeitstechnik, um ein Thema zu strukturieren und Zusammenhänge aufzuzeigen.
Gehe dazu folgendermaßen vor:

1. Verwende ein Blatt im Querformat.
2. Schreibe das Thema in die Mitte des Blattes und hebe es durch einen Kreis hervor.
3. Sammle alle Ideen, die dir zum Thema einfallen, zunächst auf einem „Schmierzettel".
4. Welche dieser Ideen sind besonders wichtig? Notiere die wichtigsten Hauptideen in Druckbuchstaben auf Linien (= Zweigen), die direkt vom Thema weggehen. Verwende dabei möglichst nur Stichwörter (Schlüsselbegriffe) oder kurze Formulierungen.
5. Füge für Unterpunkte eines Hauptastes weitere Nebenzweige ein.
6. Gestalte deine Mindmap durch Symbole, kleine Zeichnungen, Farben, unterschiedliche Schrift.

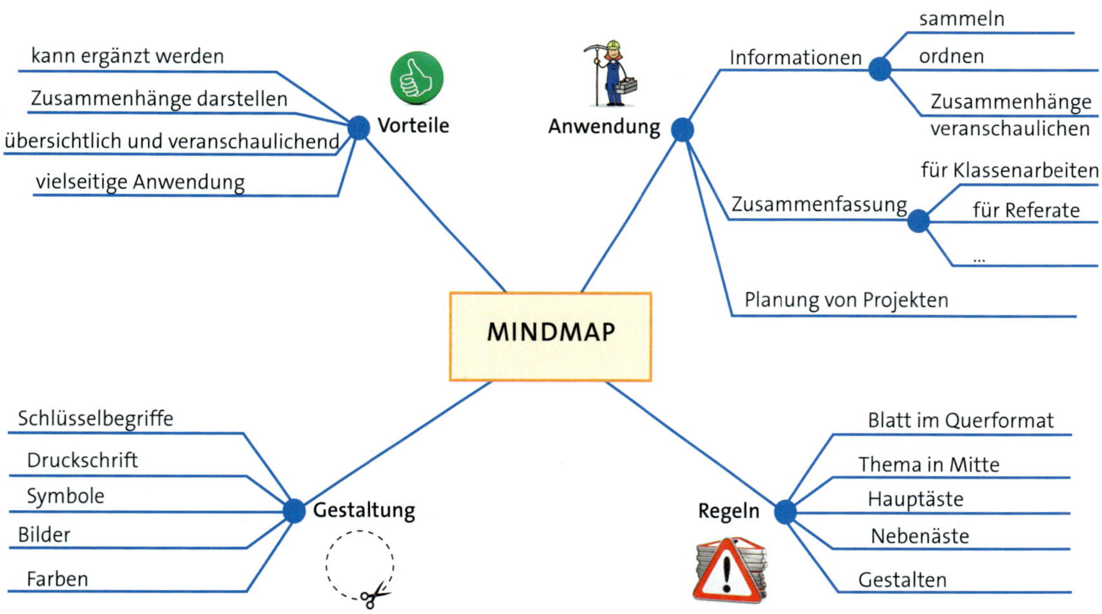

Placemat

1. Bildet eine Gruppe von vier Personen. Teilt zunächst ein DIN-A3-Blatt wie in der Zeichnung beschrieben. Schreibt an den oberen Rand des Rechtecks euer Thema oder eure Fragestellung.
2. Jetzt notiert jeder von euch seine Ideen oder Arbeitsergebnisse in eurem Placemat-Feld. Das Wort kommt aus dem Englischen und bedeutet so viel wie Tischset.
3. Wenn alle ihr Feld ausgefüllt haben, dann vergleicht eure Ergebnisse in der Gruppe. Einigt euch auf eine gemeinsame Position und notiert sie unter dem Thema oder der Fragestellung im Gemeinschaftsfeld in der Mitte.
4. Präsentiert euer Ergebnis in der Klasse.

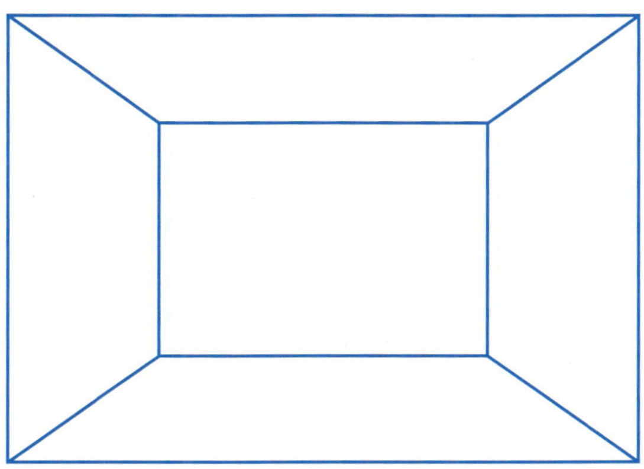

Schaubilder auswerten

► S. 120/121

Pro-und-Kontra-Diskussion

Eine Diskussion oder eine Erörterung ist ein Gespräch zwischen zwei oder mehreren Partnern. Eure verschiedenen Positionen stehen einander gegenüber und müssen durch passende Argumente begründet werden. Folgende Punkte gilt es zu beachten:

- Genaues Zuhören, Wiedergeben und Kommentieren der Aussagen eines Gesprächspartners.
- Der Austausch von Argumenten soll den Gesprächspartner von der anderen Meinung überzeugen und die strittige Frage bzw. das Problem lösen.
- Die Einigung geschieht meist durch einen Kompromiss, den beide Gesprächsgruppen anerkennen.
- Für eine gute Diskussion müsst ihr die Regeln der Gesprächsführung beachten (höflich sein, andere Meinungen zulassen, ausreden lassen, ...).

Zur Durchführung einer Diskussion solltet ihr folgende Schritte beachten:

1. Legt eine strittige Frage oder ein Problem, welches verschiedene Meinungen bietet, fest.
2. Bildet Gruppen für die beiden verschiedenen Ansichten. Eine Gruppe vertritt die Pro-Seite, die andere die Kontra-Seite.
3. Sammelt Informationen und Argumente für eure Positionen. Je nach Thema bieten sich dafür verschiedene Wege an: z. B. ► **Internetrecherche** (S. 190/191)
4. Ordnet und systematisiert eure Argumente. Dafür bietet sich an: ► **Mindmap** (S. 205)
5. Führt die Diskussion in der Klasse durch. Vielleicht visualisiert ihr die Argumente noch einmal an der Tafel. Am Ende der Diskussion sollte es zu einer Einigung kommen.

Rede

Zunächst solltest du ein paar grundsätzliche Fragen klären:

- Wer ist der Adressat deiner Rede, zu wem sprichst du also?
- Was willst du erreichen?
- Wie ist deine Position zum Thema?
- Wie lang darf/sollte die Rede höchstens/mindestens sein?

Dann erstellst du eine **Stoffsammlung** zum Thema. Eventuell musst du auch noch manches recherchieren. Ordne anschließend die Thesen, Argumente und Beispiele, die du aufnehmen möchtest – am besten nach Wichtigkeit und Überzeugungskraft.

Aufbau einer Rede:

- Begrüßung der Zuhörer – auf passende Anrede achten!
- Einleitung – Hinführung zum Thema/der Fragestellung, du musst Interesse wecken!

- Hauptteil – hier legst du deine Gedanken zum Thema begründet dar! Achte auf klare Thesen, überzeugende Argumente und anschauliche Beispiele!
- Schluss – knappe Zusammenfassung deiner Position, eventuell Ausblick oder Aufruf zu etwas!

Verabschiedung und Dank an die Zuhörer

Plakat

► siehe Wandzeitung, S. 56/57

Rollenspiel

► S. 22/23

Schaubildanalyse

► S. 116/117

Umfrage

► S. 66/67

S. 15, Aufgabe 5

Grundsätzlich hat der Lehrer die Aufsichtspflicht. Er kann diese jedoch kurzfristig einem zuverlässigen Schüler übertragen. Hierzu muss jedoch ein nachvollziehbarer, besonderer Grund vorliegen. Der Lehrkraft bleibt jedoch die Letztverantwortung. Ist die betroffene Klasse schon im Vorfeld auffällig geworden, überfordert die Lehrkraft den aufsichtsführenden Schüler.

S. 21, Aufgabe 5

Fertige eine Tabelle an: Dafür und dagegen. Folgende Leitfragen können dir helfen:

- Überlege, nach alter und nach neuer Zusammensetzung, was passiert, wenn alle Lehrer und der Rektor gegen etwas stimmen.
- Kann sich eine Gruppe nach dem neuen System alleine durchsetzen?
- Was passiert, wenn es keine Verständigung zwischen den drei Gruppen gibt?
- Finden mehr Diskussionen zwischen den Gruppen im alten oder im neuen System statt?

S. 33, Aufgabe 4

Ein Rollenkonflikt entsteht immer, wenn Rollenerwartungen, die man erfüllen soll, zueinander in Widerspruch stehen. Die Frage ist (wie bei allen sozialen Konflikten), ob sich ein Rollenkonflikt überhaupt komplett lösen lässt – vermutlich eher nicht –, oder ob es nicht sinnvoller erscheint, nach Strategien zum Umgang mit dem Rollenkonflikt zu suchen.

Man könnte hierbei zum Beispiel versuchen,

- mit den Beteiligten über ihre Rollenerwartungen zu sprechen – vielleicht sind diese unangemessen hoch, sodass man sie überhaupt nicht erreichen kann;
- die Beteiligten folglich dazu zu bringen, ihre Erwartungen an die Rolle zu senken – die Frage ist, ob sie dazu bereit und in der Lage sind;
- bewusst die Erwartungen einer Rolle zu vernachlässigen, um gleichzeitig die anderen Rollenerwartungen besser erfüllen zu können – die Frage ist, wie hoch der „Preis“ ist, den man für die Vernachlässigung der einen Rolle „zahlen“ muss (z. B. geringere Wertschätzung und Anerkennung, Sanktionen wie Ausgrenzung);
- alle Rollenerwartungen mit Abstrichen zu erfüllen (Stellt dies alle Beteiligten zufrieden oder gibt es immer noch welche, die auf eine „hundertprozentige“ Erfüllung der Rolle pochen?).

S. 37, Aufgabe 3

Wichtig ist, dass ihr strukturiert vorgeht: Worum geht es? Wer ist beteiligt? Welche Interessen haben die Beteiligten?

Problem/Konflikt:

Es handelt sich bei der Auseinandersetzung um einen typischen Fall von Gruppendruck: Luis' eigene Vorstellungen sowie die Erwartungen Dritter (z. B. der Mutter), was den Stellenwert schulischer Leistung betrifft, stehen im Widerspruch zu den Ansichten und Erwartungen der Clique. Die Clique übt deshalb Druck auf ihn aus.

Akteure:

Direkt am Konflikt beteiligt sind die Gruppenmitglieder (in Klammern finden sich die Rollen, vgl. M 2):

- Luis (einfaches Gruppenmitglied, das aber auch Widerstand leistet)
- Sebastian (Anführer, versucht die Regeln in der Gruppe zu setzen)
- Daniel (sog. Experte, unterstützt Sebastian)
- Phil (Gegenpol zum Anführer, unterstützt Luis)

Indirekt am Konflikt sind beteiligt:

- Sebastians Mutter
- Englischlehrer Herr Hoffmann

Interessen:

- Luis will gute Noten in der Schule, keinen Ärger mit seiner Mutter und dem Englischlehrer, Anerkennung durch die Clique, ...
- Sebastian will die Regeln der Clique bestimmen, verlangt Gehorsam der Gruppenmitglieder, will seine Stellung als Anführer behaupten, ...
- Daniel will Sebastian „beraten“ und unterstützen, ...
- Phil will Luis in Schutz nehmen, bei den anderen um Verständnis für Luis' Position werben, ...
- Sebastians Mutter will, dass Luis gute Noten schreibt, die Schule für ihn einen hohen Stellenwert hat, ...
- Englischlehrer Herr Hoffmann will gute Noten der Schüler, ...

– Welche Interessen berechtigt erscheinen, müsst ihr selbst entscheiden; hier gibt es kein Richtig oder Falsch, ihr müsst eure Einschätzung jedoch begründen.

S. 37, Aufgabe 4

Mögliche Lösungsansätze könnten sein:

– Luis sucht, eventuell gemeinsam mit Phil, das Gespräch mit Sebastian und Daniel und erklärt ihnen seine Position.
– Sebastian und Daniel überdenken ihre Position und lassen Luis die Freiheit, selbst entscheiden zu dürfen, wie viel er für die Schule machen möchte.
– Luis distanziert sich von der Clique, da deren Erwartungen in zu starkem Widerspruch zu seinen eigenen Vorstellungen (und denen seiner Mutter) stehen.
– ...

S. 37, Aufgabe 5

Hier gilt es, mögliche Vor- und Nachteile der gefundenen Lösungsansätze abzuwägen und am Ende ein begründetes Fazit zu ziehen.

Die im Folgenden aufgeführten Chancen und Risiken zweier Ansätze sind nicht als abschließend zu verstehen.

Lösungsansatz	Vorteile/Chancen	Nachteile/Risiken
Luis sucht das gemeinsame Gespräch.	▪ Evtl. verstehen Sebastian und Daniel Luis besser und überdenken ihr eigenes Verhalten. ▪ ...	▪ Wenn sich Sebastian und Daniel nicht darauf einlassen, könnte sich der Konflikt weiter verschärfen. ▪ ...
Luis distanziert sich von der Clique.	▪ Luis kann seine selbst gestellten Erwartungen sowie die Erwartungen seiner Mutter/Lehrer erfüllen. ▪ Gruppendruck verschwindet. ▪ ...	▪ Luis verliert Freunde. ▪ Evtl. versuchen Sebastian und Daniel, Luis vor anderen in ein schlechtes Licht zu rücken (bis hin zu Mobbing). ▪ ...

S. 38, Aufgabe 4

Die folgenden Impulsfragen können eure Pro-und-Kontra-Sammlung anregen:

– Kann Gruppendruck auch den Zusammenhalt der Klasse fördern? (Wir-Gefühl, starke Klassengemeinschaft)
– In welchen Situationen könnte dies eine positive Rolle spielen? (Z. B. ungerechte Behandlung eines Schülers durch einen Außenstehenden – sammelt entsprechende Beispiele.)
– Inwiefern belastet Gruppenzwang einzelne Schülerinnen und Schüler? (z. B. Markenkleidung – was machen Jugendliche, deren Eltern sie sich nicht leisten können?) Wie kann sich diese Belastung äußern und wozu kann sie führen?
– Sollte nicht die Freiheit jedes Einzelnen wichtiger sein als die Anpassung an die Klasse?
– ...

S. 39, Aufgabe 3

Zum Thema „Mobbing in der Schule" gibt es unzählige Internetseiten. Achtet v. a. darauf, dass ihr ...

– euch eine Struktur für euer Referat überlegt (hierbei könnt ihr euch grob an M2, Infotext Mobbing, orientieren);
– gezielt – orientiert an eurer Struktur – nach Informationen im Netz sucht;
– nur seriöse Quellen verwendet;
– bei allen Informationen, die ihr entnehmt, auch die Quellen angebt.

S. 39, Aufgabe 4a

Die folgenden Maßnahmen beziehen sich v. a. auf Mobbing in der Schule:

Meist brauchen Mobbingopfer Hilfe von außen, da sie sich selbst nicht (mehr) wehren können. Solche außenstehenden Personen können sein: Lehrer, Vertrauenslehrer, Schulpsychologin, Eltern, Freunde, Mitschüler, ... Auch der Kontakt mit anderen Betroffenen, z. B. auch im Internet, kann eine Hilfe sein. Lehrer/-innen sollten klar Stellung gegen Mobbing beziehen und den Tätern, aber auch denjenigen, die einfach wegsehen, die psychischen und physischen Folgen für die Opfer verdeutlichen. Hierzu können sie Täter zur Rede stellen und aktiv in die Lösung einbinden. Als präventive Maßnahmen können Klassenregeln vereinbart werden und es sollte versucht werden, ein angstfreies Klassenklima mit offener Gesprächskultur zu schaffen.

Nach: http://www.schueler-gegen-mobbing.de/mobbing-in-der-schule/ (Zugriff: 4.11.2016)

S. 39, Aufgabe 4b

Hier gilt es, Chancen und Risiken verschiedener Maßnahmen gegen Mobbing abzuwägen und ein begründetes Fazit zu ziehen.

Maßnahme: Das Mobbingopfer wendet sich an einen Lehrer, der daraufhin ein gemeinsames Gespräch mit dem Täter anberaumt.

Vorteile/Chancen	Nachteile/Risiken
▪ Dem Täter wird ein Perspektivwechsel ermöglicht, der ihm die Folgen seines Handelns für das Opfer vor Augen führt. ▪ Der Täter erkennt, dass sein Handeln anderen negativ auffällt und Konsequenzen hat. ▪ ...	▪ Der Täter „rächt" sich am Opfer durch erst recht verstärktes Mobbing. ▪ Das Mobbing verlagert sich weiter in Bereiche außerhalb der Schule, die der Lehrer kaum oder nicht kontrollieren kann, beispielweise auch ins Internet bzw. in soziale Netzwerke. ▪ ...

S. 39, Aufgabe 6

Hier ist eine persönliche Stellungnahme verlangt, die folgenden Gedanken können euch aber Anregungen bieten:

In (nahezu) jeder Klasse finden sich potenzielle Täter und Opfer. Somit besteht in (nahezu) jeder Schulklasse auch eine gewisse Gefahr, dass es irgendwann zu Mobbing kommt, zumal es immer auch Jugendliche gibt, die sich durch eines oder mehrere Merkmale in besonderer Weise hervorheben – und damit eine mögliche Angriffsfläche für Täter bieten. Trotzdem ist Mobbing natürlich kein „Naturgesetz", sondern kann durch entschlossenes Handeln aller Beteiligten verhindert oder bekämpft werden – zum Beispiel durch gezieltes Missbilligen jeglicher Mobbingaktivitäten, durch Solidarisieren mit dem Opfer, durch gezielte Prävention und Hilfe von außerhalb. Würde man Mobbing quasi als „Naturgesetz" anerkennen, hätten die Täter ja eine Art Freibrief für ihr Handeln – will man ihnen diesen wirklich zugestehen?

S. 41, Aufgabe 1

Mithilfe der folgenden Fragen kannst du deine Karikaturenanalyse überprüfen.

1. Beschreibung:

- Hast du die „Daten" der Karikatur – Titel, Quellenangaben – angegeben?
- Hast du das Thema der Karikatur (Cybermobbing) angegeben?
- Hast du die Mimik der vier Täter (lachend, schadenfroh) und die Haltung und Mimik des Opfers (auf den Boden gedrückt, angstvoll) erfasst?
- Hast du die überdimensionierte Hand (inklusive Daumen) erfasst, die aus den vier Smartphones der Täter wächst?
- ...

2. Deutung

- Hast du den Spaß, den die Täter offenbar beim Cybermobben haben, erfasst? Das Cybermobbing scheint für sie ein lustiger Zeitvertreib zu sein.
- Hast du die Gewalt, die der Daumen – der bildlich für die Macht des Cybermobbings steht – ausübt, erfasst?
- Hast du die Verzweiflung und wehrlose Lage des Opfers erkannt? Das Opfer wird buchstäblich auf den Boden gedrückt und damit fast zerstört.
- ...

3. Eigene Bewertung
Hier musst du eine persönliche Bewertung leisten: Schätzt du die Wirkung des Cybermobbings ähnlich ein wie der Karikaturist? Oder würdest du der Aussage der Karikatur (teilweise) widersprechen?

S. 47, Aufgabe 5
Schulordnung an einer rechtlosen Schule
1. Die Schüler müssen nicht in die Schule gehen!
2. Die Lehrer rufen nur Mädchen auf!
3. ...

S. 49, Aufgabe 4

Versorgungsrechte	Schutzrechte	Beteiligungsrechte
Recht auf Leben	Recht auf Schutz vor Ausbeutung	Achtung der Meinung des Kindes
...	...	...

S. 53, Aufgabe 5
Um Jugendliche weg vom Leben auf der Straße zu bewegen, wäre denkbar:
1. Sicherung der Grundversorgung: Essen, ...
2. Kontakt zur Jugendhilfe: Bezugspersonen, Beratung, ...
3. Entwicklung einer Zukunftsperspektive

S. 55, Aufgabe 2

Zeit	Du	Mathis
6.45 Uhr	Aufstehen	Aufstehen
7 Uhr	Frühstücken	Beginn der Arbeit
7.45 Uhr	Schule beginnt	Sammeln von Kakaofrüchten
...	...	...

S. 61, Aufgabe 4
Vermeide Vorwürfe, sondern erkläre, was dich stört und was du dabei empfindest. Als Familienmitglied nimmst du Bezug zu den Äußerungen und stellst den Grund für dein Verhalten dar.

S. 69, Aufgabe 5
Folgende Punkte könnten bei der Erörterung eine Rolle spielen: technische Möglichkeiten, Vertrauen zwischen Eltern und Kindern, Erziehung zur Selbstständigkeit, Information in der Schule, ...

S. 71, Aufgabe 5
Argumentationshilfe: stärkere Kontrolle – pro/kontra
Ordne die Argumente aus dem Pool der Pro- und Kontra-Seite zu.
- Jugendliche müssen lernen, selbstständig zu werden.
- Jugendliche verbringen sehr viel Zeit im Internet und haben dann weniger Zeit für andere Dinge wie Hausaufgaben oder Hobbys.
- Jugendliche müssen lernen, selbst Verantwortung zu übernehmen.
- Jugendliche haben oft kein Gefühl für Zeit und verbringen zu viel Zeit im Internet.
- Nur vor dem Computer sitzen ist ungesund.
- Manche Inhalte sind nicht für alle Altersstufen geeignet, das sehen Jugendliche nicht immer ein.
- Jugendliche wollen sich mit ihren Freunden austauschen, dazu brauchen sie das Internet, sonst sind sie schnell aus einer Gruppe ausgeschlossen.
- Oft ist der Druck auf Jugendliche sehr groß, ständig online zu sein. Eltern können durch Verbote helfen und mehr Zeit für andere Dinge schaffen.

S. 73, Aufgabe 2

Chancen	Risiken
▪ Information, Kommunikation, Unterhaltung	▪ Verletzung von Persönlichkeitsrechten, Sucht

S. 73, Aufgabe 6

Schule, Elternhaus, aber auch Seiten wie klicksafe.de bieten Hilfe in solchen Situationen. Siehe dazu auch unter dem Webcode auf der Seite. An wen würdet ihr euch in eurer Schule wenden?

S. 85, Aufgabe 5

Achtet im Text M 2 besonders auf wertende Formulierungen wie „sich beschenken“, „schnappen sich die Schüssel“, „die ein oder andere Prügelei“ oder „Jungganoven“. Findet ihr weitere wertende Ausdrücke? Durch welche neutralen, wertfreien Begriffe könnte man diese ersetzen?

S. 87, Aufgabe 3

Die Entwicklungstheorie geht davon aus, dass Jugendliche in ihrer Entwicklung zum Erwachsenen noch nicht so gut die Folgen ihres Handelns absehen können. Die Sozialisationstheorie betrachtet vor allem Fehler, die bei der Erziehung Jugendlicher passiert sind. Bei Holger und Andreas kann man Anhaltspunkte für beide Ansätze finden. Schau dir genau M 2 an.

S. 87, Aufgabe 4

Analysieren bedeutet, dass du dir erst einmal klar machst, was die beiden Achsen bedeuten: 10 000 bedeutet, dass so viele Verdächtige auf 100 000 Einwohner kommen, also 10 %. Der Verlauf ist dann in Altersgruppen unterteilt. Was denkst du? Unterstützt die Aussage des Diagramms die Entwicklung von Andreas und Holger bzw. belegt sie das, was wir als Entwicklungstheorie (M 3) bezeichnen?

S. 89, Aufgabe 5

Sinnvoll könnte hier so verstanden werden:
- Welche Maßnahmen wirken für Täter abschreckend?
- Welche Maßnahmen findest du gerecht, also angemessen?
- Wie wirken die Maßnahmen auf die Bevölkerung?

S. 93, Aufgabe 4

Versetze dich in die Situation von Paul. Mit welchen Gefühlen würdest du den beiden Tätern bei solch einem Gespräch begegnen? Was genau erwartest du von den beiden? Ist es wahrscheinlich, dass die beiden eine Art Wiedergutmachung leisten? Wie könnte diese aussehen? Wäre für dich dann ein Schlussstrich unter die Sache denkbar? Wenn du die meisten dieser Fragen mit ja beantworten kannst, dann kommt für dich ein Täter-Opfer-Ausgleich in Frage. Sind deine Bedenken zu groß und antwortest auf die Fragen mehrheitlich mit nein, dann ist dies vielleicht kein geeignetes Verfahren.

S. 95, Aufgabe 5

Um Teen-Courts einzuführen, müssen die zuständigen Ämter oder Behörden schon einmal davon gehört haben. Es braucht engagierte Mitarbeiter, die das Projekt planen, leiten und umsetzen. Dafür braucht man natürlich auch Geld. Außerdem ist es gut, wenn man bereits über Erfahrungen mit solchen Jugendgerichten verfügt. Es gehört auch ein großes Maß an Vertrauen in Jugendliche dazu. Kannst du dir jetzt vorstellen, warum es bislang nur wenige Teen-Courts in Deutschland gibt?

S. 97, Aufgabe 7

Du könntest dir hier die Frage stellen, ob Gesetze überhaupt Schutz bieten oder ob sie sowieso umgangen werden. Ist es überhaupt kontrollierbar? Weiter könntest du dich fragen, ob der Staat mit Gesetzen in das Leben von Jugendlichen so stark eingreifen sollte, ob das nicht eher die Aufgabe der Familie ist und ob das nicht am Ende die Unselbstständigkeit fördert. Schlussendlich solltest du für dich zu einem eindeutigen Urteil kommen.

S. 99, Aufgabe 2
Achte auf die Attribute (Kennzeichen) von Justitia und überlege, was sie ausdrücken. Dies sind auf dem Bild die Augenbinde, die Waage, das Schwert und die erhobene Position.

S. 99, Aufgabe 6
Überlege ausgehend von dem Fall M 1, welche Auswirkungen die Gerichtsurteile hinsichtlich Konfliktbewältigung und Interessenausgleich für beide Seiten haben.

S. 101, Aufgabe 4
Ordne zunächst die durch den Faustschlag entstehenden Rechtsfragen den im Autorentext auf S. 101 oben erwähnten Rechtsgebieten zu. Daraus ergibt sich die Antwort auf die Frage nach den Rechtsbereichen.

S. 103, Aufgabe 2
Flussdiagramm zum Verlauf eines Strafprozesses

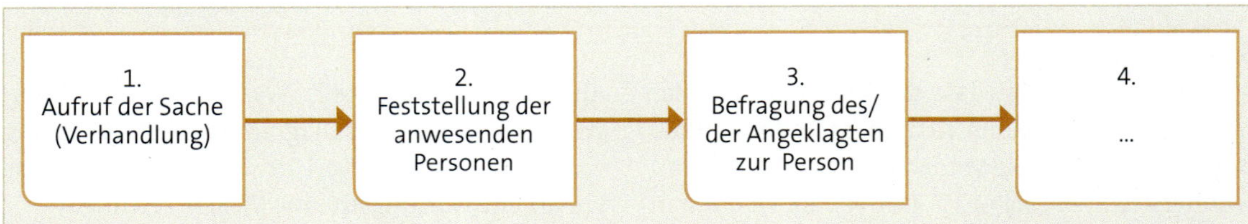

S. 103, Aufgabe 3
Auf S. 88 findest du in M 1 Strafen, die ein Jugendgericht verhängen kann, und mit dem Auszug aus dem Strafrecht in M 1 auf S. 92 erfährst du etwas hinsichtlich der Strafhöhe. Es handelt sich bei den Straftaten eindeutig nicht um Raub (§ 250 StGB), sondern um Diebstahl, der ein geringeres Strafmaß hat.

S. 105, Aufgabe 2
So könnt ihr vorgehen: Für den Vergleich ist es hilfreich, zunächst eine Tabelle zu erstellen. Ihr könnt euch dabei an dem Beispiel M 2 auf Seite 101 orientieren.

S. 105, Aufgabe 4
Die Begriffe bezeichnen Rechtsmittel, die gegen Urteile eingelegt werden können. Was sie bedeuten, ist auf der S. 98 (*Revision) und auf der S. 105 im Autorentext dargelegt. Warum sind gerade Rechtsmittel in einem Rechtsstaat wichtig? Was leisten sie?

S. 109, Aufgabe 3
Überlege, was in dem Inselstaat anders wäre, wenn das Recht seine Funktionen erfüllen könnte, also beispielsweise für Gerechtigkeit und Frieden sorgen würde. Was hieße das für das Zusammenleben der Menschen dort?

S. 110, Aufgabe 3
Versuche, dich in die Lage dieses zu Unrecht verurteilten Mannes, der jahrelang unschuldig im Gefängnis saß, zu versetzen. Wonach hat er sich gesehnt? Was wollte er?

S. 111, Aufgabe 3

Was würde passieren, wenn sich Einzelne das Recht anmaßen würden, Selbstjustiz zu üben? Beziehe dich in deiner Antwort auf die Darstellung der Justitia in M 2 auf S. 99 und die Funktionen des Rechtsstaats (M 2) auf S. 109.

S. 117, Aufgabe 4

Mögliche Fragestellungen	Früher	Heute
Wer kümmert sich um Kranke, Schwache und Alte?		
Kinderzahl früher und heute?		
Wer übernimmt Kinderbetreuung?		
Heirat?		
...		

S. 123, Aufgabe 2

Pflichten und Aufgaben von Familie sind

- Befriedigung emotionaler Bedürfnisse: z.B. Liebe, Anerkennung, ...
- Erhalt der Gesellschaft
- Erziehung
- ...

S. 123, Aufgabe 6

Wer eine solche Einrichtung für Kinder und Jugendliche anbieten möchte, benötigt eine Erlaubnis. Welche Regeln die Einrichtung einzuhalten hat und wer darüber wacht, ist in § 45 des Sozialgesetzbuches (§45 SGB VIII) geregelt. Unter dem Webcode der Seite findest du einen Link zum Gesetz.

S. 132, Aufgabe 2

Wer	Früher	Heute
... ist für den Haushalt zuständig?		
... kümmert sich um die Kinder?		
... geht arbeiten?		
... entscheidet über die Familienplanung?		
... verdient mehr?		
...		

S. 139, Aufgabe 4b

Der Begriff „Ballast abwerfen" ist in diesem Zusammenhang kritisch zu sehen, unterstellt er doch, manche Aufgaben der Gemeinde seien im Grunde unnötig. Es leuchtet unmittelbar ein, dass eine Gemeinde ohne Straßen, Schulen und Stromversorgung nicht funktionieren kann. Aber auch Sportanlagen und kulturelle Einrichtungen bereichern zweifelsohne das Leben in der Gemeinde. „Ballast abwerfen" heißt hier also eher, begründet zu entscheiden, in welche Aufgaben unter Umständen mehr Geld fließen sollte. Seid euch bewusst, dass vermutlich jemand anderes eine (komplett) gestrichene Aufgabe übernehmen muss: Soll also beispielsweise der Fußballverein seinen Platz vollständig selbst finanzieren?

S. 141, Aufgabe 3

Argumente der Jugendlichen	Argumente der Bürgerinitiative
▪ Jugendliche brauchen einen gemeinsamen Treffpunkt. ▪ Besser ein Jugendzentrum, als beispielsweise am Bahnhof „abzuhängen". ▪ ...	▪ Ein Jugendzentrum passt einfach nicht in ein Wohngebiet. ▪ ...

S. 141, Aufgabe 4

Mögliche Faktoren, die den Erfolg der eingesetzten Mittel beeinflussen können, sind:

- Wie viele Jugendliche besuchen regelmäßig das Jugendzentrum?
- Wie viele Anwohner sind betroffen?
- Interessieren sich Bürgerinnen und Bürger aus anderen Wohngebieten für das Problem?
- Gibt es evtl. in anderen Teilen der Gemeinde ein ähnliches Problem?
- Wie reagiert die Presse auf den Streit um das Jugendzentrum?
- ...

S. 143, Aufgabe 1

Platzbedarf: ca. eine halbe Seite.

Da in einer Demokratie alle Staatsgewalt vom Volke ausgeht, sind die Bürgerinnen und Bürger auch in der Gemeinde der Ursprung aller Staatsgewalt. In der Regel beginnt man deshalb in einem Verfassungsschema unten mit dem Volk (hier: Bürgerinnen und Bürger). Überlegt nun: Welche Organe dürfen die Bürger/-innen wählen? Beschriftet die Pfeile zu den entsprechenden Organen mit „Wahl". Überlegt euch ferner, wie die verschiedenen Organe nun zusammenhängen; auch diese Verbindungen solltet ihr durch passend beschriftete Pfeile/Querverbindungen deutlich machen.

S. 143, Aufgabe 3

Werft noch einmal einen Blick in M 2 sowie auf das von euch erstellte Schaubild (Aufgabe 1) und beantwortet für euch folgende Fragen:

- Welche Funktionen hat der Bürgermeister?
- Welche Aufgaben hat der Gemeinderat?
- In welchem Verhältnis steht der Bürgermeister zu Gemeinderat und Verwaltung?
- Spielt es eine Rolle, welcher Partei der Bürgermeister angehört und welche Parteien im Gemeinderat vertreten sind bzw. die Mehrheit haben?

S. 147, Aufgabe 6

Mögliche Maßnahmen, um beispielsweise auch Jüngere für ein Engagement im Gemeinderat zu gewinnen, könnten sein:

- Mehr Information und Werbung in Schulen
- Einrichtung bzw. Unterstützung eines Jugendgemeinderates, um schon bei Jugendlichen Interesse an Kommunalpolitik zu wecken
- Stärkere Öffentlichkeitsarbeit (z. B. Auftritt in den sozialen Medien)
- Stärkere Öffnung des Gemeinderats für Themen, die Jugendliche betreffen
- Evtl. höhere Aufwandsentschädigung für die Arbeit als Gemeinderat
- ...

S. 147, Aufgabe 7

Überlegt zunächst: Woher kommt der Wunsch, der Gemeinderat solle ein Spiegelbild der Gesellschaft sein – was soll damit erzielt/verhindert werden?

Folgende Fragen können euch bei der Vorbereitung der Diskussion hilfreich sein:

- Können Ärzte und Rechtsanwälte nicht auch Handwerker und Arbeiter politisch vertreten?
- Ist es nicht auch nachvollziehbar, dass sich bestimmte Personengruppen stärker in der Politik engagieren als andere?
- Machen bestimmte Personengruppen nur Politik zu ihren Gunsten oder berücksichtigen sie nicht auch die Interessen anderer Gruppen?
- ...

S. 149, Aufgabe 2

Achtet vor allem auf folgende Punkte:
- Hat kein Kandidat/keine Kandidatin mehr als drei Stimmen erhalten?
- Wurden insgesamt nicht mehr als 18 Stimmen vergeben? Summe bilden!
- Falls panaschiert wurde: Wurde die Gesamtsumme von 18 Stimmen nicht überschritten?

Finden sich Kommentare oder Ähnliches auf den Zetteln? Auch solche Veränderungen machen einen Stimmzettel ungültig.

S. 149, Aufgabe 4

Im Folgenden findet ihr ein paar Argumente, die in der Diskussion eine Rolle spielen könnten.

Pro Ausweitung des Wahlrechts:
- Ob EU-Ausländer oder Nicht-EU-Ausländer spielt doch eigentlich keine Rolle.
- Auch Nicht-EU-Ausländer wohnen unter Umständen lange in der Gemeinde.
- Auch Nicht-EU-Ausländer sind direkt von Entscheidungen des Gemeinderats betroffen, Bsp.: Ein türkischer Staatsbürger betreibt einen Dönerimbiss in der Fußgängerzone – eine Umgestaltung des Innenstadtbereichs hat evtl. Folgen für sein Geschäft.
- ...

Kontra Ausweitung des Wahlrechts:
- Das Wahlrecht als klassisches Bürgerrecht steht eben nur den Staatsbürgern und Staatsbürgerinnen eines Landes zu.
- Warum sollte ein Amerikaner, der nur für ein Jahr beruflich bedingt in Deutschland wohnt, den Gemeinderat wählen dürfen? Danach ist er wieder weg – die Entscheidungen betreffen aber diejenigen, die dauerhaft in der Gemeinde leben.
- ...

S. 150, Aufgabe 2

Siehe auch: Karikaturenanalyse, S. 40/41

(1) Beschreibung:
- Beschreibe zunächst nur, was in der Karikatur abgebildet ist. Achte auf Details, verliere dich aber nicht in nebensächlichen Einzelheiten.

(2) Aussage/Deutung:
- Was bedeutet die Nachfrage des Mannes in der Wahlkabine (Hintergrund)?
- Wie wirkt der Jugendliche – vermutlich ein Erstwähler – in der Mitte? Wie ist seine Stimmung?
- Wie wirkt der Wahlhelfer (rechts)? Wie ist seine Stimmung?
- In welchem Verhältnis stehen die Stimmung des Jugendlichen und des Wahlhelfers zueinander?
- Welcher Zusammenhang besteht vielleicht zwischen der Stimmung des Jugendlichen und der Nachfrage des Mannes im Hintergrund?
- ...

S. 150, Aufgabe 7

Die folgenden Fragen können euch bei der eigenen Urteilsbildung eine Hilfe sein:
- Kann ein Jugendlicher das gesamte Aufgabenspektrum eines Bürgermeisters übernehmen?
- Kollidiert das Amt des Bürgermeisters evtl. mit der Schulpflicht?
- Wäre ein minderjähriger Jugendlicher als Bürgermeister in der Bevölkerung akzeptiert?
- Wäre eine Wahl in den Gemeinderat evtl. besser vorstellbar?
- ...

S. 153, Aufgabe 2

Folgende Punkte sollten enthalten sein und grafisch so dargestellt werden, dass die richtige Reihenfolge der Schritte deutlich wird; die Lücken könnt ihr mithilfe von M 1–M 3 füllen:
- .... sammeln, mind. .... Unterschriften sind nötig (7 % von 6124 stimmberechtigten Bürgerinnen und Bürgern)
- Schriftliche Beantragung des .... nach der (erfolgreichen) Unterschriftensammlung
- Es kommt zum Bürgerentscheid, formuliert eine mögliche Frage für den Stimmzettel: ....
....

– Damit die Bürgerinitiative die Windräder verhindern kann, braucht es beim Bürgerentscheid die Mehrheit – plus das erforderliche ...., hier: .... (20 % von 6124 Bürgerinnen und Bürgern).

S. 153, Aufgabe 3

– Ja-Stimmen: 1383 (= .... der Abstimmenden, dies entspricht .... der Stimmberechtigten)
– Nein-Stimmen: 1879 (= .... der Abstimmenden, dies entspricht .... der Stimmberechtigten)

Damit sind die ....-Stimmen in der Mehrheit, zudem wurde das erforderliche Quorum (mind. 20 %) mit .... deutlich .... (erreicht/nicht erreicht). Daraus folgt (vgl. „Nein = für Windräder"): Es werden Windräder .... (gebaut/nicht gebaut).

S. 153, Aufgabe 4

Vergleichen bedeutet hier, mithilfe von geeigneten Kriterien die Formen der Entscheidungsfindung in der Gemeinde gegenüberzustellen – wo liegen Gemeinsamkeiten, wo Unterschiede? Findet ihr weitere Vergleichskriterien?

Vergleichskriterium	Repräsentative Demokratie	Direkte Demokratie
Wer ist an der jeweiligen Entscheidung beteiligt?	Die gewählten Gemeinderatsmitglieder plus der Bürgermeister	Alle wahlberechtigten Bürgerinnen und Bürger direkt
Wie hoch sind Dauer und Aufwand der Entscheidung?	Unter Umständen vergleichsweise zügig	Meist recht zeitaufwändig
Wie leicht wird die Entscheidung akzeptiert?	Sehr unterschiedlich; hängt von vielen Faktoren ab (z. B. grundsätzliche Akzeptanz von Bürgermeister und Gemeinderat in der Bevölkerung)	Evtl. höhere Akzeptanz als bei rein repräsentativer Demokratie
...	...	...

S. 155, Aufgabe 3

Auch hier bietet sich eine dreischrittige Analyse – Initiative, Entscheidung, Durchführung – an (vgl. S. 143). Das Ergebnis dieser Analyse könnte beispielsweise folgende Punkte enthalten:

Initiative	Entscheidung	Durchführung
▪ 2012: erstmals Idee für Mini-Court ▪ Diskussion im JGR ▪ JGR leistet Überzeugungsarbeit (im Gemeinderat, bei der Stadtverwaltung und Sponsoren) ▪ Unterschriftensammlung (640 Stück) ▪ Antrag im Gemeinderat (über die Oberbürgermeisterin)	▪ JGR begründet seine Idee gegenüber Gemeinderat und Oberbürgermeisterin (Rederecht) ▪ Gemeinderat diskutiert den Vorschlag ▪ Abstimmung im Gemeinderat: pro Bau des Mini-Courts	▪ Bauamt wird mit dem Bau des Mini-Courts beauftragt ▪ Sponsoren unterstützen den Bau finanziell ▪ 2014: Fertigstellung und Einweihung des Mini-Courts

S. 155, Aufgabe 4

Den Steckbrief kannst du, in Anlehnung an M3, zum Beispiel nach folgenden Kriterien ordnen:

– Aufgaben & Zielsetzung
– Zusammensetzung & Wahlen
– Arbeitsweise
– Erfolge
– ...

S. 155, Aufgabe 5

Im Folgenden findet ihr einige mögliche Argumente, die ihr um weitere ergänzen solltet.

Das Rederecht reicht aus:

- Es geht ja auch um (viel) Geld – es ist doch klar, dass deshalb nur der „große" Gemeinderat entscheiden darf.
- Dürften die Jugendlichen mitentscheiden, würden sie meist versuchen, sehr einseitig ihre eigenen Interessen durchzusetzen.
- ...

Das Rederecht allein reicht nicht aus:

- Reden bedeutet eben noch nicht entscheiden.
- Die Anträge des JGR können, auch wenn sie gut begründet sind, leicht nicht berücksichtigt werden.
- ...

S. 156, Aufgabe 3

Mögliche Ursachen könnten sein:

- Trend: Ohnehin rückläufige Wahlbeteiligung in der Bevölkerung
- Zu wenig Information über die Arbeit des JGR und die Wahl
- Vorstellung, der JGR könne ohnehin nicht allzu viel bewegen
- Fehlendes Interesse an Kommunalpolitik
- Zeitaufwand gescheut, wählen zu gehen
- Kandidatinnen und Kandidaten sagen einem nicht zu
- ...

S. 156, Aufgabe 4

Möglichkeiten, die Wahlbeteiligung in den kommenden Jahren zu steigern, sind beispielsweise:

- Verstärkte Öffentlichkeitsarbeit durch den JGR (z. B. auch über die sozialen Medien, Events)
- Angebote der Schule, um auf kommunalpolitische Themen und die Arbeit des JGR aufmerksam zu machen
- Wahlen direkt in der Schule, um die Hemmschwelle, zur Wahl zu gehen, zu verringern
- ...

Bei der Diskussion der Möglichkeiten solltet ihr immer mitberücksichtigen: Wirken diese Mittel den Ursachen – siehe Aufgabe 3 – entgegen?

S. 156, Aufgabe 5

Im Folgenden findet ihr einige Denkanstöße, die ihr bei eurer Bewertung berücksichtigen könnt:

- Nur der JGR setzt sich in allererster Linie für die Interessen der Jugendlichen ein.
- Die Wahl des JGR schließt ja die Wahl des Gemeinderats nicht aus – warum nicht beide Chancen zur Beteiligung nutzen?
- Die Erfolgsbilanz der meisten Jugendgemeinderäte kann sich durchaus sehen lassen, das Rederecht darf also nicht geringgeschätzt werden.
- Die eigentlichen Entscheidungen trifft der Gemeinderat, das ist schon richtig.
- Der Gemeinderat wirkt, wenngleich er ebenso wie der JGR ehrenamtlich arbeitet, doch etwas „professioneller".
- ...

S. 157, Aufgabe 3

Sucht Argumente, weshalb ein JGR eurer Meinung nach eine Bereicherung in eurer Gemeinde wäre. Dabei könntet ihr euch z. B. auf folgende Aspekte beziehen:

- Die Gemeindeordnung Baden-Württembergs erlaubt die Einrichtung eines JGR.
- Auch Jugendliche sind Bürger/-innen der Gemeinde – sie verdienen eine angemessene Vertretung.
- Das politische Interesse von Jugendlichen sollte gefördert werden, hierfür ist ein JGR geeignet.
- Gibt es keinen JGR, werden die Interessen von Jugendlichen in der Kommunalpolitik zu wenig beachtet.
- ...

S. 163, Aufgabe 6

Verfasse einen Einleitungssatz, in dem das Thema kurz beschrieben wird. Welche Maßnahmen fallen dir ein? Das können zum einen Zwangsmaßnahmen wie Grenzsicherungsanlagen sein, das können aber auch Anreize sein, zu bleiben, oder man kann sich vor Ort dafür einsetzen, dass die Ursachen für die Flucht verschwinden oder die Situation in den Ländern besser wird. Sicher fallen dir noch mehr Maßnahmen ein. Betrachte jetzt jede genannte Maßnahme und überlege, ob sie umsetzbar ist, ob das in kurzer Zeit oder erst in einigen Jahren zu erreichen ist und ob sie die Flucht der Menschen wirklich verhindert. Zu welchem Ergebnis kommst du? Welche Maßnahme scheint dir die sinnvollste zu sein?

S. 165, Aufgabe 5

Verfasse einen Einleitungssatz. Notiere dann alle Gründe, die dagegen sprechen, seine Heimat zu verlassen. Dabei kann es sich um die Begriffe Heimat, Freunde, gewohnte Umgebung, Kultur, usw. handeln. Schreibe jetzt alle Gründe auf, die für eine Flucht aus diesen Ländern sprechen. Dies kann zum Beispiel mit der Sorge um das eigenen Leben zu tun haben, mit der wirtschaftlichen Not, mit Verfolgung und der Hoffnung auf ein besseres Leben. Sicher fallen dir noch mehr Gründe ein, die für oder gegen eine Flucht sprechen.
Am Ende formulierst du ein Fazit. Welche Seite überwiegt? Wo siehst du das wichtigste Argument?

S. 167, Aufgabe 5

Denkbare Unterschiede gibt es sicher im Wohlstand, im Verhältnis zwischen Männern und Frauen, in den Essgewohnheiten. Fallen dir weitere Unterschiede ein?

S. 169, Aufgabe 5

Hier solltest du vor allem den Bevölkerungssaldo in den Blick nehmen. Wie sieht die Altersstruktur aus, was heißt das für die Bevölkerungsentwicklung, welche Rolle spielt dabei die Einwanderung?

S. 173, Aufgabe 6

Was versteht man unter Zuwanderung? Was ist daran aus deiner Sicht gut, was ist der Nutzen, wo siehst du Probleme oder Kosten? Zu welchem Ergebnis kommst du?

S. 195, Aufgabe 3

Bei der Beantwortung der Aufgabe solltest du insbesondere den Blick auf Art. 3 (3) GG richten, aber auch den Art. 5 (2), S. 197 beachten

S. 197, Aufgabe 3

Zur Beantwortung der Aufgabe solltest du insbesondere auf die Schranken der Meinungsfreiheit achten, die im zweiten Absatz von Artikel 5 des Grundgesetzes formuliert werden.

S. 199, Aufgabe 3

- Gib den Inhalt der Grundrechtsartikel M 3 mit eigenen Worten wieder und erkläre ihre Bedeutung für den Fall.
- Stelle die Positionen des Bundesgerichtshofs und des Bundesverfassungsgerichts dar. Achte dabei genau auf die Bedingungen, die die Richter jeweils formulieren.

Lexikon

Begriffe	Erklärung
Abonnent	Das Wort bezieht sich ursprünglich auf Zeitungs-Abonnenten, also Personen, die täglich eine bestimmte Zeitung zugeschickt bekommen. Dies nennt man auch ein Abonnement. Heutzutage versteht man darunter aber auch Personen, die beispielsweise bei einem Intern-Blog oder einem Nachrichtendienst eingewilligt haben, dass man über alle neuen Nachrichten sofort informiert wird. Man verfolgt also die Informationen dieser Seiten. Darum bezeichnet man diese Personen auch mit dem englischen Begriff „Follower“.
Abschiebung	Ist ein Asylantrag unberechtigt oder wird er abgelehnt, droht den Antragstellern eine Ausweisung in das Herkunftsland.
Absolute Armut	bezeichnet die existenzgefährdende Armut. Lebensnotwendige Versorgung mit Nahrung, Kleidung, Wohnung und medizinischer Grundversorgung ist nicht mehr gewährleistet
Afghanistan	Ein Land in Südasien, zwischen Iran und Pakistan, in dem seit Jahrzehnten ein brutaler Krieg zwischen verfeindeten Volksgruppen tobt. Dieser Krieg hat das Land zu einem der ärmsten der Welt gemacht.
Agenda-Setting	Kommt aus dem Englischen und bedeutet, das Setzen von Themenschwerpunkten.
Akteure	Akteure sind die Beteiligten und Mitwirkenden in einem politischen Prozess.
Aktives Wahlrecht	Recht, sich an einer Wahl aktiv durch Stimmabgabe beteiligen zu dürfen, also wählen zu dürfen.
Alias	meint hier einen anderen Namen, unter dem die Person sich auch ausgibt.
Asyl	Zuflucht für politisch Verfolgte. Nach Artikel 16a Grundgesetz hat jeder die Möglichkeit in Deutschland einen Antrag auf Asyl zu stellen. Jedoch nur wer politisch verfolgt wird, hat Aussichten, dass sein Antrag auch Erfolg hat.
Bewährung	In manchen Fällen, zum Beispiel, wenn jemand noch nicht oft straffällig geworden ist, muss eine Strafe nicht im Gefängnis abgesessen werden, sondern kann zur Bewährung ausgesetzt werden. Man darf aber während der Bewährungszeit nicht wieder straffällig werden und muss sich regelmäßig bei der Polizei melden oder andere Auflagen erfüllen.
Bildungspaket	ist eine finanzielle Unterstützung vom Staat für bedürftige Kinder und Jugendliche von Langzeitarbeitslosen, Geringverdienern und Wohngeldempfängern. Auf Antrag werden bestimmte Leistungen wie z. B. Mittagessen in Schule oder Hort, Zuschüsse für Klassenfahrten und Schulausflüge übernommen.
Bildungsplan	Ein Bildungsplan enthält die Vorgaben, welche grundlegenden und unverzichtbaren Haltungen, Werte, Kompetenzen und Wissensinhalte die Schule vermitteln soll. Diese Vorgaben werden von den jeweiligen Kultusministerien der Bundesländer festgelegt.
Body-Mass-Index (BMI)	Der BMI errechnet sich aus dem Verhältnis von Körpergröße und Gewicht. Die Aussagekraft des Ergebnisses ist allerdings umstritten.

Begriffe	Erklärung
Boko Haram	Boko Haram ist eine islamistische terroristische Gruppierung im Norden Nigerias. Sie setzt sich für die Einführung der Scharia in ganz Nigeria und das Verbot westlicher Bildung ein.
Branntwein	alkoholisches Getränk mit einem Alkoholanteil von etwa 30 – 60 Prozent. Branntwein wird durch Destillation (Brennen) aus gegorenen Flüssigkeiten gewonnen.
Bürgerentscheid	Form der direkten Demokratie, bei dem die wahlberechtigten Bürgerinnen und Bürger über eine Sachfrage selbst entscheiden (genauer Ablauf: vgl. S. 152 f.)
Bürgerinitiative	Zusammenschluss von Bürgerinnen und Bürgern, der sich für ein bestimmtes, meist lokales Ziel einsetzt.
Bürgerkrieg in Syrien	Seit März 2011 herrscht in Syrien ein brutaler Bürgerkrieg, der bereits Hunderttausenden Menschen das Leben gekostet hat. Millionen sind geflohen und haben in anderen Ländern, meist in der Region, Schutz gesucht. Auf der einen Seite kämpfen Regierungstruppen des Diktators Assad, auf der anderen Seite kurdische und teilweise islamistische Rebellengruppen.
Bürgersprechstunde	Viele Bürgermeister bieten eine regelmäßige Sprechstunde an, in der alle Bürgerinnen und Bürger Bitten, Fragen, Anregungen usw. vortragen können.
Clique	bezeichnet eine soziale Gruppe, meist meint man damit den (engeren) Freundeskreis. Wie in allen Gruppen teilen die Mitglieder bestimmte Werte, fühlen sich zusammengehörig und geben sich – meist ungeschriebene – Regeln. Im Englischen nennt man die Clique Peergroup.
David und Goliath	eine biblische Geschichte, in der der junge David den großen, übermächtigen Krieger Goliath mit einer Steinschleuder besiegt
Delikt	eine Handlung, die gegen das Gesetz verstößt, also strafbar ist.
Demokratische Wahl	Wahlen in Deutschland verlaufen nach vorgeschriebenen Regeln. Diese sind im Grundgesetz Artikel 28 und Artikel 38 festgelegt und gelten für alle in Deutschland abgehaltenen Wahlen. Die Regeln sind in fünf Wahlgrundsätzen zusammengefasst: – allgemein – gleich – geheim – frei – unmittelbar
Diktatur	Herrschaftsform, in der eine einzelne Person (Diktator) oder eine kleine Gruppe von Personen die unbeschränkte politische Macht hat.
Dilemma	bezeichnet eine Situation, die zwei Möglichkeiten der Entscheidung bietet, die aber beide zu einem unerwünschten Ergebnis führen.
Direkte Demokratie	In jeder Demokratie dürfen sich die Bürger/-innen an der Politik beteiligen. In der stimmen sie unmittelbar über politische Fragen ab, entscheiden also selbst. In der repräsentativen Demokratie hingegen wählt das Volk Abgeordnete, die dann politische Entschei dungen treffen.
Drittland	Das sind die Länder, über die Menschen zu uns kommen. Also nicht das Herkunftsund nicht das Zielland. Man unterscheidet sichere Drittländer, das sind eigentlich die meisten europäischen Staaten, v.a. unsere Nachbarstaaten, und unsichere Drittländer.

Begriffe	Erklärung
Duldung	Das ist eine „vorübergehende Aussetzung der Abschiebung“ von ausreisepflichtigen Ausländern. Das kann an einer Erkrankung des Antragstellers liegen oder weil bei einer Abschiebung der Tod oder andere unzumutbare Lasten drohen.
Dunkelziffer	Nicht jedes Vergehen wird angezeigt oder überhaupt entdeckt, d. h. es bleibt verborgen, bzw. im Dunkeln. Die Dunkelziffer bezeichnet also eine Schätzung von Vergehen.
Ein-Eltern-Familie	Jede fünfte Familie in Deutschland ist eine Einelternfamilie. Sie bezeichnet das Zusammenleben eines einzigen Elternteils mit mindestens einem Kind. Wenn nur ein Elternteil das Sorgerecht hat, nennt man das alleinerziehend.
Einwohnerversammlung	Vom Gemeinderat einberufene Versammlung, in der wichtige Themen gemeinsam mit den Bürgerinnen und Bürgern diskutiert werden.
Elfenbeinküste	Land in Westafrika und größtes Exportland von Kakao. Für viele Bauern dort ist der Kakaoanbau die Haupteinnahmequelle.
Emigration	Auswanderung
Entwicklungstheorie	Entwicklungstheorie und Sozialisationstheorie versuchen zu erklären, warum Jugendliche in die Kriminalität abgleiten. Dabei beschreiben die beiden Theorien nur bestimmte Risiken, denen Jugendliche ausgesetzt sind. Jeder Mensch kann seinen Weg durch eigene Entscheidungen selbst beeinflussen.
Ernennung	Als Ernennung bezeichnet man die Bestimmung einer Person zur Wahrnehmung einer Funktion als Amtsträger. Mit der Ernennung ist die Person legitimiert (also berechtigt), das jeweilige Amt – z. B. die Leitung des Bauamtes der Gemeinde – auszuüben. Auch der Bürgermeister wird nach seiner erfolgreichen Wahl in sein Amt noch offiziell ernannt; ohne die vorausgehende Legitimation per Wahl kann er aber nicht ernannt werden.
Eröffnungsbeschluss	das Gericht beschließt, ein Hauptverfahren durchzuführen, weil es der Ansicht ist, der Angeklagte ist der ihm zu Last gelegten Straftat hinreichend verdächtig
Flüchtlinge	Als Flüchtling bezeichnet man jemand, der aufgrund von Kriegen oder Hungersnöten, aber auch wegen politischer Verfolgung seine Heimat verlassen muss.
Fraktion	Zusammenschluss von Gemeinderatsmitgliedern derselben Partei oder Wählervereinigung.
Großfamilie	Familienverband, der mit drei oder mehr Generationen in einem Haushalt lebt.
Grundgesetz	Die geltende „Verfassung“ Deutschlands; in ihm sind z. B. die Grundrechte sowie die wichtigsten Spielregeln des Staates festgelegt.
Hartz IV	bezeichnet ein Gesetz, das den Bezug staatlicher Sozialleistungen (Arbeitslosengeld II) regelt. Davon betroffen sind Menschen, die lange arbeitslos sind oder aus anderen Gründen nicht selbst für ihren Lebensunterhalt sorgen können.
Hospitalismus	neagtive körperliche und seelische Folgen eines Krankenhaus- oder Heimaufenthaltes

Begriffe	Erklärung
Immigration	Einwanderung
Indirektes Antragsrecht	Dies bedeutet, dass der Jugendgemeinderat seine Anträge – z. B. für einen Mini- Court – nur indirekt, nämlich über den Oberbürgermeister, in den Gemeinderat einbringen kann, nicht aber selbst einen Antrag im Gemeinderat stellen darf.
Infotainment	Eine Mischung aus Information und entertainment (=Unterhaltung). Die Nachrichten sollen den Zuschauer bzw. Leser auf unterhaltsame Weise informieren.
Inklusion	Dieser Begriff beschreibt den Versuch alle Menschen in das gesellschaftliche Leben mit einzubeziehen, unabhängig von Alter, Geschlecht, Bildung, Herkunft, Religion oder einer eventuellen Behinderung. So sollen behinderte Kinder mit Gleichaltrigen die gleiche Schule besuchen können.
Instanz	die für ein gerichtliches Verfahren zuständige Stufe der Gerichtsbarkeit
Institution(en)	Einrichtungen, die vom Staat, von Kirchen oder von gesellschaftlichen Gruppen eingerichtet werden um beispielsweise Konflikte zu regeln.
Integration	Alle Menschen, die dauerhaft in Deutschland leben in die Gesellschaft einzubeziehen. Dabei spielt das Erlernen der Sprache und Kenntnisse über die Kultur und die Verhaltensweisen eine große Rolle. Integration bedeutet aber nicht, dass man seine eigene Sprache und Kultur aufgibt.
Intensivstraftäter	Bezeichnung für Mehrfachbzw. Wiederholungstäter, die in kurzer Zeit mehrfach kriminell in Erscheinung treten. Sie unterscheiden sich von. nur gelegentlich kriminell handelnden oder rückfällig werdenden Tätern durch eine besonders hohe Gefährlichkeit für die Gesellschaft aufgrund von Art, Schwere und Häufigkeit der verübten Straftaten
Jugendhilfe	hilft und unterstützt Jugendliche und deren Familien bei Fragen und Problemen der Erziehung, Bildung und Entwicklung.
Jugendrichterliche Maßnahmen	Unter Erziehungsmaßregeln versteht man erzieherische Maßnahmen, um auf eine Straftat eines Jugendlichen oder Heranwachsenden zu reagieren. Das können Sozialstunden, die Anordnung eines Anti-Aggressionstrainings oder die Einweisung in ein Heim sein. Zuchtmittel sollen dem Jugendlichen eindeutig klar machen, dass er Unrecht begangen hat. Dies sind z. B. Verwarnungen, die Auflage, sich beim Opfer zu entschuldigen, oder auch Jugendarrest, der maximal vier Wochen dauert und erzieherisch wirken soll.
Jugendstrafe	Die Jugendstrafe ist eine Freiheitsstrafe, die bei Jugendlichen (14–17 Jahre) oder Heranwachsenden (18–20 Jahre) verhängt wird, wenn bspw. eine besonders schwere Schuld besteht oder man davon ausgehen kann, dass sie immer wieder straffällig werden.
Kakaoanbau	der Anbau von Kakao ist sehr aufwendig. Alle Arbeiten werden fast ausschließlich in Handarbeit ausgeführt.
Kampagne	Zeitlich befristete Aktion, die sich ein bestimmtes Ziel setzt.

Begriffe	Erklärung
Karikatur	von italienisch caricare (überladen, übertreiben), ist eine komische, übertriebene Darstellung, meist mit politischem Hintergrund. Den Zeichner einer Karikatur nennt man Karikaturist.
Kernfamilie	Bezeichnet das Zusammenleben von Vater, Mutter und den gemeinsamen, leiblichen Kindern, die in einem Haushalt zusammenleben. Diese Lebensform ist die häufigsten Deutschland.
Klassenrat	Versammlung aller Schülerinnen und Schüler einer Klasse, die sich mit Themen der Klasse oder einzelner Schüler auseinandersetzt
Klischee	Lässt sich vielleicht am besten mit dem Wort „Schubladendenken" übersetzen. Es bezeichnet eine Meinung, die nicht unbedingt mit der Wirklichkeit übereinstimmt. Die Klischees entstehen aus Vorurteilen, die viele Menschen über eine bestimmte Personengruppe haben.
Kommune	Von lateinisch communis – allgemein, gemeinschaftlich; das zugehörige Adjektiv lautet kommunal (die Gemeinde betreffend).
Konvention	Abmachung oder Vertrag zwischen zwei oder mehr Beteiligten.
Korrespondenten	Berichterstatter, die meistens vor Ort berichteten und eine vertiefte Sachkenntnis zu einem bestimmten Thema haben.
Landeszentrale für politische Bildung (lpb)	Überparteiliche staatliche Einrichtung zur Förderung der politischen Bildung, die u. a. auf ihrer Website – www.lpb-bw.de – viele interessante und nützliche Informationen und Angebote bereithält.
Latrine	bezeichnet eine Toilette ohne Wasserspülung, umgangssprachlich sagt man auch „Plumsklo".
Mandant/in	die Person, die einen Rechtsanwalt beauftragt, ihre Interessen z. B. vor Gericht zu vertreten
Mauerbau	1961 wurden die Grenzanlagen von der DDR so verstärkt, dass eine Flucht von Ost nach West nahezu unmöglich wurde. In Berlin selbst wurde zwischen dem Ostteil und dem Westen eine Mauer errichtet, die den Bevölkerungsverlust stoppen sollte.
Migration	Migration bedeutet eine dauerhafte Verlegung des Wohnsitzes über eine Grenze, das kann eine Landesgrenze sein, hinweg. Touristen bezeichnet man also nicht als Migranten, auch wenn sie eine Zeitlang im Ausland leben.
Migrationshintergrund	seit 1950 nach Deutschland Zugewanderte und deren Nachkommen. Man muss also keine eigene Migrationserfahrung haben, also nicht selber zugewandert sein, um zu dieser Gruppe zu gehören.
Mobbing	stammt von englisch „mob" (Meute, randalierender Haufen) bzw. „to mob" (pöbeln).
multikulturelle Gesellschaft	aus vielen verschiedenen Kulturen bestehende Gesellschaft

Begriffe	Erklärung
multitaskingfähig	bedeutet mehrere Dinge gleichzeitig zu tun oder mehrere Aufgaben gleichzeitig zu bewältigen.
mündig	Mündig bedeutet, dass man sich selbst ein Urteil bilden kann und selbstständige Entscheidungen treffen kann.
Mythos	(Plural: Mythen) bezeichnet hier eine (unlogische) Vorstellung, der man keinen Glauben schenkt.
Nachrichtenagentur	Ein Unternehmen, das weltweit aber auch in Deutschland Nachrichten sammelt und an Zeitungen, das Radio oder an Fernsehsender weiterverkauft. Beispiele: dpa (Deutsche Presse-Agentur) sid (Sport-Informations- Dienst) AP (Associated Press)
NGOs	(engl.: non-governmental organizations) nichtstaatliche, also private Organisationen, die national wie international auf verschiedenen Politikfeldern (z. B. Menschenrechte, Umweltschutz, Entwicklungshilfe) tätig sind
Paragraf	§ Dieses Zeichen wird Paragraf ausgesprochen. In Kombination mit einer Zahl dient es der Kennzeichnung von Gesestzestexten und Verträgen.
Passives Wahlrecht	Recht, sich bei einer Wahl als Kandidat/-in aufstellen zu lassen und gewählt zu werden.
Patchworkfamilie	Damit wird eine Familie bezeichnet, bei der mindestens ein Elternteil Kinder aus einer früheren Beziehung mit in die neue Familie gebracht hat. Patchwork bedeutet soviel wie „Flickwerk". Wie bei Patchworkdecken, die aus verschiedenen Teilen zusammengenäht werden, besteht die Patchworkfamilie auch aus verschiedenen Teilen. Jede zehnte Familie in Deutschland ist eine Patchworkfamilie.
Persönlichkeitsschutz	Jeder Mensch hat das Recht, dass man nicht zu viel über ihn erfährt, auch Straftäter. Nur so kann es gelingen, dass man im Leben eine zweite Chance erhält. Außerdem soll verhindert werden, dass z.B. Familienmitglieder von der Öffentlichkeit belästigt werden.
Petition	Eine Petition (von lateinisch petitio: Bittschrift) ist ein Schreiben an eine zuständige Stelle, z. B. den Gemeinderat oder den Bürgermeister, in dem man als Bürger/-in Anregungen, Beschwerden oder Bitten äußern kann. In Deutschland ist das Petitionsrecht als Grundrecht in Art. 17 GG verankert.
Phänomen	ungewöhnliches Ereignis
Politikverdrossenheit	meint eine negative Einstellung der Politik gegenüber. Sie kann sich in Desinteresse gegenüber politischen Prozessen, geringer Beteiligung an politischen Aktivitäten (z. B. Wahlen) und Ablehnung von Politik äußern.
Politikzyklus	Modell, in dem Politik als ein Kreislauf (Zyklus) aus verschiedenen Schritten verstanden wird. Mithilfe des Politikzyklus lassen sich alle politischen Prozesse analysieren.
Privatsphäre	ist dein ganz persönlicher Bereich, den niemanden etwas angeht. Was du davon preisgibst, entscheidest nur du.
profitabel	gewinnbringend

Begriffe	Erklärung
Psychiatrie	Das ist eine Einrichtung, in der Menschen mit psychischen Problemen (das können Wahn oder Angstvorstellungen sein, Verwirrtheit, usw.), geholfen werden kann.
Pull-Faktoren	Dazu gehören alle Aspekte, die Menschen dazu bringen, in eine andere Region oder ein anderes Land auszuwandern. Bessere Lebensbedingungen wie Sicherheit, Arbeitsplätze, die Möglichkeit auf Schulbildung oder die Aussicht, mit Familienmitgliedern zusammenzuleben sind wichtige Gründe.
Push-Faktoren	Das sind Gründe, die Menschen dazu bringen ihre Heimat zu verlassen. Häufig sind das politische Gründe wie Unterdrückung oder Krieg. Es gibt aber auch wirtschaftliche Gründe wie Arbeitslosigkeit, Armut oder Hunger. Die Zerstörung der Heimat durch Dürren, Flutkatastrophen, Erdrutsche oder Unwetter gehören ebenfalls du diesen Faktoren.
Quorum	Notwendige Anzahl von Stimmen, die erreicht sein muss, damit eine Abstimmung Gültigkeit erlangt.
Radwegeplan	Viele Gemeinden erstellen einen Radwegeplan. Damit soll u. a. das Fahrradfahren als umweltfreundliche Alternative gefördert werden.
Recht der persönlichen Ehre	schützt z. B. vor Beleidigungen und Demütigungen
Regenbogenfamilie	Unter einer Regenborgenfamilie bezeichnet man Familien, in denen Kinder mit zwei lesbischen Müttern oder zwei schwulen Vätern leben.
Relative Armut	Kinder gelten als arm, wenn sie mit weniger als der Hälfte des Durchschnittseinkommens auskommen müssen
Revision	hier Überprüfung der Entscheidung des Oberverwaltungsgerichts Münster durch die nächsthöhere Instanz, weil die Sache von grundsätzlicher Bedeutung ist.
Scharia	ist das religiöse Gesetz des Islams. Es regelt Verhaltensweisen der Gläubigen, sowie die Strafen bei Verstößen.
Schulkonferenz	In der Schulkonferenz wirken Schulleitung, Lehrer, Eltern und Schüler in einem gemeinsamen Organ der Schule zusammen
Selbstjustiz	Eine nicht erlaubte Handlung, bei der das Opfer oder Freunde des Opfers den Täter oder wen sie dafür halten, selbst bestraften.
Seriosität	Gerade bei Internetquellen sollte man überprüfen, wer die Informationen schreibt, da einige Informationen nicht objektiv sind. Welchen Hintergrund besitzt die Quelle. Ist der Autor Fachmann auf dem Gebiet? Wer für eine Website verantwortlich ist, steht im Impressum. Ist der Urheber schwierig zu finden, ist Vorsicht geboten.
Shisha	eine Wasserpfeife arabischen Ursprungs. Häufig wird Tabak mit Fruchtaromen in der Shisha geraucht.
Sippenhaft	Im Nationalsozialismus wurden Verwandte von verurteilten Straftätern ebenfalls verdächtigt und oftmals eingesperrt, auch wenn sie nichts getan hatten.

Begriffe	Erklärung
SMV	SMV bedeutet Schülermitverantwortung. Schülerinnen und Schüler können ihre Interessen durch die SMV an der Schule vertreten und das Schulleben mitgestalten. Elemente der SMV sind die Klassensprecher, Schülerrat und Schülersprecher.
Sozialabgaben	Dazu gehören Beiträge zur gesetzlichen Kranken-, Renten- und Arbeitslosenversicherung
Soziale Gruppen	sind Gruppen, deren Mitglieder regelmäßig in Kontakt stehen, gemeinsame Ziele haben und ein Zusammengehörigkeitsgefühl entwickeln. Innerhalb einer Gruppe gelten bestimmte Regeln und es entsteht eine Rollenverteilung. Jeder Mensch gehört in der Regel verschiedenen sozialen Gruppen an.
Soziale Isolation	Wenn man wenig Kontakt vor allem zu Freunden oder Bekannten hat
Sozialisationstheorie	Entwicklungstheorie und Sozialisationstheorie versuchen zu erklären, warum Jugendliche in die Kriminalität abgleiten. Dabei beschreiben die beiden Theorien nur bestimmte Risiken, denen Jugendliche ausgesetzt sind. Jeder Mensch kann seinen Weg durch eigene Entscheidungen selbst beeinflussen.
Sozialwissenschaften	Sammelbegriff für Wissenschaften, die sich mit dem Zusammenleben der Menschen in einer Gesellschaft beschäftigen, wie z.B. die Politikwissenschaft, die die Grundlage für das Fach Gemeinschaftskunde liefert. Diese Fächer kann man an vielen Universitäten studieren.
Spätaussiedler	Spätaussiedler sind deutsche Volkszugehörige aus den Nachfolgestaaten der ehemaligen Sowjetunion und anderen osteuropäischen Staaten
Staatsschutz	Abteilung der Polizei, die bei politisch motivierten Straftaten ermittelt, z.B. bei ausländerfeindlichen oder terroristischen Straftaten.
Strafbefehl	richterliche Entscheidung über eine Strafe, ohne die Hauptverhandlung zu eröffnen. Ein Strafbefehl ist allerdings gegen Jugendliche nicht zulässig.
Streitschlichter	Unter Streitschlichtung versteht man ein seit Jahren bekanntes und angewandtes Verfahren zur Konfliktlösung, bei dem unparteiische Dritte helfen, unter den Konfliktparteien zu vermitteln. Ziel von Streitschlichtung ist es nicht, Konflikte grundsätzlich zu verhindern, sondern den konstruktiven Umgang mit diesen zu fördern.
Symbolpolitik	meint eine Politik, die eher als eine Geste gemeint ist, ohne konkrete Maßnahmen, die zu einer tatsächlichen Verbesserungen der Situation beitragen.
Taliban	Die Taliban ist eine radikale islamistische Bewegung, die besonders in Pakistan und Afghanistan versucht, Macht über die Bevölkerung zu bekommen. Sie legen die Scharia sehr streng aus und versuchen sie mit Gewalt und durch die Verbreitung von Angst und Schrecken durchzusetzen.

Begriffe	Erklärung
Teen-Courts	Die in Schülergerichten mitwirkenden Schüler sind in der Regel zwischen 14 und 19 Jahren alt. Die Beteiligung ist freiwillig und ehrenamtlich, sie erhalten aber eine Schulung. Die verhandelten Fälle müssen bestimmte Voraussetzungen erfüllen: der jugendliche Straftäter muss zwischen 14 und 18 Jahre alt sein, die kriminelle Handlung darf nur einen minder schweren Fall darstellen, der Täter muss geständig und der Tathergang genau geklärt sein und das Einverständnis zur Verhandlung vor dem Schülergericht muss vom jugendlichen Straftäter und seinen Erziehungsberechtigten erteilt worden sein. Wo gibt es Teen-Courts? In Bayern, Hessen, Nordrhein- Westfalen, Sachsen, Sachsen-Anhalt Baden- Württemberg gibt es an einzelnen Orten solche Schülergremien Im badenwürttembergischen Kehl wird das Konzept auch bei strafunmündigen Kindern, also bei unter 14-Jährigen, erprobt.
Teilzeitarbeit	die regelmäßige Wochenarbeitszeit wird herabgesetzt. Man arbeitet weniger, bekommt auch nur anteilig den Lohn.
UN	Abk. für United Nations (=Verreinte Nationen). Zusammenschluss beinahe aller Länder der Erde mit dem gemeinsamen Ziel, den Weltfrieden zu sichern und auf Schutz und Einhaltung der Menschenrechte zu achten.
Unicef	ist das Weltkinderhilfswerk der Vereintern Nationen (UNO). Die Organisation unterstützt zahlreiche Hilfsprojekte in Entwicklungsländern.
Untersuchungshaft	Die Untersuchungshaft kann durch einen Richter angeordnet werden, wenn verhindert werden soll, dass Tatverdächtige weitere Straftaten begehen oder wenn die Ermittlungen der Polizei behindert würden. Die Zeit in der U-Haft wird auf ein eventuelles Strafmaß nach einer Verurteilung angerechnet.
Verbindungslehrer	Die Verbindungslehre werden vom Schülerrat gewählt, beraten die SMV und unterstützen sie bei der Erfüllung ihrer Aufgaben.
Volksverhetzung	Wer andere zum Hass gegen bestimmte religiöse Gemeinschaften, gegen Volkgruppen oder gegen Ausländer anstachelt, begeht unter Umständen eine Straftat, die man Volksverhetzung nennt.
Vormund	bezeichnet eine Person, die einen Minderjährigen gesetzlich vertritt, wenn Eltern diese Aufgabe aus verschiedenen Gründen nicht mehr erfüllen können.
Wahlurne	Eine Wahlurne ist ein geschlossener Behälter mit Schlitz zur Durchführung einer (in der Regel geheimen) Wahl oder Abstimmung mit Wahl- oder Stimmzetteln.
zertifiziert	bedeutet, dass die Herstellung der Schokolade ohne Kinderarbeit bescheinigt wird.
Zielabweichungsverfahren	Abweichungen von der Landesplanung sind hierbei in Einzelfällen möglich.

A
Abonnent 70
Abschiebung 166
Afghanistan 167
Agenda-Setting 78
Alkohol 96
Alterskontrolle 97
Alterspyramide 168
Antragsrecht, indirektes 155
Anwerbeabkommen 170
Anwerbestopp 171
Armut 51
~, absolute 51
~, relative 51
Asyl 162, 166 *f.*, 180 *f.*
Asylberechtigter 166
Asylbewerber 166 *f.*
Asylrecht 166
Äthiopien 163

B
Bedrohung (§241 StGB) 92
Bevölkerung mit Migrationshintergrund 168 *f.*
Bewährung 88
Bildungspaket 51
Bildungsplan 18
Bill of Rights 192
Body-Mass-Index (BMI) 75
Boko Haram 163, 165
Branntwein 96
Bundesamt für Migration und Flüchtlinge (BAMF) 166
Bundesgerichtshof (BGH) 199
Bundesverfassungsgericht 198 *f.*
Bürgerbegehren 152
Bürgerentscheid 141, 152 *f.*
Bürgerinitiative 140
Bürgerkrieg 162
Bürgermeister 142 *f.*
Bürgersprechstunde 141

C
Clique 36
Computerspiel 74

D
Datenschutz 73
Delikt 85
Deliktfähigkeit 90 *f.*
Demokratie 10
~, direkte 152
~, repräsentative 152
Deutschtürken 179
Diagramm, Arten 120 *f.*
Diktatur 140
Dilemma 34
Drittelparität 21
Drittland 166
Dublin-Verordnung 180 *f.*
Duldung 167
Dunkelfeldkriminalität 85
Dunkelziffer 85

E
Einbürgerung 178 *f.*
Ein-Eltern-Familie 119
Einwanderungsland 172
Einwanderungspolitik 172
~, Kanada 181
Einwohnerversammlung 141
Elfenbeinküste 54 *f.*
Elternzeit 125
Emigration 168
Entwicklungstheorie 87
Eröffnungsbeschluss 102
Erpressung, räuberische (§255 StGB) 92
Erziehung 126 *f.*
~, gewaltfreie 126 *f.*
~, ziele 126
Erziehungsmaßnahmen 126
Erziehungsstile 128
Exkursion, Methode 107
Expertenbefragung, Methode 144 *f.*
Ewigkeitsgarantie 188

F
Familie 116–119, 122
Familienförderung 130
Familienpolitik 130 *f.*
Finanzrecht 101
Flucht, Flüchtlinge 162–165, 180 *f.*
Flüchtling, unbegleiteter minderjähriger 166
Frage, geschlossene 66
~, offene 66
Fraktion 147
Friedensnobelpreis 58
Friedensrichter 111

G
Gastarbeiter 170 *f.*
Geburtenrate 117, 131, 168
Gemeinde 138 *f.*
~, Aufgaben 139
Gemeindeordnung, -satzung 142
Gemeinderat 142, 146 *f.*
~, Wahl 148 *f.*
Gemeinschaftskunde 10 *f.*
Generalprävention 89
Gerichtsbarkeit, ordentliche 105
Gerichtsverhandlungsbesuch, Methode 106 *f.*
Gesellschaft, multikulturelle 171
Gesetz 108
Gewalt, mediale 74
Gewaltenteilung 99
Gewaltkonsum 74
Gleichbehandlung 48
Großfamilie 116, 133
Grundgesetz 140, 188 *f.*
Grundrechte 99, 186–189, 196 *f.*
~, Einteilung 188 *f.*
~, Verletzung 196 *f.*
Gruppen, soziale 32
~, Rollen 36
Gruppenzwang 36, 38

H
Handel, fairer 55
Hartz IV 110
Hauptverhandlung 103
Hausarbeit 124
Hierarchie 36
Hospitalismus 123

I
Immigration 168
Individualprävention 89
Infotainment 77
Inklusion 194
Innovation 26
Instanz 105
Integration 174 *f.*

Integrationskurs 174, 176
Intensivstraftäter 84, 86
Internet 68
Internetnutzung 69
~, Chancen 69
~, Risiken 69
Internetrecherche, Methode 190 *f.*
Isolation, soziale 74

J
JIM-Studie 68
Jugendgemeinderat 154–157
Jugendhilfe 52
Jugendkriminalität 84–87
Jugendschutzgesetz 96
Jugendstrafrecht 91
Jurist/-in 92
Justizirrtümer 110

K
Kakao 54 *f.*
Kakaoanbau 54
Kampagne 150
Karikatur 40
Karikaturen analysieren, Methode 40 *f.*
Kernfamilie 118
Kinderarmut 50 *f.*
Kinderrechte 46–49, 63
~, Familie 47
~, Schule 47
~, weltweit 46, 48
Kindeswohl 48
Klassensprecher/-in 14–17
Klassensprecherwahl 16 *f.*
~, Ablauf 16
~, Wahlverfahren 16
Klischee 124
Kommunalpolitik 138 *f.*
Kommune 138
Konflikt, -lösung 24 *f.*, 128 *f.*
Kopftuch, -streit 201
Körperverletzung (§ 223 StGB) 92
Korrespondenten 77–79
Kumulieren 149

L
Landeszentrale für politische Bildung (lpb) 150
LeFloid 70

M
Magermodels 75
Magna Carta 192
Mandant/-in 105
Massenmedien 66
Mauerbau 170
Mediatoren 111
Medien 66
~, Beeinflussung durch 74 *f.*
Mediennutzung 66 *f.*
Mehrstaatlichkeit 179
Meinungsfreiheit 186 *f.*, 196 *f.*
Menschenrechte, Allgemeine Erklärung der 193
Menschen- und Bürgerrechte 188, 192 *f.*
~, Erklärung der 192
Migration, Migrant/-in 164, 166 *f.*, 168
Minderheitenschutz 194 *f.*
Mobbing 39
multitaskingfähig 125
mündig 10
Mythos 39

N
Nachricht 78
Nachrichtenagentur 78 *f.*
Nachrichtensendung 77
Netzwerk, soziales 73
Nigeria 163
Nötigung (§240 StGB) 92

O
obdachlos, Obdachlosigkeit 52 *f.*

P
Panaschieren 149
Paralleljustiz 111
Partizipation 140
Patchworkfamilie 118
Peergroup siehe Clique
Persönlichkeitsschutz 86
Petition of Rights 192
Pilotcharakter 26
Politikzyklus 25, 140
Privatrecht 100 *f.*
Privatsphäre 61
Pull-Faktoren 164
Push-Faktoren 164

Q
Quorum

R
Radwegeplan 143
Raub (§250 StGB) 92
Recht auf Bildung und Teilhabe 51, 58
~, auf informationelle Selbstbestimmung 73
~, am eigenen Bild 73
Recht, Öffentliches 100 *f.*
Rechtsfähigkeit 90
Rechtsprechung 111
Rechtsstaat 98 *f.*
~, Funktionen 109
~, Prinzipien 99
Rechtsstellung 91
Redaktion 78 *f.*
Regenbogenfamilie 119
Resozialisierung 89
Revision 98
Rolle 32, 34
Rollenerwartung 32, 34 *f.*
Rollenkonflikt 32, 34 *f.*
Rollenspiel, Methode 22
Rollentausch 124
Rollenverteilung, klassische 124, 132

S
Sachbeschädigung (§ 303 StGB) 92
Sampling 198 *f.*
Scharia 58
Schaubildanalyse, Methode 120
Schöffen 91
Schokolade 54 *f.*
„Schule ohne Rassismus – Schule mit Courage“ 29
Schülergericht 94 *f.*

Schülermitverantwortung siehe SMV
Schülerrat 18
Schülerrichter 94 f.
Schulkonferenz 18, 20 f.
Schulpartnerschaft 27
Schutz, subsidiärer 167
Selbstjustiz 111
Seriosität 11
Shisha 96
Sinti und Roma 194 f.
Sippenhaft 194
Smartphone 26, 72
SMV (Schülermitverantwortung) 18
Sozialabgaben 172
Sozialisationstheorie 87
Sozialwissenschaften 66
Spätaussiedler 174
Spezialprävention 89
Staatsbürgerschaftsrecht 178 f.
Staatsschutz 194
Stimmzettel 149
Strafbefehl. 103
Strafe 88 f.
Strafmündigkeit 90 f.
Strafprozess 102 f.
Strafprozessordnung (StPO) 103
Strafrecht 101
Strafrückfälligkeit 88
Straftaten, fremdenfeindliche 173
Straftheorien 89
Strafverfahren 102 f.
Straßenkinder 52 f.
Streitschlichter 24 f.
Streitschlichtergespräch, Phasen 25
Symbolpolitik 63
Syrien 162

T

Tageszeitung 76
Taliban 58
Täter-Opfer-Ausgleich 89, 93
Teen-Courts 94 f.
Teilzeitarbeit 125
Trinkwasserversorgung 60
Türkei 179

U

Umfrage, Methode 66
Unicef 60
UN-Kinderrechtskonvention 48 f., 63
~, Grundannahmen 48 f.
Unterschriftensammlung 141
Untersuchungshaft (auch: U-Haft) 88
Urheberrecht 198 f.

V

Verbindungslehrer/-in 18
Verfassung, Vereinigte Staaten von Amerika 192
Verfassungsbeschwerde 198 f.
Vernetzungsgrad 69
Vertragsautonomie, -freiheit 101
Verwaltungsrecht 101
Völker- und Europarecht 101
Volksverhetzung 194
Vormund 52
Vorurteil 194 f.

W

Wahl, demokratische 16
~, Grundsätze 16 f.
Wahlalterabsenkung 150 f.
Wahlbeteiligung 150
Wahlrecht, aktives 91, 148
~, passives 91, 146, 148
Wahlurne 16
Wandel, demografischer 117
Wandzeitung, Methode 56 f.
Wasserversorgung, mangelnde 60
Wertmaßstäbe 177
Werturteil, politisches, Methode 176 f.
Wiedergutmachung 110
WLAN 68

X Y Z

YouTuber 70 f.
Zielabweichungsverfahren 98
Zivilprozess, -verfahren 104 f.
Zuwanderung 169, 171–173, 180 f.
Zuwanderungspolitik 180 f.
~, EU 181
Zwangsgruppe 38

Illustrationen: Cornelsen/Raimo Bergt; **Infografik:** Erfurth Kluger Infografik, Berlin
Karten: Cornelsen/Michael Kunz; Cornelsen/Ing.-Büro für Kartografie Peter Kast, Wismar; Cornelsen/Conrad Franke

Bildquellen
Coverbild: *freigestellte Schüler* Cornelsen/Peter Wirtz; *links* Fotolia/globetrotter1; *Mitte* picture alliance/Arco Images; *rechts* Fotolia/Klaus Eppele; **S.10:** Cornelsen/Peter Wirtz; **S.11:** *unten* Fotolia/Zerbor; *oben* Fotolia/Alexandr Bognat; *2. von unten* Fotolia/Kiyoshi T Segundo; *2. von oben* Fotolia/M. Schoenfeld; **S.12/13:** Cornelsen/Peter Wirtz; **S.16:** Cornelsen/Peter Wirtz; **S.20:** Cornelsen/Peter Wirtz; **S.21:** Shutterstock/focal point; **S.24:** *Anna* Fotolia/creative studio; *links* Fotolia/fotomek; *Anton* Fotolia/sylv1rob1; **S.26:** Fotolia/Picture-Factory J.Rofeld; **S.27:** Rolf Schemel; **S.29:** Rainer Wagner; **S.30/31:** Fotolia/fotomek; **S.36:** Shutterstock/SpeedKingz; **S.39:** Julia Depis; **S.41:** *unten Wegweiser* Fotolia/Matthias Enter; *unten Sprechblasen* Fotolia/Trueffelpix; *unten Kanu* Fotolia/Trueffelpix; *oben* Thomas Plaßmann; **S.42:** *unten* Shutterstock/Randy Miramontez; **S.44/45:** laif/Stefan Falke; **S.47:** *2. von rechts* Fotolia/everettovrk; *links* Fotolia/LVDESIGN; *2. von links* Fotolia/andras_csontos; *rechts* Fotolia/kuco; **S.48:** *2. von links* Fotolia/zabavna; *links* Fotolia/napatcha; *2. von rechts* Fotolia/Anja Greiner Adam; *rechts* action press/imagebroker; **S.50:** Sozialverband VdK Deutschland/Peter Himsel; **S.52:** dpa/Rafael Ben-Ari/Chameleons Eye; **S.53:** Jugend- und Familienhilfe Caritasverband für Stuttgart e.V.; **S.54:** laif/Daniel Rosenthal; **S.55:** *Logo Fairtrade* Fairtrade Deutschland; *M2* © INKOTA, Make Chocolate Fair; *Logo Rainforest Alliance* Rainforest Alliance; *Logo UTZ* UTZ; **S.58:** Shutterstock/JStone; **S.60:** *M2* laif/Christopher Herwig/Aurora; *M1* © Welthungerhilfe; **S.61:** Fotolia/olgavolodina; **S.64/65:** Fotolia/lev dolgachov; **S.66:** *rechts* Fotolia/daviles; *oben* Fotolia/Myst; *links* Fotolia/Sergey Nivens; **S.68:** Fotolia/georgerudy; **S.70:** dpa/rtn - radio t; **S.71:** ddp images/stoccy; **S.73:** *oben* dpa; *Mitte* Fotolia/Andrey Popov; *unten* Fotolia/bilderstoeckchen; **S.74:** blickwinkel/Anton Luhr; **S.75:** mauritius images/Alamy/Richard Levine; **S.76:** Fotolia/mitrija; **S.77:** *rechts* dpa; *links* © RTL II/Andreas Freude; **S.78:** *unten rechts* Fotolia/IvicaNS; *oben* dpa/Metodi Popow; *unten links* dpa/ZB; **S.79:** *unten rechts* Fotolia/Robert Kneschke; *unten links* Fotolia/Goss Vitalij; *oben rechts* Fotolia/elnariz; *Mitte* Shutterstock/bofotolux; *oben links* dpa/Marcel Mettelsiefen; **S.82/83:** dpa/thomas warnack; **S.93:** Logo des Bundes Deutscher Schiedsmänner und Schiedsfrauen e.V. – BDS – www.schiedsamt.de; **S.94:** Cornelsen/Peter Wirtz; **S.95:** *beide* Schlichtungsstelle für Täter-Opfer-Ausgleich der Arbeiterwohlfahrt KV Chemnitz und Umgebung e.V.; **S.96:** dpa/ZB; **S.97:** *M5* Fotolia/made_by_nana; *M4* imago/Steffen Schellhorn; *M3* imago/Lars Berg; **S.99:** imago/Werner Otto; **S.101:** Fotolia/pandavector; **S.102:** Amtsgericht Waiblingen; **S.106:** Bernd von Jutrczenka; **S.108/109:** Robert Feil, Wolfgang Hesse (Hg.): Miteinander leben. Zeichnungen von Hans-Michael Scheurlen. Landeszentrale für politische Bildung Baden-Württemberg, Stuttgart 2006 **S.110:** imago/INSADCO; **S.111:** dpa; **S.113:** Fotolia/animaflora2016; **S.114/115:** Fotolia/Irina Volkova; **S.116:** *oben links* Shutterstock/Elzbieta Sekowska; *Mitte rechts* Fotolia/WavebreakMediaMicro; *unten* Fotolia/K.C.; *Mitte links* Fotolia/Halfpoint; *oben rechts* bpk/Digne Meller Marcovicz; **S.118:** *M3* Thomas Plaßmann; **S.120, S.121** *oben* Illustration aus »Bundeszentrale für politische Bildung: Thema im Unterricht/Extra Methoden-Kiste«, © www.leitwerk.com; **S.122:** Sparkassenstiftung Lüneburg; **S.123:** *M4* Beck/schneeschnee.de; *M5* © Marie Marcks; **S.124:** hessenstiftung - familie hat zukunft/Marlen Benkner; **S.125:** hessenstiftung – familie hat zukunft/Katharina Elert; **S.127:** Horst Haitzinger; **S.129:** Fotolia/mariesacha; **S.130:** *links* Fotolia/Sergey Nivens; *rechts* Fotolia/Jack F.; *Mitte* Fotolia/iordani; **S.131:** Renate Alf; **S.132:** *links* Hengstenberg GmbH & Co. KG; *rechts* Konzernarchiv Henkel AG & Co. KGaA; **S.136/137:** © Stadt Ettlingen, Konzeption und Design: Werbeagentur goetzinger+komplizen GmbH, 76275 Ettlingen, www.goetzinger-komplizen.de; **S.140:** dpa/ZB; **S.141:** Cornelsen/Peter Wirtz; **S.142:** Manfred Schott, Ispringen/mit freundlicher Genehmigung des Gemeinderats von Kämpfelbach; **S.144:** *unten* Fotolia/ChristianSchwier; *oben* Cornelsen/Peter Wirtz; **S.146:** Gerhard Mester; **S.148:** *unten links* Fotolia/.shock; *oben rechts* Fotolia/contrastwerkstatt; *oben links* Fotolia/sanjagrujic; *unten rechts* Cornelsen/Peter Wirtz; **S.149:** *alle* © Politik & Unterricht aktuell 17/2014; **S.150:** Gerhard Mester; **S.153:** dpa/McPHOTOxxx; **S.154:** © Kreissparkasse Esslingen-Nürtingen; **S.155:** Jugendbüro Freiburg; **S.159:** picture alliance/GES; **S.160/161:** laif/Wolf Heider-Sawall; **S.162:** picture alliance/AP Photo; **S.166:** ddp images/Timm Schamberger; **S.168:** Fotolia/william87; **S.170:** picture-alliance/dpa; **S.171:** Shutterstock/Herrndorff; **S.172:** *rechts* ddp images; *oben links* Fotolia/Atelier 211; *unten links* Fotolia/rocketclips; *oben Mitte* Shutterstock/Rehan Qureshi; **S.174:** Klaus Stuttmann; **S.175:** *unten rechts* Erl/toonpool.com; *unten links* Gerhard Mester; *oben rechts* Thomas Plaßmann; *oben links* Klaus Stuttmann; **S.176:** picture alliance/dpa; **S.178:** *M1* picture alliance/dpa; *M3* © mit freundlicher Genehmigung der Landeshauptstadt Stuttgart; **S.180:** Gottfried/tooonpool.com; **S.181:** Fotolia/Elnur; **S.183:** Klaus Stuttmann; **S.184/185:** Klaus Stuttmann; **S.187:** *Mitte rechts* Fotolia/Photocreatief; *Mitte links* Fotolia/Jürgen Fälchle; *unten rechts* Fotolia/Studio Serge Aubert; *unten links* Fotolia/zinkevych; *oben rechts* Fotolia/Atlantis; *oben links* Shutterstock/Mila Supinskaya Glashchenko; **S.188:** Fotolia/Marcito; **S.189:** dpa; **S.190:** Screenshot von https://de.wikipedia.org/wiki/Grundrechte, Suchwort: Grundrechte, Zugriff 20.12.2016; **S.191:** Shutterstock/Comussu; **S.192:** *M3* epd-bild/akg-images; *M1* dpa/picture-alliance; *M2* dpa/B2163_Consolidated_Nara; **S.193:** dpa; **S.194:** Berliner Zeitung/Aleksandar Zivanovic; **S.195:** Fotolia/dudlajzov; **S.196, S.197:** Robert Feil, Wolfgang Hesse (Hrsg.): Miteinander leben. Zeichnungen von Hans-Michael Scheurlen. Landeszentrale für Politische Bildung Baden-Württemberg, Stuttgart 2006; **S.198:** action press/Paul Bergen; **S.201:** Klaus Stuttmann; **S.202:** *oben* Fotolia/Maxim_Kazmin; *unten* Fotolia/Trueffelpix; **S.203:** *oben* Colourbox; *unten* Fotolia/ufotopixl10; **S.204:** Fotolia/schinsilord; **S.205:** *Gestaltung* Fotolia/ihorzigor; *Vorteile* Fotolia/niroworld; *Anwendung* Fotolia/Robert Kneschke; *Regeln* Fotolia/fotomek; **S.206:** Fotolia/Trueffelpix.

Staatsgrenze	**Stuttgart** Landeshauptstadt von Baden-Württemberg	● Verwaltungssitz eines Stadtkreises
Landesgrenze	**Karlsruhe** Verwaltungssitz eines Regierungsbezirks	◉ Verwaltungssitz eines Stadt- und Landkreises
Grenze eines Regierungsbezirks		○ Verwaltungssitz eines Landkreises
Kreisgrenze		

Calw Name eines Landkreises

SIG Kraftfahrzeugkennzeichen

A — 8 östl. Länge v. Greenwich — B — 9 — C — 10 — D

0 10 20 30 40 50 60 km

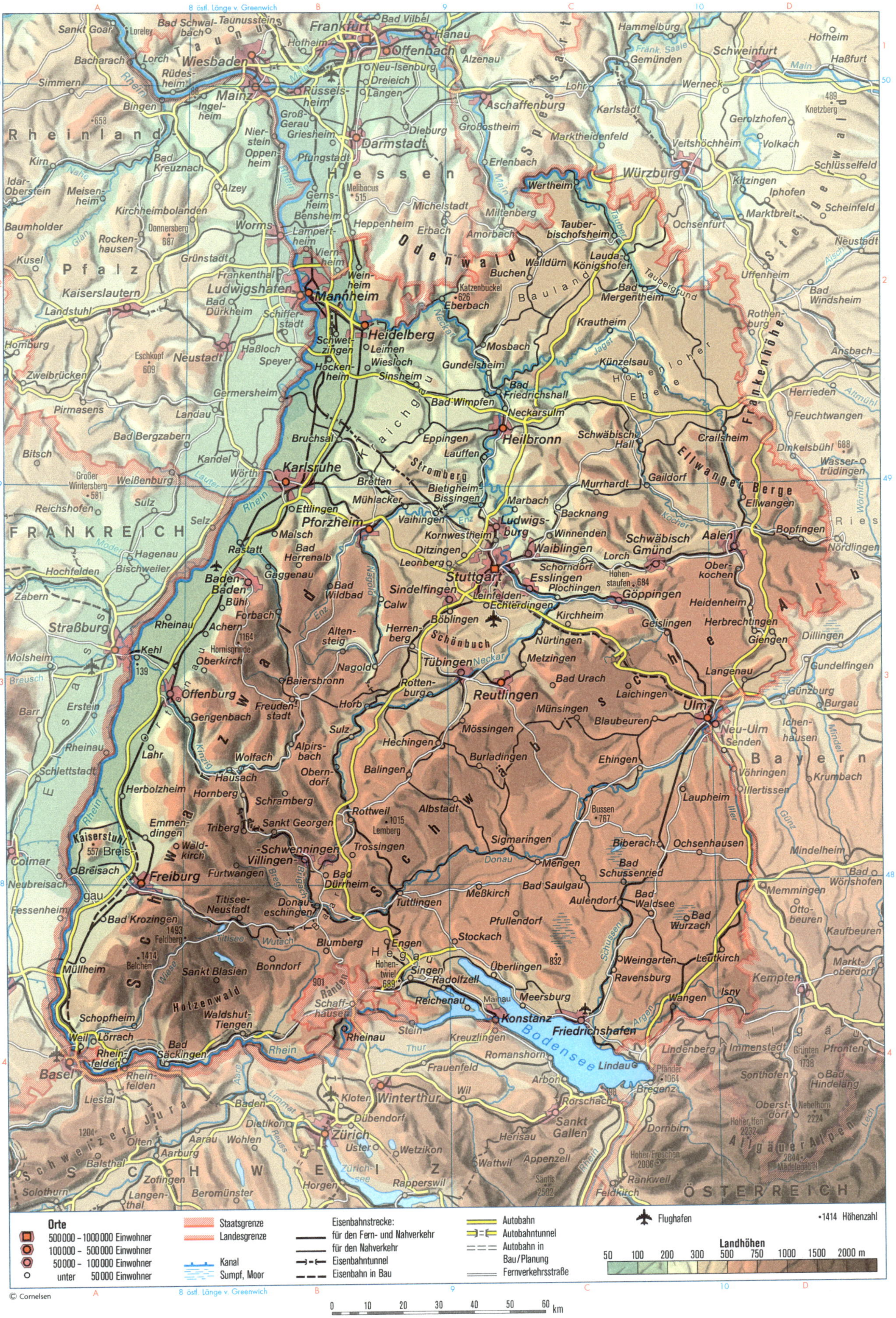
Orte
500 000 – 1 000 000 Einwohner
100 000 – 500 000 Einwohner
50 000 – 100 000 Einwohner
unter 50 000 Einwohner
Staatsgrenze
Landesgrenze
Kanal
Sumpf, Moor
Eisenbahnstrecke:
für den Fern- und Nahverkehr
für den Nahverkehr
Eisenbahntunnel
Eisenbahn in Bau
Autobahn
Autobahntunnel
Autobahn in Bau/Planung
Fernverkehrsstraße
Flughafen
•1414 Höhenzahl
Landhöhen
50
100
200
300
500
750
1000
1500
2000 m
8 östl. Länge v. Greenwich
0
10
20
30
40
50
60
km
Frankfurt
Wiesbaden
Mainz
Offenbach
Hanau
Darmstadt
Aschaffenburg
Würzburg
Schweinfurt
Rheinland
Pfalz
Hessen
Kaiserslautern
Ludwigshafen
Mannheim
Heidelberg
Worms
Karlsruhe
Pforzheim
Heilbronn
Stuttgart
Ludwigsburg
Esslingen
Reutlingen
Tübingen
Ulm
Neu-Ulm
Aalen
Schwäbisch Gmünd
Göppingen
Baden-Baden
Offenburg
Straßburg
Freiburg
Villingen-Schwenningen
Konstanz
Friedrichshafen
Bodensee
Basel
Zürich
Winterthur
Sankt Gallen
Kempten
Odenwald
Spessart
Steigerwald
Frankenhöhe
Hohenloher Ebene
Ellwanger Berge
Schwäbische Alb
Schwarzwald
Kraichgau
Hegau
Allgäu
Allgäuer Alpen
Schweizer Jura
FRANKREICH
SCHWEIZ
ÖSTERREICH
Bayern
Rhein
Neckar
Main
Donau

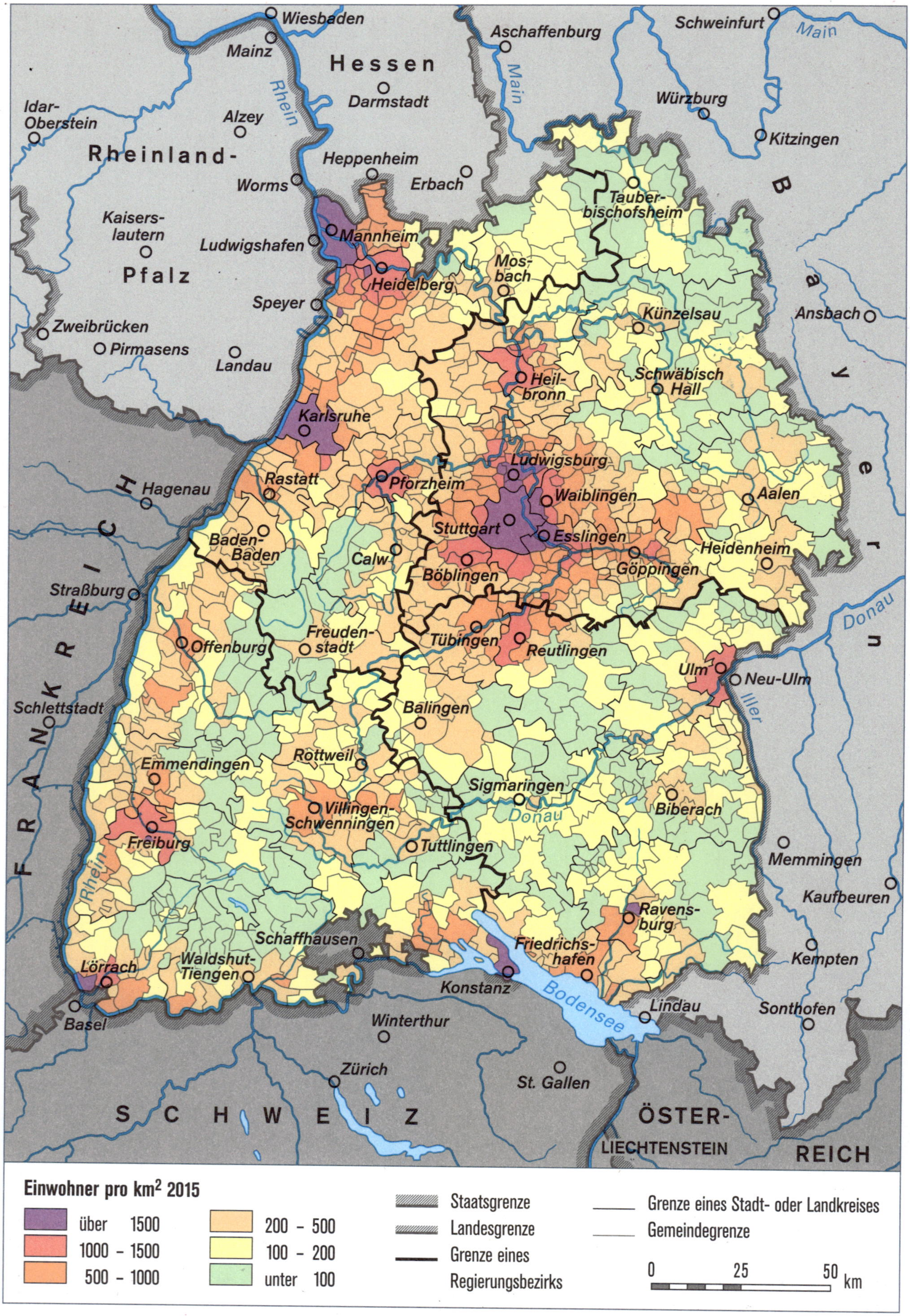
Wiesbaden
Mainz
Hessen
Darmstadt
Aschaffenburg
Main
Schweinfurt
Würzburg
Kitzingen
Idar-Oberstein
Alzey
Rhein
Rheinland-
Pfalz
Heppenheim
Erbach
Worms
Kaisers-lautern
Ludwigshafen
Mannheim
Heidelberg
Tauber-bischofsheim
Mos-bach
Speyer
Künzelsau
Ansbach
Zweibrücken
Pirmasens
Landau
Heil-bronn
Schwäbisch Hall
Bayern
Karlsruhe
Ludwigsburg
Rastatt
Pforzheim
Waiblingen
Aalen
Hagenau
Stuttgart
Esslingen
Baden-Baden
Calw
Heidenheim
Göppingen
Böblingen
Straßburg
Frankreich
Donau
Freuden-stadt
Tübingen
Reutlingen
Offenburg
Ulm
Neu-Ulm
Iller
Schlettstadt
Balingen
Rottweil
Emmendingen
Sigmaringen
Villingen-Schwenningen
Biberach
Freiburg
Tuttlingen
Memmingen
Kaufbeuren
Ravens-burg
Schaffhausen
Friedrichs-hafen
Kempten
Lörrach
Waldshut-Tiengen
Konstanz
Bodensee
Lindau
Sonthofen
Basel
Winterthur
Zürich
St. Gallen
SCHWEIZ
ÖSTERREICH
LIECHTENSTEIN
Einwohner pro km² 2015
über 1500
1000 – 1500
500 – 1000
200 – 500
100 – 200
unter 100
Staatsgrenze
Landesgrenze
Grenze eines Regierungsbezirks
Grenze eines Stadt- oder Landkreises
Gemeindegrenze
0
25
50 km